Report and Research on Industrial Planning of Hainan National Breeding and Multiplication

国家南繁“硅谷”产业规划研究与报告

陈冠铭　曹　兵　汪李平　著

中国科学技术出版社
·北　京·

图书在版编目（CIP）数据

国家南繁“硅谷”产业规划研究与报告 / 陈冠铭，曹兵，汪李平著．—北京：中国科学技术出版社，2019.12

ISBN 978-7-5046-8418-9

Ⅰ. ①国… Ⅱ. ①陈… ②曹… ③汪… Ⅲ. ①作物育种－产业发展－研究－中国 Ⅳ. ① F326.1

中国版本图书馆 CIP 数据核字 (2019) 第 246576 号

策划编辑　刘　聪
责任编辑　刘　聪
封面设计　中文天地
正文设计　中文天地
责任校对　吕传新
责任印制　徐　飞

出　　版　中国科学技术出版社
发　　行　中国科学技术出版社有限公司发行部
地　　址　北京市海淀区中关村南大街 16 号
邮　　编　100081
发行电话　010-62173865
传　　真　010-62173081
网　　址　http://www.cspbooks.com.cn

开　　本　720mm × 1000mm　1/16
字　　数　330 千字
印　　张　21.25
版　　次　2019 年 12 月第 1 版
印　　次　2019 年 12 月第 1 次印刷
印　　刷　北京中科印刷有限公司
书　　号　ISBN 978-7-5046-8418-9 / S · 760
定　　价　86.00 元

序

进入新世纪后，中共中央和国务院连续以“三农”为主题发布中央一号文件，种业作为农业的“芯片”也越发受到重视。2018 年中央一号文件《中共中央国务院关于实施乡村振兴战略的意见》和习近平总书记“4・13”重要讲话都多次提到发展南繁和建设南繁。自 20 世纪 50 年代末，南繁发展至今，海南人民忠诚地扛起了服务国家大局的“海南担当”，才成就了我国种业的累累硕果。

作为南繁人和三亚市荣誉市民，我对海南省、对三亚市充满了感情，希望能回馈海南人民，让海南人民分享南繁的成果。海南省根据习近平总书记打造南繁“硅谷”的指示精神，提出了开拓南繁工作新局面的“五化”目标，即产业化、市场化、专业化、集约化、国际化，这也是我们南繁人的共同愿景。

本书内容紧密契合国家南繁发展的实际，其研究理论与实践相结合，运用产业规划理论与方法，对南繁产业进行了创新性地设计和规划，合理预测和精准定位，为南繁“硅谷”未来的发展绘制了一幅全景蓝图。书中提到建设公益性育种及服务平台、商业性育种及服务平台、南繁产业孵化平台等各类平台；用制度创新和政策设计引导相关产业向南繁区尤其是南繁科技城聚集；面向“一带一路”做大南繁产业蛋糕；通过顶层设计将南繁科研大数据纳入国家种业权威体系；以生物技术为切入口升级传统种业等创设性思维，这些研究成果皆触及了南繁产业发展的核心，期待早日转化为生产力。

在产、学、研、政等共同努力下，想要建成南繁“硅谷”的愿景就一定会达成，且一定能达成！

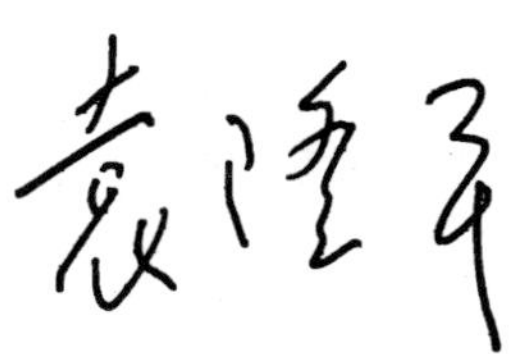

前　言

规划是政府对产业和行业进行管理和调控的重要手段，是政府推进社会经济发展的重要而常见的路线图。规划不仅涉及众多政府层级，还涉及宏观、中观和微观层面。随着我国全面深化改革的不断推进、国际形势风云变幻以及区域竞争日趋激烈，规划的难度和深度进一步提升，学科维度进一步增加，对规划人员的综合素质及其国际视域等要求进一步提高，对规划的执行和考核要求也进一步加码。规划本身涉及方方面面，不仅仅是政策、工程和项目等资源的整合与调动，发挥战略引领作用正成为规划的核心功能。因此，规划必须是严肃、严谨、科学的制度性部署和纲领性行动指南。

2013 年 4 月和 2018 年 4 月，习近平总书记视察海南省时，两次强调“南繁是国家宝贵的农业科研平台，一定要建成集科研、生产、销售、科技交流、成果转化为一体的、服务全国的南繁‘硅谷’”。这极大提升了国家有关部委和海南省规划好、建设好和发展好南繁的热情。南繁的发展不仅要兼顾中央和地方利益，还需要进行长远的产业规划，实现中国种业的强国梦，助力建设美好新海南。

《国家南繁“硅谷”产业规划研究与报告》以南繁产业为实例，全面解构了规划理论、规划过程和规划方法。本书创新性地梳理和综合应用了产业规划和智库咨询等的相关理论、方法和工具，并借鉴国内外相关规划的典型案例，充分考虑“一带一路”与南繁种业国际化背景，以及海南省尤其是琼南地区的产业发展趋势，深入研究国家南繁产业规划，深度解析产业规划背后的逻辑和运作方式，为国家南繁“硅谷”产业的规划建设和海南省产业结构的优化提供科学参考。

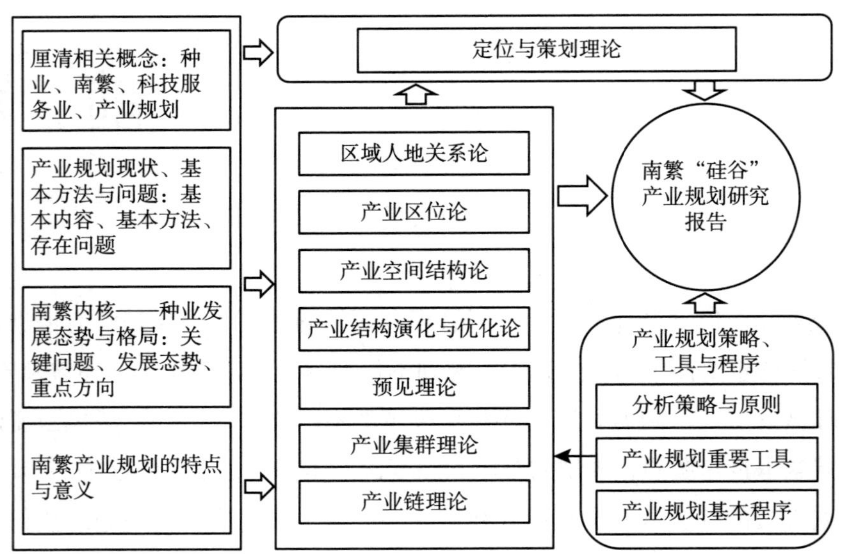

由于作者研究和写作能力有限，时间仓促之下，书中难免存在疏漏和谬误之处，权当抛砖引玉。恳请相关专家、同仁和读者批评、斧正和不吝赐教（作者邮箱：c8361@163.com）。

著　者

目录
CONTENTS

第一篇　导　论

第二篇 南繁产业规划理论基础

第三篇　产业规划策略、工具与程序

第四篇 南繁“硅谷”产业规划报告

第一篇

导　论

1992年10月12日，党的十四大报告《加快改革开放和现代化建设步伐，夺取有中国特色社会主义事业的更大胜利》提出了"建立和完善社会主义市场经济体制"的任务。这标志着我国从计划经济开始逐步转向市场经济。1993年以后我国的计划职能、内容、制定过程和方法发生了根本转变，尤其是在2005年第十一个五年计划更名为"十一五"规划后，规划更是成为制定各种公共政策的主要手段。规划在我国政治运作过程中已成为确定政策优先顺序的推动力[1]。其中，产业规划是我国各类规划中的重点，是政府实施产业管理、引导产业发展和实现产业结构升级调整的重要方式，是"看得见的手①"，是产业导入的指南。产业规划不仅受到自然禀赋、人力资源、金融资本等诸多因素制约，还受到"看不见的手②"的牵引。产业规划必须尊重市场规律。

南繁产业是从我国种子产业中分离出来的特色新兴产业。从中央到地方均高度重视南繁基地建设，但政府公布的文件中少见以"南繁产业"的概念出现。习近平总书记"4·13"重要讲话和2018年中央12号文件均重点强调了南繁基地建设和种业对外开放。《2018年海南省政府工作报告》将南繁育种作为海南省布局未来三大新兴高科技产业之一，"南繁产业"第一次以间接的官方形式出场。因此，作为新兴战略产业，对南繁产业进行规划研究显得极为重要。深刻认识产业、产业规划、种业、南繁产业等概念，熟知产业规划存在的问题、中国种业发展态势、产业规划的主要因素、南繁产业规划的意义、南繁规划特点、南繁规划研究方法等，均是科学编制和实施国家南繁产业规划和建设南繁"硅谷"的重要前提。

① "看得见的手"源自英国经济学家约翰·凯恩斯的著作《就业、利息和货币通论》(1936年)，指的是国家对经济生活的干预。

② "看不见的手"源自英国经济学家亚当·斯密的著作《国富论》(1776年)，指的是市场机制对经济发展的作用。

第一章

概　述

一、种业概念

（一）定　义

习近平总书记明确指出要下决心把民族种业搞上去，抓紧培育具有自主知识产权的优良品种，从源头上保障国家粮食安全。李克强总理也指出我们有世界上最多的人口、最大规模的农业、最丰富的种质资源，也应该有世界上最高水平的农业科技、最具竞争力的现代育种产业。

何为种业？“种”即种子种苗，是具有生命活力和遗传特性差异的特殊产品，同时种子种苗是知识价值和科技进步的重要载体，尤其是亲本和创新育种材料极易被偷盗和非法扩繁，致使其产权不易保护。种业就是指以农林牧渔以及微生物的种子种苗为核心，围绕种质资源的收集与开发利用、引种、育种材料创新、亲本选育、杂交种组配、试验审批与保护、亲本繁殖、种子种苗生产、收购运输、种子种苗标准化处理、包装与贮藏、质量监控、示范推广、批发与零售、售后服务及管理等各个环节构成的活动集合。长期性、周期性、承续性、季节性、公益性、基础性和地域性是种业科研的显著特点。

种业主要有农作物种业（狭义上的种子产业，也是海南省重点发展的产业，制种面积已超 20 万亩）、水产种业[①]（海南省特色产业[②]，产值达

---

① 2018 年水产种苗市场价值 664.61 亿元，同样是具有规模的产业。

② 特色产业（Special Industry，Characteristic Industry）是指一国或区域范围内，以独特的资源为基础，以独特的生产技术、生产工艺、生产工具、生产流程和管理组织方式为条件，制造或提供特色产品与特色服务的部门或行业。

25.43 亿[①]；与东南亚国家在斑节对虾、尖吻鲈、石斑鱼等建立了合作关系）、热作种业（海南省特色产业，在海外建有试验站和示范基地）、花草种业（海南省潜力产业，已有种植基础）、林木种业（海南省潜力产业，已有南繁基础）、中药材种业（海南省潜力产业，已有种植基础）、果树种业、微生物种业和畜禽种业等。

现代种业是现代生物技术集成应用中的密集领域，主要指广泛地运用现代科学技术（分子育种、生物芯片技术、高通量鉴定、单倍体多倍体育种、化学诱变育种、物理诱变育种、太空育种等）和现代物质条件［信息技术、大数据、AI（人工智能）、物联网技术、作物模型技术、农业机械、现代水利灌溉等］，采取现代管理科学的理论和方法进行组织管理的种业，重点突破种质资源开发利用、工程化和模块化育种、定向选育品种创制、规模化测试、良种繁育、种子加工贮藏等核心技术。

（二）关键特性

种业类似于特种行业。进入种业要有一定的技术壁垒（位于农业上游的研发设计端）、政策壁垒（全国人大对种业进行专门立法，国务院有关部门则出台有关管理办法，受《中华人民共和国种子法》保护与约束）、资本壁垒（种业也属于资金密集型产业）以及较大的风险（存在高额索赔的风险）。

第一，种业与农业一样，有其特殊性，是动植物、微生物等生物的生命力，光、温、水、土等气候地理的自然力，科技、市场、劳动、政策的社会力等"三力"相组合、相作用的复杂系统，且有很强的季节性。种子本身的贮藏周期短，如瓜类种子（脂肪、蛋白含量高）仅约 2 年的贮藏期，超期存放后其发芽率、发芽势等质量指标不易达标，会导致种子报废而损失巨大。相对于工业产品，种子的本质仍是农产品，变现能力差。种子生产不仅要靠人，还要望天看地，具有弱质性，因此相较于其他产业，种业市场振荡更频繁，风险可控性较差。

第二，种业属于高新技术产业。种子种苗作为核心研发成果，服务于农

① 25.43 亿元是 2018 年全国水产统计年鉴的数据。民间估计海南省水产种苗产值 50 亿元。

业现代化，是农业的“芯片”。古人早就意识到种子种苗在农业生产中的基础性、关键性的作用,《诗经·大雅·生民》就有“诞降嘉种”的记述。农业谚语关于种子种苗的描述则更多，如“好儿要好娘，好种多打粮”“种地不选种，累死落个空”“种子不好，丰收难保”等。种业作为高新技术产业是各国争相发展的战略性产业。2011 年 4 月 10 日,《国务院关于加快推进现代农作物种业发展的意见》，首次从国家层面将种业定位为国家战略性、基础性的核心产业，并确立了企业主体地位，重点扶持商业化育种体系建设，为种业体制改革指明了方向。

第三，种业是保障国家食物安全的根本所在，关系到国家的核心政治与经济利益。2000 年 7 月 8 日，鉴于种业的特殊性和重要地位，为保障种业健康有序发展、保护植物新品种权、维护使用者的合法权益、保障国家粮食安全和发展现代种业，第九届全国人民代表大会常务委员会第十六次会议通过了《中华人民共和国种子法》。2015 年 11 月 4 日，第十二届全国人民代表大会常务委员会第十七次会议再次修订了《中华人民共和国种子法》。

第四，种业消费呈区域化、个性化、多样化。①动植物尤其植物有其生态适应性要求，有生产适宜区域，如温带作物、热带作物、短光照作物、长光照作物等，因此种业市场消费区域化明显，需要因地制宜，这也是各省份均严格要求品种审定和认定的重要原因之一；②消费者有明显的消费偏好、饮食习惯，如北粳稻、南籼稻、南米北面、余干辣椒等，因此种业发展要适应个性化需要，进行市场细分和差异化发展；③种业种类或品类丰富，包括粮食作物、经济作物（油料作物、蔬菜作物、花卉作物）、药用作物、工业原料作物、饲料作物，同一种类还分若干品类，如籼米中的香米中就有泰国香米、印度香米等，厚皮网纹甜瓜有哈密瓜、日本网纹甜瓜等。

（三）种 业 链

产业链（Industrial Chain）是依托市场对各类资源的合理配置，各个产业部门之间基于一定的技术经济关联，以价值增值为导向，以产品与服务为对象，以投入产出为纽带，以满足用户需求为目标，依据特定的逻辑关系和时空布局关系客观形成的链条式关联关系组织形态[3]。种业链（Seed Industry

Chain）是产业链中的特殊形态，国家以基本法的形式干预种业发展。同时，种业链具有农业产业链所具备的特殊性。

参照产业链的定义，种业链（或称种子产业链）是指主要依托市场对资源合理配置，政府适度干预扶持，产学研密切合作，围绕商品种子种苗的关键环节，进行价值增值与传递，依据农业区划布局，形成包括研发、审批、生产、加工、贮运（种子种苗有严格保质期要求）、推广、流通、销售和服务于一体的链条式关联关系组织形态（图 1–1）。

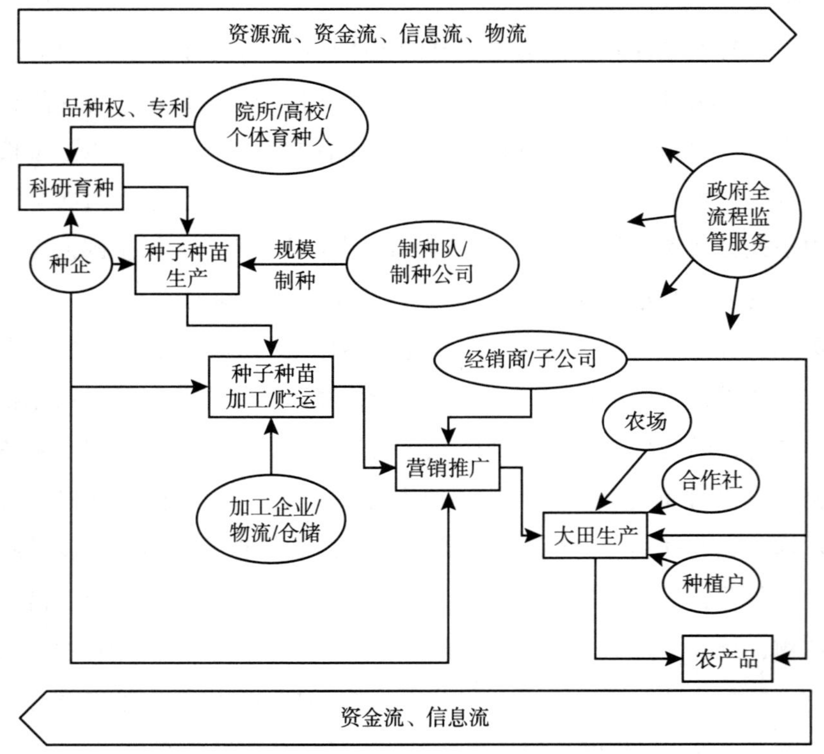

图 1–1　种业链（种子种苗产业链）

其中，关键环节包括科研育种（创新驱动，高附加值环节之一）、种子种苗生产（商品生产，知识产权的载体，属于高端种植业）、种子加工研究[①]

① 研究种子萌发、种子活力、种子寿命、种子（消毒）处理、种子劣变、种子加工、种子贮藏、种子加工等。

（创新驱动，提高种子自身的附加值）、营销推广（品牌价值，高附加值环节之一）、大田生产（售后服务，农户利益无小事，又一大产业）和农产品（消费市场，高附加值环节之一）。其他环节都服务于这些关键环节。

2011 年 4 月 10 日印发的《国务院关于加快推进现代农作物种业发展的意见》提出加强海南优势种子繁育基地的规划建设与用地保护。2013 年 12 月 20 日印发的《国务院办公厅关于深化种业体制改革提高创新能力的意见》则直接提出要研究建立中央、地方、社会资本多元化投资机制，建设南繁科研育种基地。国务院的文件为海南省发展南繁产业提供了顶层指引。目前，北京、深圳、合肥、长沙、武汉、青岛等城市正以生物育种产业为核心，积极地规划打造种业链。2018 年，海南省政府工作报告则将南繁产业定位到“陆海空”三大高精尖未来产业中。2018 年中央 12 号文件将海南省作为我国种业对外开放的试验区。

二、科技服务业概念

（一）定 义

科技服务业（Science and Technology Service Industry）是指以创新为驱动，运用现代科技知识、现代技术和分析研究方法，综合必要的经验、技能、信息等要素向社会提供以智力为核心的产品和服务的新兴产业[4]。根据《国家科技服务业统计分类（2015）》，科技服务业主要包括科学研究与试验发展服务、专业化技术服务、科技推广及相关服务、科技信息服务、科技金融服务、科技普及和宣传教育服务、综合科技服务七大类。其中，农学、林学、畜禽、兽医、水产学等农业科学领域属于科学技术研究和试验发展服务；植物新品种等知识产权的代理、转让、登记、鉴定、评估、认证、咨询、检索等属于科技推广及相关服务；区域性试验和生产性试验等属于综合科技服务。因此，种业与科技服务业在部分内容上高度契合。

当下科技服务业作为新的经济增长点，已成为世界上发展迅速、更新最快、最活跃的产业之一。我国科技服务业发展水平越来越高，与经济发展水平密切相关。科技服务业有明显的聚集性，在全球范围内主要聚集在欧美日等国家和地区，在我国主要聚集在北京、上海、广州、深圳等城市。欧洲及美国、日本、韩国等发达国家均将科技服务业作为支柱产业全力发展。早在2012年美国科技服务业增加值已超万亿美元，占国内生产总值（GDP）的7.6%。2014年10月9日，《国务院关于加快科技服务业发展的若干意见》强调科技服务业是调整优化产业结构、培育新经济增长点的重要举措，是推动经济向中高端水平迈进的关键一环，研究开发及其服务（如生物技术研究开发、生物医药的研究开发）、技术转移、创业孵化、知识产权、科技咨询、科技金融、检验检测认证、综合科技服务八个方向为重点。2017年4月，科技部印发的《“十三五”生物技术创新专项规划》提出2020年我国生物技术产业在GDP中的比重超过4%。

农业科技服务业是加速农业农村现代化的重要途径。2013—2015年，中央一号文件连续3年提出加快农业科技服务业的发展，包括构建农业社会化服务新机制、发展农业科技成果托管中心与交易市场、建设农业科技创新平台以及搭建农业科技融资、信息、品牌服务平台等措施[5]。种业作为农业供给侧结构性改革的先导，需要以科技服务业加速推进现代种业的发展。

（二）内　涵

科技服务业不仅服务对象上要融入科技，还要在服务手段上体现科技，提升产业创新能力，加速成果转化和产业结构优化。科技服务业是现代服务业的重要组成部分，集知识密集、技术密集和人才密集于一体，具有产业附加值大、辐射带动作用强等特点。发展科技服务业是调结构、稳增长、提质增效、激活经济发展潜力、促进产业深度融合的重要举措，是实现科技创新引领产业升级和推动经济向中高端水平跨越发展不可或缺的重要一环[6]。

科技服务外包、研发设计服务、创意与工业设计、知识产权服务、健康服务、低碳科技服务、数据库技术服务、纳米技术应用服务、新材料技术服务和新能源技术服务等已成为科技服务业中的重要业态[7]。其中，与种业密切相关的生物技术领域的外包发展趋势强劲，以华大基因、贝瑞和康及达安基因为代表的基因检测企业业务迅速扩张，加速了我国生物技术产业和生命科学产业的发展。

南繁作为服务全国种业科技创新的载体，具备服务业尤其是科技服务业的特点。南繁产业规划和建设南繁“硅谷”需要通过提升南繁科技服务能力增强我国种业对南繁的依赖性，通过提升南繁科技服务能力促使南繁从“客场”向“主场”转变，通过提升南繁科技服务能力加速培育南繁产业链和产业集群。

三、南繁的重要性

（一）南繁概念

1. 定 义

国家南繁育制种，简称南繁，特指我国的科技人员利用海南省三亚市、陵水黎族自治县和乐东黎族自治县等琼南地区的典型热带气候资源和种质资源以及能够满足动植物周年生长繁殖的优越自然生态条件，围绕农作物、水产、畜禽、林果、花草等进行基础研究、种质创新、品种选育种、科技交流、种子鉴定、生产推广以及针对性提供相应科技服务的活动集合。南繁源自著名玉米育种家吴绍骙提出的异地培育，使育种过程提速了近两倍，通过南繁育种材料的交流筛选，促使所选育的品种具有广适性和抗性。

南繁是服务我国种业研发、成果转化的特殊形态，与种业和科技服务业紧密相连，是我国农业现代化发展的重要环节。南繁是我国科技工作者的伟大创举，是我国育种方式的重大创新，是海南现代农业对国家的三大贡献之一。南繁在加快种质创新、缩短育种周期、增强品种适应性、加速良种推广、保障种子质量等方面发挥了关键作用。南繁基地被誉为中国饭碗的底部支撑、中国的种子“硅谷”、绿色“硅谷”、中国农业科学城、良种良苗的摇篮。科研人员和媒体用如此多的称号来描述南繁基地，也是在强调南繁在我国现代农业发展中的重要性。

目前，南繁包括了南繁育种和南繁制种两大部分。南繁育种主要内容是种质材料创新、育种材料加代、表型鉴定、抗性鉴定、抗逆性鉴定、品种选育、栽培试验、分子辅助育种、遗传修饰育种等科学实验。南繁育种关系到我国种业创新，因此是国家和科研人员最为关注和关心的部分，实际上也是南繁的核心部分。南繁制种主要是商业种子种苗生产，亲本扩繁，种子加工，纯度鉴定，品种展示和种子种苗的推广营销，侧重于种子种苗的生产调剂，尤其以水稻、玉米、甜瓜制种和水产育苗繁殖为主。

2. 主要内容

早期的南繁不是孤立的概念，它与北育南繁、北种南繁、异地加代等紧密地联系在一起，主要从事生育观察和自交试验，探索作物南繁时的生育规律。科研人员在南繁早期试验取得成功后，开始进行育种材料扩繁或加代，为深化南繁摸索出了理念与实践经验。随着我国品种选育的需要和现代农业科技的发展，南繁的内涵不断丰富和拓展，包括材料创新、亲本选育、杂交组配、种子质量鉴定、分子育种、太空育种、辐射育种、抗病育种以及种质资源保存、生产试验、栽培技术试验、制种和品种展示等，成为我国现代农业发展的缩影，代表了我国农业科技水平。

南繁作物主要包括水稻、玉米、高粱、谷子、马铃薯等粮食作物，大豆、向日葵、油菜、花生等油料作物，黄瓜、南瓜、冬瓜、丝瓜、西瓜、甜瓜、番茄、辣椒、茄子、黄秋葵、豇豆、四季豆等瓜菜作物，棉花、麻、甘蔗、烟草、甘薯、木薯、姜、牧草（柱花草）、林木（紫薇）、果树（葡萄等）、草药（牛膝、金钱草）、花卉（月季、睡莲、百合、朱槿等）和竹子等40多种作物。近年来，南繁领域不断拓展，淡水和海水水产南繁、禽畜南繁日益活跃，并向基因科学、生命科学方向延展。随着南繁内容日益丰富，部分机构的南繁工作时段由原来的半年发展到全年。南繁的任务日益繁重，加上土地成本上升，南繁区域正向海南省东方市、昌江黎族自治县拓展，其中南繁制种已拓展到琼北的临高等市县。

（二）南繁关键特性

1. 科 技 性

南繁首先是一项系统性的农业科研和生产活动，侧重于农业育种科研创新工作，具有知识密集性，位于现代农业的上游种业科技创新。在新常态供给侧结构性改革要求下，种业供给端也需要进行改革，增强育种科研能力，提供更优质的商品种。南繁作为我国种业科技创新的重要环节，本质上具备科技性，重要性不言而喻。

2. 商 业 性

南繁的另一项任务是制种，所生产的商品种子和种苗直接面向市场，以营利为目的。种子生产相对于一般农产品生产，不仅技术含量高，且资金投入也高，更重要的是产品附加值更高，市场风险更小。而且，种子生产是劳动密集产业，既能增加农民收入，又能解决农民就业。这也是甘肃、四川和海南等省份积极发展制种产业的动因。随着我国种业科研能力、推广服务水平、国际化进程加速、品牌信息网络建设力度的逐步提升，种业总产值也会逐步增加。

3. 全 国 性

南繁是全国性的公共科研平台，自 2009 年 12 月起正式上升到国家战略层面。目前，除了西藏、青海以及港、澳、台的涉农单位没有到海南进行南繁之外，其他省、市、自治区均有大量单位在琼南地区从事南繁工作，甚至建有固定的南繁基地。海南南繁所具备的全国性和公共性特点，是国家对海南国家南繁基地进行统一规划、投入、管理和建设的主要原因之一，也是海南省谋求国家支持的重要依据。

4. 地 域 性

南繁立足海南，南繁是海南的南繁。早期的南繁区域泛指我国的南方地区，如云南省（元谋县）、广西自治区（南宁市）、广东省（湛江市、广州市）、海南省（海口市，原隶属广东）和福建省。但因气候条件原因，农业科研人员最终选址海南岛南部的崖县（现在为三亚市）及周边地区作为南繁基地。南繁是生于我国南方地区，却成长于海南的一项产业。南繁的地域性决定了国家要对南繁基地进行保护，也决定了海南作为南繁属地的显著优势，为海南开发利用南繁资源奠定了显著的区位优势。

5. 季 节 性

冬去春来，候鸟迁飞。南繁季节与海南冬种北运瓜菜的季节基本一致，集中在 10 月份至翌年的 5 月份，带有明显的季节性。科研人员通过南繁实现了周年育种，但南繁较难融入地方社会经济中的重要内因之一正是南繁的季节性。季节性使南繁基地成为科研人员的客场。

6. 服 务 性

南繁服务全国。与南繁概念紧密联系的另一个词汇是“南繁基地”。在国务院批准的海南国家南繁基地规划中，海南南繁基地的定位之一为"打造成全国现代育种大平台"。南繁基地作为全国性的育种平台，决定了南繁成为我国现代农业中的基础性事业。因此，南繁具有服务性和公益性，这是国家对南繁属地（三亚、陵水、乐东）进行转移性支付的重要依据。

7. 汇聚性

三亚市等琼南地区已经聚集了一大批国内顶级的农业科研单位和国内知名的种业企业，对南繁基地进行深度开发有着"聚凤筑巢"的先天优势。每年南繁科研人员像候鸟一样聚集到三亚市等琼南地区。来自30个省（自治区、直辖市）、700多家科研单位和种子企业、6 000多名农业科研人员汇集在海南开展南繁工作。南繁基地已成为中国最大、最开放、最具影响力的农业试验区，南繁有明显的汇聚性。南繁科研单位与人员的聚集，创造了南繁品种、人才、信息等的空间聚集，为海南引导南繁产业化提供了便利。

（三）南繁开创性成果

我国的南繁在世界农业育种历史上是一次重大突破。南繁基本上涉及了我国的主要农作物、经济作物和水产品，将我国育种科研活动浓缩到琼南这一小片区域内。杂交水稻的研制与全球推广离不开南繁，我国的棉花、玉米等主要农作物，甜瓜、西红柿、辣椒等瓜菜作物赶超国际水平也离不开南繁。此外，水产南繁育种加快了我国水产品从依赖天然捕捞向人工养殖的转型，海南水产种苗产业已超百亿元规模。

1970年11月23日，袁隆平的助手李必湖和南红农场的冯克珊在广东省崖县（现属于海南省三亚市）南红农场的水沟边发现了一株野败不育株（普通野生稻），为我国杂交水稻研究奠定了基础，帮助完成了杂交水稻的三系配套。南繁水稻育制种促进了南繁大繁荣。20世纪80年代，朱英国在海南省陵水黎族自治县的农家稻品种中发现了细胞质雄性不育新类型，培育出马协型水稻不育系马协A，突破了理论界认为的水稻雄性不育资源只能从野生稻中获得的定论。琼南地区的水产南繁不仅带动了海南水产业的繁荣，20世纪末还成功地让海南的石斑鱼苗种走向全国。目前，全国超过85%的石斑鱼鱼苗来自海南，结束了石斑鱼养殖苗种依赖捕捞天然苗的历史[8]。

（四）海南南繁的不可替代性

1. 气候条件的不可替代

南繁特点与农业一致，高度依赖土地和光、温、水等自然资源及环境，具备周期性和季节性。作物正常的生长发育需要适宜的温度和光照等气候条件，内陆在 11 月份至翌年 3 月份在自然条件下不能为众多动植物育制种提供适宜的自然气候条件。海南省的三亚、乐东和陵水 3 个市县位于北纬 15° ~18°，具备良好的光、温资源，在冬春季节，日天文辐射总量 23~33MJ/m^2，大气洁净，净辐射量高[9]，平均气温 19~24℃，年日照时数 2000~2500h，内地的其他地区远远达不到。在冬、春季节，这 3 个市县最适合水稻、玉米、棉花、甘蔗、大豆、西瓜、甜瓜、高粱、木薯、谷子、豇豆、苦瓜等作物生长以及水产育苗，使南繁基地具有排他性的、不可替代的优势。1961 年以前，北种南繁主要集中在交通条件较好的湛江、海口、广州、南宁等南方城市，但因气候仍不理想、达不到育种所需的光温条件，自 1962 年开始逐步转到了琼南地区的崖县（现为三亚）等地，并取得了较好的试验效果[10]。自此，农业企事业单位不断在琼南地区聚集。

2. 科学育种的不可替代

南繁作为国家的重要成果，丰富和完善了“穿梭育种理论”，拓展和强化了冬种圃的功能。南繁可加速种质扩增、种质改良、种质创新以及品种选育工作。通过南繁，不仅能将快繁外引的种质资源进行共享协作利用，还能对热带、亚热带种质起到缓冲作用，并进行适应性选择和改良。60 年来，全国大面积推广的杂交玉米、杂交水稻和瓜菜品种中，有 80% 经过了南繁[11]。这一比例还在进一步提高。经海南省南繁管理局提供的材料显示，近 10 年来，主要农作物国审品牌 86%（1345 个）、省审品种 91%（12559 个）经过了南繁。杂交水稻和杂交玉米的成功研制离不开热带种质资源的支持。南繁不仅通过材料交换拓宽了作物品种遗传基础，而且通过资源聚集增强了创新思维的交流、加速了创新性成果的出现。同时，南繁基地高温、高湿、多雨的生产环境，病虫害世代重叠、发生严重，危害程度重于内地，使得在南繁育成的种子种苗具有抗逆、抗虫、抗病等特性。南繁新品种能适应内地的绝大部分地区的种植，且具有优于内地选育品种的抗性特征。"一粒种子改变一个世界"，南繁基地作为我国种业创新平台，不仅加速了育种进程，还提高了良种的覆盖率。可以说，南繁是处于良种繁育前端的关键手段，是种业链条中不可替代的环节。

3. 保障种业和粮食安全的不可替代

中国幅员辽阔，气象灾害呈多样化。国内自然灾害频繁出现，使得南繁成为国家种子调剂、备荒、应急、缺口生产的关键基地，为各地农业抵御洪涝、干旱、寒潮、冰雪灾等自然灾害发挥了不可替代的作用。尤其是粮食种子需要"备荒"，一旦种子生产受灾或减产，只能由南繁基地紧急生产供应。南繁同时增强了品种的适应性、抗逆性和提高遗传性稳定，保障品种能大范围安全推广和生产。每年南繁冬季的种子田间纯度鉴定和质量评价试验，加快了合格种子投放市场，保障了农业生产。

4. 区位优势的不可替代

南繁资源的空间聚集日益显著。"杂交水稻之父"袁隆平院士高度评价三亚南繁基地为"中国农业科学城"。南繁服务全国 30 个省、市、自治区，这是国内其他区域无法相提并论的，在国外也无同等密集的区域。同时，海南省的气候条件类似于东南亚、非洲、南美洲等热带地区，南繁品种资源优势可保证中国优良品种向这些区域无缝转移，而且经过近几年的外事活动，三亚已成为中国的外交基地。这种区域优势有利于提升我国的国际影响力和种业竞争力，是其他区域无法替代的。鉴于南繁的这种优势，2010 年和 2012 年初，科技部、农业农村部、教育部、国家林业局和海南省政府共同举办了两届中国（博鳌）农业科技创新论坛。之后，基于南繁的中国（陵水）南繁论坛、中国（三亚）国际水稻论坛均成为常设性的论坛。正是这种不可替代的关键作用，南繁得到了党中央、国务院以及各部委和各省区市的高度重视。

（五）南繁产业和产业化

1. 南繁产业

在科技进步和社会分工基础上形成的产业总是处在不断发展之中，产业形成主要归因于社会分工和科技进步。影响产业发展的主要因素是需求、供给、分工、生产要素、技术和政策等。产业形成要具备消费需求、资源供给、产业政策三大条件[12]。产业形成的过程一般表现为一定数量的企业开始在经济生活中从事同一生产或社会活动，这一生产或社会活动逐步发展壮大并达到一定的规模，且具备了构成产业的基本要素，进而从原来的母体中分离出来，从而产生了一个独立的新产业。标志产业形成有4个方面的特征[13]：一是形成一定的规模，即这一产业须在与国际同类产业的比较以及国内其他产业的比较中占有一定份额；二是形成专业群体，即有专门化的从业人员，且有专门的设计与技术人员、管理人员以及工人并形成群体；三是产生社会影响，即具有一定的社会影响力，承担着不可或缺的社会经济功能；四是有科技支撑，即有专门化的生产技术装备和技术经济特点。

目前，南繁产业形成的标志性特征均已具备。南繁是我国现代种业的一种特殊形态，是从我国种业中分离出来的区域性产业。南繁产业也具备种业的创新性、开放性、可控性、市场导向性和集聚性[14]。但南繁产业有其特殊性，主要表现为南繁产业的特色性。特色产业有地域性、优势性（稀缺性）、层次性和规模性[15-17]4个基本特征，以将资源优势转化为产业优势和产品优势为目标。南繁产业与海南区域特点、资源禀赋高度匹配，是海南专有名词，表明了典型的地域性；海南南繁的不可替代性表明了显著的（稀缺性）优势性；南繁产业依附于琼南这一特定区域，在空间上表现出一定的层次性（三亚是南繁核心区，乐东、陵水是扩展区，东方、昌江是延伸区，海南其他市县也在其辐射范围之内）；南繁用地规模超20万亩、南繁机构超700家，表明了南繁已具备一定规模和市场基础，在制种行业具有一定的竞争力。同时，南繁已形成特定的群体和科研机构，天眼查进行查找，在海南注册以南繁命名南繁的企业和机构有256家，其中标注为科学研究和技术服务机构有13家。

2. 南繁产业化

根据农业产业化理论[18]，南繁产业化首先是以国内外市场为导向，以效益为中心，以种业和科技服务业等行业为依托，以种养殖与生物技术等方式研发各类农业新品种、生产种子与种苗或者提供专业服务。然后，以种子种苗在全国乃至全球转化推广为基础，以人才、科技、金融为手段，将南繁科研生产全过程的研发、品种组配、种子种苗生产、成果推广、检测监管、销售服务等诸环节结合为一个完整的利益共享、互相依存、互相影响的链条式关联系统，形成南繁的育（品种研发）、繁（种子生产）、推（市场运销）、服（售后服务）一体化的经营方式和组织形式，从而实现集中的大规模社会化生产。

对比国内外，南繁绝对是海南独一无二的优势资源，蕴藏着产业发展的新动力。这也是国家上层高度重视的关键。南繁犹如未开采的海底矿产，虽然蕴含丰富的价值和具备重要功能，但却很难进行“开采”。南繁产业化就是进一步将南繁科技资源、品种资源、人才资源转换为地方产业资本，将南繁产业打造成地方主导产业甚至支柱产业。南繁产业化是地方社会经济发展的内在需求，这样既可促进南繁科学可持续发展，又可带动地方农业结构调整。

参考文献

[1] 韩博天，奥利佛·麦尔敦，石磊. 规划：中国政策过程的核心机制［J］. 开放时代，2013（06）：8–31.

[2] 戴宾，杨建. 特色产业的内涵及其特征［J］. 农村经济，2003（08）：1–3.

[3] 徐红. 中国新疆棉花产业链问题研究［D］. 石河子：石河子大学，2009.

[4] 刘志明，金哲权. 延边地区科技服务业的现状及其发展对策［D］. 延边：延边大学学报（社会科学版），2010.

[5] 邹弈星，周华强，刘洋露，等. 农业科技服务业发展的理论探析与政策建议——基于四川省实证研究［J］. 科技管理研究，2017，37（15）：29–34.

[6] 张前荣. 科技服务业成为创新型经济竞技场［N］. 上海证券报，2014–10–29（A03）.

[7] 卢金贵，陈岩峰. 科技服务业简明读本［M］. 广州：暨南大学出版社，2013.

[8] 张博宁，郁跃伟. 海南成功繁殖石斑鱼［N］. 中国特产报，2000–06–26（003）.

[9] 李天富. 海南岛气象辐射的年变化特点［J］. 气象，2002（11）：45–47.

[10] 海南省地方史志办公室. 海南省志农业志［M］. 海口：南海出版社，1997：254–264.

[11] 范小建. 在全国南繁工作会议上的讲话［J］. 种子世界，2006（03）：1–5.

[12] 孙凤毅. 特色文化资源视阈下的新型城镇化发展策略研究 [J]. 广西社会科学, 2014 (03): 185-188.

[13] 游梦华. 制度变迁与新时期广东报业发展研究 [D]. 广州: 暨南大学, 2007.

[14] 张延秋. 认识现代种业特征推动我国种业加快发展 [J]. 种子世界, 2012 (11): 1-3.

[15] 郭京福, 毛海军. 特色产业的有效性评价 [J]. 统计与决策, 2004 (10): 52-53.

[16] 胥留德. 论特色产业 [J]. 昆明理工大学学报 (社会科学版), 2002 (03): 18-21.

[17] 王岱, 蔺雪芹, 司月芳, 等. 县域特色产业形成和演化机理研究进展 [J]. 地理科学进展, 2013, 32 (07): 1113-1122.

[18] 牛若峰. 农业产业化的理论界定与政府角色 [J]. 农业技术经济, 1997 (06): 2-6.

第二章

产业规划相关概念

一、产业和现代产业

（一）产业

1. 定　义

产业是指国民经济中按照一定的社会分工原则，为满足社会需要而划分为提供相应产品和服务，所从事劳务生产和经营的各个部门。产业是社会分工和生产力不断发展的产物，泛指国民经济的各行各业。在20世纪50年代后期，西方经济学界开始普遍接受了三次产业分类法[1]。改革开放不久，我国为了与国际接轨，于1984年颁布了《国民经济行业分类》，正式应用三次产业分类法。

2. 分　类

2013年1月14日，国家统计局设管司根据《国民经济行业分类》（GB/T 4754—2011），制定了《三次产业划分规定》。我国的《国民经济行业分类》是依据联合国统计司制定的《所有经济活动的国际标准行业分类》（ISIC）基本原则建立的国家统计分类标准，明确了三次产业的范围：第一产业是指农、林、牧、渔业（不含农、林、牧、渔服务业）。第二产业是指采矿业（不含开采辅助活动），制造业（不含金属制品、机械和设备修理业），电力、热力、燃气及水生产和供应业，建筑业。第三产业即服务业，是指除第一产业、第二产业以外的其他行业，主要包括批发和零售业，交通运输、仓储和邮政业，住宿和餐饮业，信息传输、软件和信息技术服务业，金融业，房地产业，租赁和商务服务业，科学研究和技术服务业，水利、环境和公共设施管理业，居民服务、修理和其他服务业，教育，卫生和社会工作，文化、体育和娱乐业，公共管理、社会保障和社会组织，国际组织，以及农、林、牧、渔业中的农、林、牧、渔服务业，采矿业中的开采辅助活动，制造业中的金属制品、机械和设备修理业。2017 年第四次修改和颁布的《国民经济行业分类》（GB/T 4754—2017），将种子种苗培育活动、畜禽良种繁殖活动等纳入农、林、牧、渔业门类中，即制种和育苗等属第一产业。南繁横跨第一产业（种子种苗培育活动、畜禽良种繁殖活动，种子种苗加工）和第三产业（南繁租赁服务、种子批发、代繁、代制、育种研究和试验发展、种子种苗检验检疫服务、种子质量鉴定、农林牧渔技术推广服务、生物技术推广服务、知识产权服务）。

3. 产业发展

产业发展是指产业的形成、成长和进化的过程，可以是量的增长，也可以是质的飞跃，主要以结构变化为核心，以产业结构优化升级为发展方向，同时涉及产业体系和产业现代化等内容。产业发展既包括单个产业的进化过程，又包括产业总体即整个国民经济的进化过程；产业发展是指产业量的增长和产业结构的升级[2]。从产业发展角度看，现代化的过程就是在科技进步的推动下，经济不断发展、产业结构逐步优化升级的过程。产业发展的核心是动力驱动。产业发展要基于区域内人口、资源和环境三大要素及其自然、经济、社会三大属性，深受需求、供给、分工、生产要素、技术和政策等影响。

同样，南繁产业发展的核心是定位好动力驱动，即通过一套组合拳，将需求、供给、分工、生产要素、技术和政策的正面影响发挥到极致。

4. 产业结构优化与升级

我国经济正转入高质量发展阶段，产业结构调整、优化和升级是经济发展的常态。产业结构优化与升级要求各产业之间和产业内部实现资源的优化配置和高效利用。这包括三个层面[3]：三次产业之间的结构调整和优化，服务业不断优化并逐渐占主导位置；产业内部的生产要素合理配置和优化，主要表现为科技进步和管理创新促进产业整体升级，产业链不断延长；单一产业在产业价值链上的更替与提升，产品和服务升级是主要形态。主导产业选择和培育是区域产业结构调整与优化的关键。

南繁产业规划需要政府跨行业、跨部门优化和调配资源，支持南繁产业化，开发南繁产业的系列产业和服务业，延长南繁产业链，提升南繁产业链整体价值，将南繁产业培育成区域主导产业之一。

（二）现代产业

1. 定　义

现代产业是指较多地运用现代科学技术和现代管理方法的产品、服务等行业集合，具有高科技含量、高附加值、低能耗、低污染、自主创新能力强等特点，具备创新性、开放性、融合性、集聚性、可持续性、动态适应性等特征；发展现代产业成为抢占经济增长制高点、优化产业结构、提高产业竞争力的重要途径[4]。现代产业中最具代表性的就是战略性新兴产业。战略性新兴产业是指建立在重大前沿科技突破基础上，代表未来科技和产业发展新方向，体现当今世界知识经济、循环经济、低碳经济发展潮流，虽然尚处于成长初期，但是未来发展潜力巨大，对经济社会具有全局带动和重大引领作用的产业[5]。

战略性新兴产业具备战略性与全局性、新兴性与前瞻性、显著的带动效应与渗透力、增长潜力大与综合效益好、符合现代生产标准与增长速度较快等特征[6]。2016 年 11 月 29 日，国务院关于印发"十三五"国家战略性新兴产业发展规划的通知，进一步强调发展壮大新一代信息技术、高端装备、新材料、生物技术等战略性新兴产业。生物种业是其中重点之一。

南繁产业正属于战略性新兴产业。海南省早在 2011 年 5 月 6 日出台的《海南省人民政府关于加快培育和发展战略性新兴产业的实施意见》就提出了依托南繁，培育生物育种业，打造金种子工程。要利用南繁资源优势，推进海南生物科学和生命科学的大发展。

2. 体　系

中国共产党第十七次全国代表大会报告首次提出了"现代产业体系"。根据 2008 年 7 月 2 日中共广东省委、广东省人民政府发布的《关于加快建设现代产业体系的决定》，现代产业体系是指以创新为主要动力，以高科技含量、高附加值、低能耗、低污染、有自主创新的有机产业群为核心，以技术、人才、资本、信息等高效运转的产业辅助系统为支撑，以环境优美、基础设施完善、社会保障有力和市场秩序良好的产业发展环境为依托，基于新业态和新商业模式而构建新型产业网络生态系统。现代产业体系具备开放性、动态适应性与创新性、集聚性与融合性、生态性与可持续性[7]。

现代农业产业体系是现代产业体系的重要组成部分。国家“十二五”规划纲要提出了完善现代农业产业体系，发展高产、优质、高效、生态、安全农业。现代农业产业体系重在解决农业的发展动力和生产效率，需要农业具备抗风险能力、国际竞争能力、可持续发展能力[8]。

南繁作为我国现代农业发展的关键一环，需要围绕现代产业体系尤其是现代农业产业体系的要求，做好顶层设计和制度创新。同时，加强南繁基地的建设，提升生物育种研发与服务能力，创新商业模式，构建南繁产业体系。

3. 发展趋势

（1）全球化增强了世界各国产业之间的关联性和互动性[9-10] 经济全球化在全球范围内实现了生产要素优化组合和资源的优化配置，帮助跨国公司加快实施归核化战略①。产业结构的演化调整要从全球价值链重构上进行考量，既要置身于本国和本区域内的分工之中，又要置身于国际分工体系之中。一个国家的产业结构调整既要深受国际分工变动的影响，也会影响周边其他国家产业结构的变动。种业、科技服务业、生物技术产业全球化程度非常高，以拜耳、孟山都、先正达为代表的农业农化国际集团像苹果公司一样收割了行业大部分的利润。

南繁产业发展也必须置身于全球化、区域经济一体化和国家“一带一路”倡议之中。

（2）以互联网为代表的新经济发展迅速[11] 支撑互联网发展的科技更新快，创新能力强，使互联网产业站在了“食物链”的顶端，飞速地向其他产业渗透融合。发达国家产业升级换代出现了非物质化趋势，尤其是大数据、

① 1990年，美国战略管理学家马凯兹（C. C. Markides）提出了归核化战略。其核心是强调企业的业务与企业核心能力的相关性，强调业务向企业的核心能力靠拢，资源向核心业务集中，将其业务集中到其资源和能力具有竞争优势的领域。

云计算、物联网和移动支付等代表的现代信息技术的广泛应用，极大地提高了物质生产部门的劳动生产率，让更多的劳动力和物质生产要素从传统的产业部门释放出来，促使人力资源转入具有高科技内涵的咨询业和网络服务业。

南繁产业规划过程中也要充分利用互联网技术，将南繁种子资源和品种资源以及专家人才资源编织成大数据和网络平台，服务我国种业的发展。

（3）战略性新兴产业促进知识的快速兴起[12] 随着以电子技术、信息技术、生物技术、新材料技术、新能源技术、海洋工程技术、空间技术等为代表的高新技术产业的蓬勃发展，各国尤其是发达国家均大力加强高新技术产业的开发，加强电子信息技术等对传统产业的改造与升级，不断调整和优化产业结构，促进经济可持续发展。世界各国都把目光投向高新技术产业，将它确定为国家发展战略的重点。战略性新兴产业催生了大量的知识产权“作品”。以知识产权为代表的无形资产等新型要素正加速资本化。

南繁产业属于战略性新兴产业。南繁产业规划中一定要吸引生物技术资源、生命科学资源，提升南繁产业价值链。

（4）绿色经济（Green Economy）成为产业发展的主旋律[13–14] 绿色经济是以市场为导向、传统产业经济为基础、经济与环境的和谐共生为目的发展起来的一种新经济形式，是产业经济为适应人类环保与健康需要而产生并表现出来的一种发展形态。发展绿色经济是21世纪世界经济发展的必然趋势。

南繁产业规划也要遵循绿色经济发展理念，将南繁制种产业打造为现代绿色农业的典范。生物育种和生物技术产业则走高附加值产业之路。南繁代制代繁产业要更加规范化和集约化。

（5）垂直分工与水平分工并驾齐驱[15–16] 国际生产网络的快速扩张，使发达国家的大型跨国公司将低附加值的生产制造环节转移到比较有优势的发展中国家，总部则专注于设计、研发、管理、财务金融运作和品牌营销等具有相对竞争优势的核心业务。欧洲国家以及美国、日本等发达国家和地区高度重视高科技的设计和研发，以加快产品更新频率，加大与发展中国家在关键技术领域的差距。发达国家之间的制造业竞争已经从产品竞争前移到研究开发能力和研究开发方向选择的竞争，如中国制造2025、德国工业4.0、美国先进制造业国家战略计划。各国的技术专业化倾向越来越显著。发达国家以高科技为导向带动了制造业的调整和升级，使自身在制造业的高附加值环节继续保持着强大的竞争优势。南繁产业规划也要充分考虑国际化工、生物技术和种业领域的扩张特点，抓住海南省全面深化改革开放的契机，吸引优质资源进驻南繁开发区，推进南繁产业跨越式发展。

（6）跨界耦合集群联动推进产业创新发展[17-18] 产业创新是实施创新驱动发展战略、推进供给侧结构性改革的核心内容。新时代推进产业创新需要构建跨界耦合的产业创新生态。跨界耦合并不是对两个或多个产业的简单整合，而是在产业耦合渗透中形成产业共生创新网络。

当前，我国经济进入新常态，由高速增长转入高质量发展阶段，正处于创新驱动发展的重要战略机遇期，已进入要素驱动向创新驱动转变的发展关键期。实施创新驱动发展战略、推动产业转型升级，必须突破区域与行业边界，构建多层次、多要素联动的产业创新生态。这不仅要鼓励企业等主体积极创新，而且要构建开放、合作、互利、共享的创新生态，通过产业跨界融合，培育新产业、新模式、新业态。南繁产业规划也要突破思维瓶颈，推进南繁种业与生物技术产业、生命科学产业、现代农业化工产业、旅游业、会展业、互联网跨界融合，建立以种业企业和生物技术企业为主体的产业创新联盟，引导南繁产业集群发展，推进跨区域南繁协同创新产业环境，实现南繁产业跨界耦合集群联动发展。

二、相关规划概念

（一）规　划

规划是根据特定对象及其预设的目标，遵循一定的流程和规则，基于人口、资源和环境的开发潜力和承载能力，运用相关的理论及工具等对未来整体性、基本性和中长期性的问题进行研究。同时，经过思维创造、决策协同，科学谋划社会经济发展，最终完成编制包含一揽子战略性、权威性、前瞻性、制度性和纲领性的决策部署与政策措施。研究规划是智库的一项重要内容，规划成果也是智库重要的研究成果。

按对象和功能类别，规划分为总体规划[①]、专项规划[②]和区域规划，如国家"十三五"规划和"十三五"国家科技创新规划。按管辖范围，规划分为全国发展规划和机关、企事业单位的部门发展规划。按时间范围，规划分长期规划、中期规划及短期规划。按空间布局，有国家、省市等功能规划、区域规划和部门发展规划，其中土地利用规划、城乡规划功能规划较为常见。按经济社会发展，规划分为产业规划和形态规划，其中形态规划是指国家所投入的科学技术、基础设施、具体建设等项目，与产业规划相辅相成，共同作用（图2–1）。

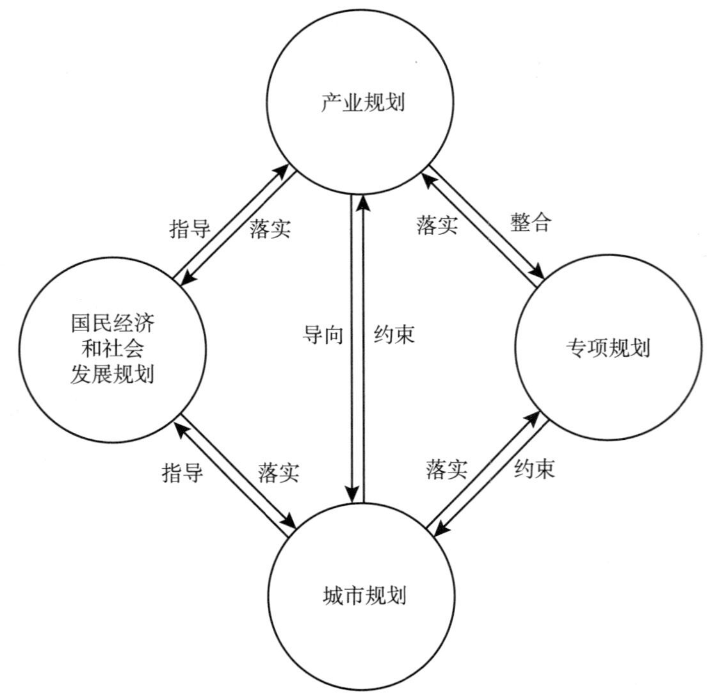

图 2–1 产业规划与其他规划关系图[③]

① 2005 年 12 月 22 日，《国务院关于加强国民经济和社会发展规划编制工作的若干意见》提出了建立健全规划体系，明确了总体规划、专项规划和区域规划的定位。

② 2007 年 4 月 14 日，国家发展和改革委员会印发《国家级专项规划管理暂行办法》的通知，实现了专项规划的规范化和制度化。

③ 《区域产业规划指南》，http://www.docin.com/p–417550741.html。

规划需要将理论与实践进行有机结合。理论和实践并重，对实操性要求较高。习近平总书记高度重视规划工作，将规划作为顶层设计的重要措施。2015 年 11 月 3 日，习近平总书记关于《中共中央关于制定国民经济和社会发展第十三个五年规划的建议》的说明中指出：一是坚持目标导向和问题导向相统一，明确破解难题的途径和办法；二是坚持立足国内和全球视野相统筹，重视提高在全球范围配置资源的能力；三是坚持全面规划和突出重点相协调，提出可行思路和务实举措；四是坚持战略性和操作性相结合，既强调规划的宏观性、战略性、指导性，又突出规划的约束力和可操作、能检查、易评估，做到虚实结合。

区域规划、产业规划和区域产业规划之间既相互区别，又紧密关联，甚至重叠。区域产业规划是区域规划和产业规划相互协调发展的产物，是产业与空间相结合的产物（图 2–2）[3]。

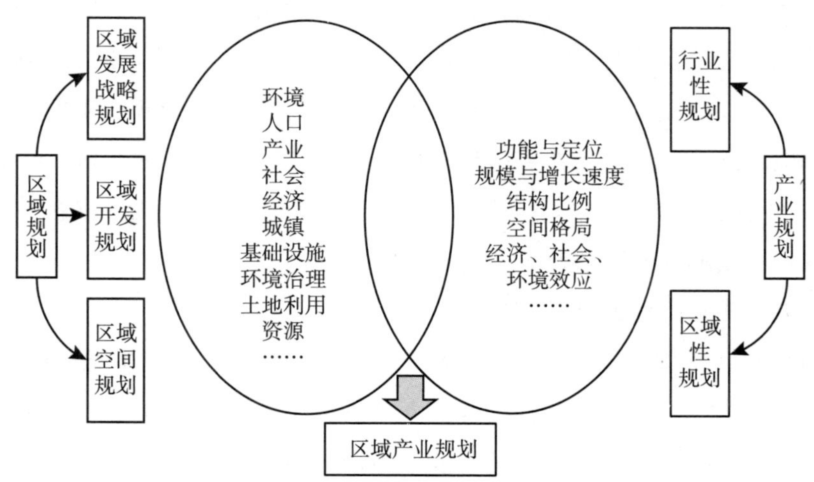

图 2–2　区域产业规划与区域规划、产业规划的关系图

南繁产业规划既是全国性规划又是区域性规划，是南繁今后发展的线路图，是自上而下和自下而上共同努力的奋斗目标。一方面，国家南繁的区域就在海南省，区域特色显著。另一方面，南繁产业规划还是跨部门规划，涉及农业农村、发改、水利、农垦、财政、科技、旅游等部门，是综合性较强的专项规划。

（二）农业区划

农业区划即农业区域划分[19-21]，是区域产业规划的重要内容。农业区划以农业区域分异规律为基础，因地制宜地综合勘察、分析和评价农业自然资源、农业技术条件、社会经济条件和农业生产特征，研究并提出不同地区或类型农业发展的方向和途径，促进农业综合开发和作物空间分布及差异化发展。农业区划是一项系统性工作，涉及农学、生态学、农业气象学、地理学、经济学等多个学科[22]。

农业区划要从农业和国民经济发展的实际以及未来发展总体目标出发，立足我国农业多功能地域分异特征，兼顾国际农业总体布局特征，科学划定农业区域，以指导国家农业区域主导功能合理配置、统筹拓展与现代农业产业布局，规范农业发展空间秩序[23]。农业区划是农业规划的重要依据，为农业规划指明路径和方向。南繁作为我国现代农业的重要组成，农业区划对南繁基地规划建设有重大指导意义。2015年10月28日，经国务院批准，农业部、发展改革委、财政部、国土资源部和海南省政府联合印发的《国家南繁科研育种基地（海南）建设规划（2015—2025）》，其核心就是农业区划，重点划定了26.8万亩南繁保护区，基本上囊括了琼南地区最适合育制种的基本农田资源。

农业区划的内容体系如下。

1. 农业资源条件区划[24-25]

包括农业气候、地貌、土壤、水文、光温、植被、自然生态等区划。对发展农业生产的自然条件和社会经济条件，按照各自的地区分布规律划分区域或类型区，全方位地分析评估对农业生产的有利影响及不利影响，研究提出因地制宜、趋利避害、扬长避短、合理利用和保护农业资源、改善或改造农业生产条件的方向和路径。为了服务好南繁机构和南繁从业人员，配合南繁产业发展，农业农村部门应牵头编制南繁区域资源条件指南，指导南繁区域布局。

2. 农业部门区划[24-25]

包括农、林、牧、渔各生产部门和各作物的区划。该区划是分析农、林、牧、渔业各个部门和农作物、林业、花卉、畜禽、鱼藻等对自然条件的适应性以及对社会经济技术条件的要求，并从国民经济发展需要和经济效果考虑，按照综合农业区划分区体系，分区提出合理调整生产结构和布局以及有关增产增效关键措施等方面的科学依据和建议。南繁涉及农作物种业、林花草种业、畜禽种业、水产种业，政府相关主管部门要协调作好部门区划，指导南繁产业发展。

3. 农业技术改造区划[24-25]

包括农业机械化区划、农业水利化区划和化肥、土壤改良、作物品种、植物保护、农村能源等区划。该区划就发展农业水利化、良种化、机械化、生态化、农村能源、土壤改良、植物保护等，分别分析其特定的有关条件，按生产发展的需要和可能，对不同农业区实行技术改造的重点、步骤和方法提出科学建议。要根据南繁品种的具体要求和区域内本底条件，提升对南繁区域技改工作（如面向南繁水稻制种）的速度，提高南繁服务全国种业创新创业的基础条件水平。

4. 综合农业区划[24-25]

这是整个农业区划的主体和核心。根据区内相似性和区际差异性原则，以自然、经济、技术三方面的综合观点来阐明农业地域分异规律，综合反映和揭示各地农业生产条件、特点、潜力、方向和途径的地域单元。农业资源条件区划、农业部门区划、农业技术改造区划、综合农业区划四类区划称为农业区划的横向体系。在全国范围内进行的叫全国农业区划，在省（自治区、直辖市）、地（市）、县范围内进行的叫省级或地（市）级、县区划。这种分级开展的农业区划被称为农业区划的纵向体系。下级区划是上级区划的基础，上级区划对下级区划起指导作用，上下协调，相辅相成。

（三）农业规划

农业规划[26]既是产业规划又是部门规划，是基于区域经济理论和农业经济理论确立的农业战略发展目标和实施纲要。该规划主要是统筹城乡资源和优化利用农业资源，综合农业技术研究、农业区划成果应用、农业生产和农业发展，编制前瞻性、综合性、可操作性、指导性和阶段性的计划方案，实现区域内农业生产力的合理配置和布局，促进生产和追求较好的经济效果。

南繁作为海南省热带高效农业王牌的核心组成部分，需要优先将产业发展战略和思路纳入全省农业大规划之中、农业农村现代化发展之中，优先安排项目支持发展。

（四）产业规划

产业规划[27]是指近期和中长期科学部署与评估。该规划以区域内产业结构调整为主线，以提高产业竞争力为目标，综合运用各种理论分析工具，充分地分析国际国内及区域经济发展态势和现有产业链国内外的区域关联现状与态势，对产业发展进行预测，推动资源和要素在不同地域、产业之间进行配置与再配置，对产业结构、发展战略、产业定位、产业体系、组织形式①、产业链、空间布局和实施方案等做出的。

产业规划是对一个国家或地区未来产业发展的预见和预想，是政府整合和协调跨行业、跨部门、跨区域的资源，指导产业科学发展、产业结构优化调整升级的重要手段，是开拓未来产业和投资未来的一种战略。产业规划包括产业部门规划，如工业、农业、服务业等规划，也包括产业空间布局规划。产业规划既要贯彻落实总体规划，又要与城市规划、功能规划、部门规划相互衔接、相互促进和融合——"不以规矩，不成方圆"。

由于南繁产业规划是跨部门、跨地区的综合性规划，因此需要从省级层面发挥省部会商机制。同时，协调国家相关资源，海南省发改、农业农村、科技、财政、国土、规划等相关部门的资源，以及三亚、陵水、乐东等市（县）资源，统筹研究南繁产业规划，从而达成上下统一、社会认可的目标成果。

三、产业规划本质属性与注意事项

（一）本质属性

1. 政策属性

产业规划作为政府的行政行为，既要衔接政府部门日常工作，更要有所创

① 组织形式是指产业规划要将政府组织和市场组织有效地结合起来，促进产业规划目标的实现。

新，为政府相关政策制定提供科学的服务与支撑。产业规划必须服务于科学决策和科学行政，配套以财政、土地、项目等产业政策支持，进行制度创新以便规划落地生根、开花结果。因此，南繁产业规划必须群策群力、政令畅通。

2. 空间属性[28]

空间布局作为形式规划的重要组成，以空间资源配置为重点是产业规划布局的一个重要方向。空间资源具有经济性、区位性、稀缺性。产业园区规划是产业空间布局的重要载体。产业园区作为产业的活力空间，空间资源同样是固定资产投资的主要依据，发改部门要严格把关项目立项。项目投资建设必然要求产业规划对土地空间的利用提出指导性建议，政府的规划、国土部门要衔接跟踪。因此，南繁产业规划要符合“多规合一①”，与城市规划、土地利用规划充分衔接。可优先考虑南繁产业园区化这一活力空间，有助于各种新思想、新观念、新技术、新知识的传播和共振，做好空间部署以引导资源聚集发力，激发南繁产业倍速甚至跨越式发展。

3. 创新属性

创新性是现代产业的核心特征，也是发展现代产业的第一驱动力。同时，创新是现代企业尤其是科技型企业的生命线。大数据时代，信息越来越透明，在日趋严峻的资源约束条件下，地区之间、企业之间的竞争越来越激烈，唯有创新创意者才能实现科学可持续发展。从产业规划角度看，构建现代产业必须把创新创意放在首位，通过理念创新、制度创新、知识创新、技术创新、管理创新等多维度的创新，帮助化解现代产业发展中的各种矛盾，促进产业在全球价值链中不断升级[29]。因此，南繁产业规划不仅需要产业经济视角，还需要从政治大局出发，方能协同政府各部门资源，吸引社会各类创新创意资源与人才入驻。

4. 协调属性

产业是地区发展的决定力量。产业发展规划必然涉及国民经济各部门和

① “多规合一”是指将国民经济和社会发展规划、城乡规划、土地利用规划、生态环境保护规划等多个规划融合到一个区域，确保相关规划高效衔接，实现在一级政府一级事权下的一本规划、一张蓝图。目前，试点省、市、自治区包括福建、广东、陕西、浙江、江苏、广西、海南等。海南省是在全国率先开展省域“多规合一”改革试点。

社会发展的各个环节，是资源的重新优化与配置。因此，协调好发改、财政、规划、国土、住建、环保、金融以及行业主管等各部门和各环节的关系成为产业规划能否付诸实践的关键。尤其要按“多规合一”和总规划等上层设计的要求，敦促部门协同，拧成共同的意志力，协调好各类资源，重点加强对国土、政策、财政的研究，分析产业的承载及实现能力。聚焦南繁产业而言，甚至需要重新微调“多规合一”，协调腾挪出足量资源来承载和发展南繁产业，建设南繁“硅谷”。

（二）注意事项

1. 自然禀赋

自然禀赋主要包括自然资源和自然环境，尤其是由地域差异造成的局地性自然资源和环境，如由于地带性和非地带性规律形成的特定气候区、土壤区和生物区以及相应的自然资源；同地球内外营力组合有关的矿产分布；受河流与地貌结合制约的水力资源等[30]。某些局地性资源，在分布范围和数量上还是相当有限的，如我国热带橡胶、芒果、椰树的生产环境，稀土等某些矿种的分布和储量等。局地性自然因子对于产业区位有相当重要的影响。

南繁属于受局地性自然因子影响的典型案例。海南的自然禀赋成就了南繁，南繁已成为独属海南的特色产业。在农业经济中，特色产业是攻克市场的绝佳武器。南繁产业最重要的价值是其独特的、差异的以及难以复制和不可替代的特性，给予海南在发展南繁产业时的品牌优势和市场竞争优势。

2. 交通运输

交通运输是产业发展的最基本的条件。“要想富，先修路”。不同位置的商品、物资、人员等自然和经济要素需通过运输来实现。不论客运还是货运都要依赖于公路、铁路、水运、航空等交通基础设施及运输设备的支撑。交通运输因地理位置差异，运输方式有可能不同，运输成本迥异。大型商品交易中心一般选择邻近产地或消费聚集地区，就是基于交通便利因素。

夯实交通运输基础是海南省的基本战略，对内是“田”字形、“丰”字形高速路网，对外是发展港口、航空基础设施。中共海南省委书记刘赐贵在《人民日报》2017-09-01（009）版撰文《加快建设美好新海南》中提出要全面融入“一带一路”建设，推动打造“泛南海经济合作圈”，推动海南与沿线国家和地区港口、航空交通基础设施互联互通。南繁产业发展也需要在“泛南海经济合作圈”这一战略定位上发挥作用，借力使力。

3. 人才资源

人才是第一资源。不同地区的劳动力素质及价格常常存在较大的差别，劳动力的数量、质量和价格的地理分布才是确定产业区位的重要因子。海南对人才的吸引力相较于其他特区，明显不足。2018 年 4 月 13 日下午，习近平总书记在出席海南建省办特区 30 周年大会上，强调“事业因人才而兴，人才因事业而聚。海南全面深化改革开放是国家的重大战略，必须举全国之力、聚四方之才”，提出海南要“坚持五湖四海广揽人才，在深化人才发展体制机制改革上有突破，实行更加积极、更加开放、更加有效的人才政策，创新人才培养支持机制，构建更加开放的引才机制，全面提升人才服务水平，让各类人才在海南各尽其用、各展其才”。

4. 地理位置

地理位置是产业发展的重要先天条件。这种先天条件如同军事要塞，是人为因素较难干预的。产业发展的地理位置受到物流、人流、信息流以及政策变迁的影响。地理位置隐含了产业与市场的相对位置与距离，将直接影响产业在空间上的聚集。

海南作为南海的重要海岛，是加快建设海上丝绸之路的关键。2018 年 4 月 14 日，新华社受权发布的《中共中央 国务院关于支持海南全面深化改革开放的指导意见》指出“把海南打造成为我国面向太平洋和印度洋的重要对外开放门户”“深度融入海洋强国、‘一带一路’建设、军民融合发展等重大战略，全面加强支撑保障能力建设，切实履行好党中央赋予的重要使命，提升海南在国家战略格局中的地位和作用”。

5. 经济水平

随着地方自主权增强，我国地区间的政策尤其是产业政策日益趋同，特区作为政策试验田，成型的好经验也会向全国扩散，各地的政策差异已不显著。“好吃的肉都吃掉了，剩下的都是难啃的硬骨头”。特殊的政策资源甚至制度创新已经难达到改革开放之初的显著效果。

经济发展水平是综合实力的重要体现，已成为政府产业发展规划的直接底气，将显著影响产业的培育及发育。"兵马未动，粮草先行"，产业规划也需要系列重大项目尤其是基础性项目建设的带动，而这需要大量的社会资本和政府财力的配合支持，因此领先的GDP和雄厚财力的支持使一线城市更容易对新兴产业进行布局和引导。

2017年，海南GDP仅4462.54亿元，全口径一般公共预算收入仅1222.24亿元。经济总量小，财政杠杆能力有限，财政领域的优惠政策较难匹配国内其他发达地区，并且地方对企业财政优惠政策受到国家财经政策的制约，海南想制定差异巨大的财政优惠政策存在实施瓶颈。因此，海南进行产业规划时，与其他发达省域拼不了经济发展水平，需要另谋张良计，另造过墙梯。

6. 科技创新

科技是第一生产力，创新是第一动力。科技进步极大提升了交通运输能力，促进了物流方式的变革。互联网技术极大提高了劳动生产率，优化了交流方式。大数据极大提高了信息的透明度，使市场这一看不见的手变得可见，增强了政府、企业、消费者决策科学性。物联网正在颠覆生产方式，使生产更加智能。以分子育种为代表的生物技术使育种更加精准、效率更高。

习近平总书记强调，科技革命必然引发产业革命，科技创新是实施创新驱动发展战略的"牛鼻子"。鉴于科技之于种业的重要性，海南在规划布局南繁产业时，必须把科技规划放在优先位置，鼓励颠覆性技术的研发与应用，勇于变革产学研用合作模式，勇于创新科技成果等知识产权交易模式，促进南繁产业跨越式发展。

7. 目标市场

"池大好养鱼，水深养大鱼"。市场规模和准入难度是产业规划时需要考虑的重要因素。目前，种业市场规模接近800亿元且还在不断增长，是全球仅次于美国的第二大种业市场，但它需政府核准许可，有一定的准入难度。此外，与种业关联的科技服务业规模已超万亿元规模。与种业高度关联的生物农业则呈现快速发展趋势，规模已近2000亿元。

南繁产业涉及种业、生物技术产业，因此有深厚的产业依托。南繁规划就要充分研究种业和生物技术产业的行业特点，要立足做大、做强中国种业和生物技术产业规模。因为从国家层面，简单地重新调配资源，支持一个地区产业发展不符合市场规律、不符合政府干预产业的原则。南繁产业要讲好中国种业故事、生物技术甚至包括生命科学产业在内的故事，其实质必须是乡村振兴和科技兴国的故事。

8. 产业现状

做产业规划时，首先需要对产业的现状进行分析，包括产业自身规模、发展趋势、关联产业以及产业配套设施等基本情况。产业形成与发展离不开良好的产业基础及关联产业支撑。这也是各地根据区域特色产业的特点，优化调整产业布局的原因。科技创新使产业规划“无”中生有成为可能。例如，安徽省省会城市合肥市通过“无”中生有，成功打造了创新高地，2017 年 1 月更是成为“综合性国家科学中心”。近 10 年来，合肥市 GDP 排名连超 6 个省会城市，在全国省会城市排名中位居第十名。合肥市的快速发展离不开高校、中国科学院等良好的产学研用平台基础，以及对人才的重视。

9. 政策因素

新时代是“八仙过海，各显神通”的伟大时代。产业的竞争不仅是企业之间的竞争，也是政府之间的竞争。全国各地为了留住和吸引人才、资本等资源，纷纷出台各类优惠政策。政策因素已成为产业规划的必选科目。国家战略和省域战略会对区域发展产生重大影响，尤其是国家战略及配套政策，如特殊政策就使特区发展快于其他区域。规划作为政府行为，一项重要职责就是必须贯彻落实党中央和国务院以及上级党委和政府的战略部署，通过层层抓落实，构建起集中统一、公正规范、权威高效的国家行政与决策体系。十八大以来，国家加大了对大的区域或中心城市的功能定位，从顶级层面进行统筹设计，协调全国资源合理调配，避免区域间的产业严重趋同。

2018 年 4 月发布的《中共中央国务院关于支持海南全面深化改革开放的指导意见》赋予国家最大特区海南省改革开放以新的重大责任和使命，是海南省未来重心工作的顶层设计，一定会与自贸区、自由港相关系列政策共同落地部署。南繁产业发展真正地有了党中央和国务院层面的顶层设计指引，让海南省手握一把"王牌"。手握"王牌"不仅要打赢，更要取得更大的赢率比和分值。

南繁产业以什么样的方式（如创新设立"离岸育种实验区""外资种企缓冲区"）、何种速度（2019 年初步完成机制设计，2020 年开工建设），能发展到怎么样的程度（全球瞩目的南繁"硅谷"），最关键的将是海南省体制机制创新以及广大干部的承接能力和创新服务水平。

10. 其他因素

历史条件、国际因素、民族文化、创业创新环境、行政能力等也是影响产业发展的因素。种业进出口就受国际贸易限制的影响因素较多。

南繁产业规划占位必须高，要与国家"一带一路"倡议紧密结合。通过营造良好的创业创新环境，提供行政效能，推动种业走出国门。

四、南繁产业规划特点

（一）综 合 性

首先，南繁产业本身涉及一产（农业）和三产（服务业，尤其是科技服务业）。其中，一产主要是种植业和制种产业，属于劳动密集型；三产主要是农业科学研究和技术服务，属技术密集型。南繁产业规划过程中需要充分考虑南繁产业本身的特性。

其次，产业规划不仅是一个部门的事务，还涉及多个部门，如财政、发改、国土、规划等。若涉及建设土地，则牵涉的部门会更多。因此，产业规划要综合各部门甚至跨地区的意见，进行系统规划。

再次，南繁涉及面广，有大融合的趋势。以市场需求为导向的跨界融合已经成为产业发展的新趋势。生物育种产业是国家战略性新兴产业的重要组成部分。生物技术在种业中的应用，孕育了"精确育种"。生物技术与南繁产业的融合潜力最为巨大，基础最为牢靠。北京、合肥、长沙、深圳等城市已经基于创新资源和市场资源提出要大力发展生物育种产业。

最后，南繁产业规划过程也是方案优先的过程。要寻求最大公约数，保证总体利益最大化的同时，平衡矛盾关系。

（二）战 略 性

习近平总书记嘱托将国家南繁基地打造成南繁“硅谷”，于是海南省将南繁定位为未来大三产业之一。战略问题是未来产业的根本性问题，战略事关南繁产业的成败。因此，南繁产业规划需要有战略气魄和全球视野，需要自上而下的制定总体战略，需要自下而上地推动产业升级。

自上而下的战略制定并不是否定自下而上的实情传递，也不是忽视终端现实需要，而是站在更高处，兼顾与统筹各方利益，让战略决策更加长远，让南繁产业发展获得更持久的动力。南繁产业规划的战略性同时说明其指导性。战术服务于战略，规划中具体的任务和内容就是要服务于发展战略，让发展战略最终变成现实。且南繁产业发展战略的实施也会能动地影响甚至决定海南产业布局、发展方向和前景。

（三）开 放 性

海南自贸区自由港建设为南繁开放提供了创造体制机制的环境。因此，南繁产业规划与内地种业规划、生物技术产业规划有很大的不同。南繁产业规划一方面是服务于国家种业创新高地的建设，另一方面是要面向“一带一路”、面向“两洋”，做大、做强、做精我国种业和生物技术产业。

海南全面深化改革中的一项内容为种业开放。这为创新设立“离岸育种（综合）实验区”提供了解放思想的条件。以水稻种植为例，国外水稻种植约19.44 亿亩，其中 90% 以上分布在与海南地理气候类似的东南亚、南亚和非洲，杂交水稻种业市场规模能超百亿元，海南有义务、有条件、有基础、有潜力去开拓海外种业市场。

（四）预 见 性

规划是对未来的一种预判，要有前瞻性。南繁产业规划不仅要立足当前、活在当下，更要预测未来趋势和走向，挖掘机会甚至创造机会，做事谋势，少走弯路，顺应新时代潮流。

南繁产业规划必须具备前瞻性，站位要高远，以推动南繁产业向高级化、高效化、现代化和科技化转化，并且所规划的内容能可持续地影响未来，促进形成产业聚集，让其真正成为托起海南跨越发展的未来产业。

（五）可 行 性

产业规划不能脱离实际，或者说不能过于背离实施者的实力和能力。南繁产业规划作为一种成熟的指南、手册和图纸，必须是操作性的和建设性的。规划中的相关任务和项目要具备政策可行、落地可行、财政可行、机制可行、模式可行、保障可行，既能实现按图索骥，又能帮助花样翻新。

一个成功的产业规划必须与重大产业项目落地策划同步。因为重大产业项目是产业规划的抓手，即常说的"项目带动"。重大产业项目落地的可能性越大，说明产业规划的可行性越高。重大产业项目落地建设的实质就是拉动固定资产投资，使资源重新配置，对落后地区域产业调整和社会经济发展产生深远的影响。

（六）区 域 性

首先，产业规划要立足一定的区域。区域性是产业规划的最基础的特点。南繁产业规划虽然可以纳入国家战略（南繁产业所依赖的南繁科研育种基地属于国家战略），但真正操刀人和执行人是海南省。海南省必须顶格落实执行党中央和国务院的战略部署。

其次，区域性表明了南繁产业规划烙上了海南印记。南繁产业规划离不开海南社会经济以及地理气候这一大环境。"打铁还需自身硬"，南繁产业未来如何，总体上还要看海南自身，看海南"无中生有"的能力。

最后，全球共计 98 个典型热区国家、24 个局部热区国家（包括中国）、20 个非典型热区国家，面积约 5300 万平方千米[31]。这为海南种业"走出去"奠定了市场基础。

（七）层 次 性

南繁产业规划涉及的内容多，甚至跨界。规划内容需要层次分明，以帮助决策者和执行者部署和实施。

一是需要分阶段（近期、中期、远期）即时间上的层次性，以控制好规划实施的节奏。二是需要有主次之分（重点项目、一般项目），即项目建设上的层次性，以分清主要工作和次要工作。三是需要布局上的层次性（核心区、示范区），即空间上的层次性，指导空间布局。四是需要引导培育核心竞争力（目前南繁产业的三大环节中，育种在内、制种部分在内、销售在外，即一个半在外，要基于这一现实进行核心竞争力的培育和强化），即内容上的层次性。

参考文献

[1] 王志华. 长江三角洲地区制造业同构若干问题研究 [D]. 南京：南京航空航天大学，2006.

[2] 许月潮. 中国天然气产业政府规制改革研究 [D]. 武汉：中国地质大学，2006.

[3] 曾淑婉. 基于区域经济差异的区域产业规划研究 [D]. 天津：南开大学，2013.

[4] 李超. 比较优势、适宜性技术进步与中国现代产业发展 [D]. 广州：暨南大学，2012.

[5] 贾少龙. 西咸新区城乡产业统筹发展模式及关键路径研究 [D]. 西安：西安建筑科技大学，2013.

[6] 李金华. 中国战略性新兴产业发展的若干思辨 [J]. 财经问题研究，2011（05）：3–10.

[7] 李武军. 中原经济区现代产业体系发展及制度创新研究 [D]. 武汉：武汉大学，2012.

[8] 李燕凌. 走有中国特色的农业现代化道路 [J]. 中国集体经济，2008（Z2）：5–10.

[9] 戴燕艳. 世界产业结构的发展趋势及启示 [J]. 国际经济合作，2002（11）：37–40.

[10] 国家统计局国际统计信息中心课题组. 国际产业转移的动向及我国的选择 [J]. 理论参考，2005（11）：9–11.

[11] 祖强. 世界产业结构调整和发展中国家主导产业的演替 [J]. 湖北行政学院学报，2002（03）：35–39.

[12] 张强. 跨国公司技术创新对国际产业转移的影响[J]. 山东省农业管理干部学院学报，2006(02)：82-83.

[13] 吴春雷. 科学发展观视域中的中国经济增长方式转型研究[D]. 济南：山东大学，2006.

[14] 屠继芳. 低碳经济、循环经济、绿色经济与清洁生产的关系[N]. 中国包装报，2012-06-07(003).

[15] 赵刚. 金融危机后运城市产业结构调整的回顾与反思[D]. 晋中：山西农业大学，2013.

[16] 万军. 世界产业结构发展及调整趋势[N]. 中国社会科学院院报，2006-07-25(003).

[17] 连远强. 供给侧跨界耦合视角下产业创新发展研究[J]. 科技进步与对策，2016，33(20)：63-68.

[18] 连远强. 打造产业创新发展的良好生态[N]. 台州日报，2017-08-16(005).

[19] 陶红军，陈体珠. 农业区划理论和实践研究文献综述[J]. 中国农业资源与区划，2014，35(02)：59-66.

[20] 黄荣生. 谈农作物布局的几个问题——兼与刘百韬同志商榷[J]. 浙江学刊，1963(04)：18-22.

[21] 刘秀英，黄国勤. 江西省生态农业区划研究[J]. 中国农学通报，2007(12)：355-363.

[22] 罗其友. 农业区域协调评价的理论与方法研究[D]. 北京：中国农业科学院，2010.

[23] 王平生. 中国农经学会农业区划、农业计划研究会一九八四年学术讨论会情况综述[J]. 农业区划，1984(06)：56-61.

[24] 张岩. 海岛县主体功能区划研究[D]. 大连：辽宁师范大学，2009.

[25] 张景书. 中国古代农业教育研究[D]. 杨凌：西北农林科技大学，2003.

[26] 李晓，林正雨，何鹏，等. 区域现代农业规划理论与方法研究[J]. 西南农业学报，2010，23(03)：953-958.

[27] 魏彩霞. "轻城"简阳三岔湖旅游产业规划研究与设计[D]. 成都：西南交通大学，2012.

[28] 詹晓峰. 湖南省小城镇产业发展规划研究 [D]. 长沙：湖南大学，2012.

[29] 张冀新. 城市群现代产业体系形成机理及评价研究 [D]. 武汉：武汉理工大学，2009.

[30] 朱慧. 地理区位因子对建设用地扩展影响探究 [J]. 湖南农机，2012，39（01）：144–145.

[31] 罗丽娟，刘秦，廖建和，等.《热带作物资源学》教学方法探索与实践 [J]. 教育进展，2018，8（04）：437–441.

第三章

产业规划的方法与面临的问题

一、产业规划的意义

（一）有利于统一思想，统筹全社会力量

区域产业发展不是某一方力量促成，需要统筹和汇集各方力量。南繁产业不仅是海南未来重点发展的产业，而且是涉农的弱势产业，除了涉及国土、科技、农业、规划、发改、住建等政府部门，还涉及南繁机构、南繁人员、种业企业、金融机构、风投机构等众多相关干系人①，需要合理配置有限的空间、财经等资源，统筹协调聚力培育。南繁产业规划不是简单的项目堆砌，不是简单地修修路网水网，也不是建建房子买买设备，而是基于现实和未来发展进行思维创新和设计的预见性成果，重在制度创新、机制创新、模式创新，以及自我革新顺应新时代。南繁产业规划过程就是统一思维的过程，以保证各方充分理解产业战略和保障措施，聚集社会力量推进产业发展。

（二）有利于精准对标，聚焦产业发展的重点

南繁产业规划将明确产业发展的战略、任务、内容、配套项目以及制度机制。因此，南繁产业规划可让相关干系人更加精准地对标，让相关干系人准确掌握产业发展路径和重点，并对照规划规范自身的决策行为，如政府的

① 相关干系人（相关方，利害关系者，Stakeholders）是项目管理中的重要概念，是指项目当事人、其行为能影响项目的计划与实施，以及其利益受该项目影响（受益或受损）的个人和组织。

政策扶持与调控手段、企业的投资决策等。南繁产业规划正式实施后，就等同于“操作指南”和“工作手册”。在目标导向和问题导向等指导原则下，相关干系人尤其是政府部门可以清楚地知道产业发展存在哪些差距以及如何寻求提升。

（三）有利于产业升级，培育战略性新兴产业

编制实施产业规划是政府调控社会经济发展的重要手段。南繁产业规划将指导国家南繁向现代科技服务业方向发展，对于优化海南产业布局、培育区域产业品牌、构建更富弹性的现代产业体系和提升综合竞争力有重大意义。南繁产业规划明确了产业发展方向并配套了相关的制度安排和政策支持，可以引导相关产业聚集和延长产业链，增强交流合作效能，加速科技成果转化，帮助海南未来产业形成竞争力甚至是行业领导能力。

（四）有利于政府考核，让政府工作更加阳光透明

高水平的规划让知识型、服务型政府的实现变为可能。规划就是政府的施政纲领和行政清单，是对人民和社会的承诺。这就要求南繁产业规划的研究制定必须科学可行、指标量化且要可操作性强。政府不仅要保证南繁产业规划与日常工作无缝对接，政府相关部门在完成南繁产业规划过程中还必须全力以赴，保证南繁产业规划适度超前，引领南繁这一未来产业科学可持续发展。

（五）有利于招商引资，让社会资本关注南繁

产业规划是政府的招商策划案，相当于企业的招股说明书，要吸引各类资本、人才关注，进而投资、创业。南繁产业规划同样也必须能够拨动投资人或人才的心弦。南繁产业规划要向全球奏响海南旋律、讲好海南故事。

依托国家南繁战略，南繁产业规划将展现出海南面向国内市场和国际市场的巨大能量，展现出海南吸引国际资源和国内资源的巨大吸引力，展现出南繁集成未来生物科技所具备的巨大潜力，展现出海南为打造南繁产业愿意付出巨大的意志力和制度创新力。

二、产业规划的基本内容

（一）分析产业现状和特征

1. 判断产业发展水平和发展潜力[1-3]

产业发展水平和发展潜力需要从行业和区域两个层面进行分析和评判。一是要从不同行业的国际和国内发展趋势和特征出发，分析该行业在国际和国内同行业中的发展地位与优势，判断该行业的总体发展水平。二是要在区域内部和区域之间分析各行业的比较优势和发展水平。分析产业在国际和国内同行业中的发展地位、比较优势和发展潜力，判断该行业的总体发展水平。有时如果仅从行业角度来看，某行业并不代表本行业发展趋势和最高水平，但若是从区域角度来看，却具有明显的比较优势；相反，有些行业在区域发展中地位不一定突出，但有巨大的发展潜力，可能代表着行业未来发展趋势。因此，对产业发展水平的判断，应该从行业自身和区域视角两个方面加以综合分析和判断。

2. 分析产业发展存在的问题与瓶颈[1-3]

分析不同产业之间、同一产业内部在发展水平、产业结构、资源利用等方面存在的问题和不足，准确分析和把握一个行业或一个地区不同行业在发展中存在的各种问题和发展瓶颈，是产业发展和规划的基础。产业发展需要跳出区域或行业自身的束缚，从更广阔的区域和行业视角来综合分析产业整体、不同产业之间、产业内部等在发展水平、产业关联、资源利用、区域优势发挥、生态和环境保护、产业用地等方面存在的问题和瓶颈，以及分析评价产业发展所面临挑战和不利因素。

3. 分析产业发展的综合优势[2-4]

分析发展机遇和有利条件，对区域产业发展的资源优势、政策优势、区位优势、科教优势、经济基础优势、交通优势、市场优势、人才优势等进行全面全新审视，用动态变化的观点分析优势，用相对的观点看待优势。

4. 分析产业发展和空间布局的基本格局及其特点[1-3]

从不同产业层次和空间视角，分析各产业在量上和质上的特征和比例关系、地区特色和优势产业发展状况、中小企业集群和产业链的发展状况，研究产业在空间上集疏规律和趋势，产学研用协同状况，产业园区、产业基地和产业集聚带等的分布特征。

5. 预测产业发展和布局变化趋势[1-3]

随着我国对外开放持续深化，经济全球化和区域化对产业发展的影响更加显著，产业间的竞争层次和深度也发生了变化，产业跨界整合时有发生。科学预测产业发展趋势和空间变化态势，对产业发展和规划具有重要的意义。产业发展和空间变化预测包括产业规模和结构的变化趋势、产业关联的变化趋势、产业空间集疏的变化、产业发展重点空间的判断等。

（二）明确指导思想和战略目标

1. 确立规划指导思想与原则[1-3]

指导思想与原则在保证产业规划编制依据的统一性基础上，从宏观层面创造性地帮助产业规划制定路线图。产业发展目标的实现可能有多种路径，指导思想和原则在特定范围内通过何种路径达到规划目标，明确完成规划目标应有的方向性和价值取向上的要求。中国特色社会主义已进入新时代，当前经济和社会发展处于新的转型期，为了达到发展产业的既定目的，规划指导思想与原则就必须要有新时代特征，以确保产业又快又好健康发展。规划原则是在指导思想的指引下，对完成产业规划目标做出具体路径上的要求。

2. 科学确定产业发展定位[1-3]

产业定位是指准确确定各产业在全国、省、地区乃至全球中所占据的地位、发挥的作用、承担的功能等。产业发展定位要立足于长远，从不同空间尺度，科学分析各产业在全国或大区域等不同空间尺度中发挥的作用和所处的地位。产业定位要以市场为导向，有层次性和未来性，不拘泥于行业和区域自身的发展现状，着眼于未来，从产业未来发展潜力和对周边区域发展可能带来的机遇进行定位。

3. 明确产业发展目标与战略[1-3]

产业发展目标既要从国内外宏观发展背景、区域内优势、劣势、机遇、挑战等方面出发，综合分析、判断和预见未来产业总体和各产业发展的前景，又要按照市场经济规律与政府宏观调控相结合的方式，根据产业微观、宏观条件，基于特定工具，进行战略选择。产业发展战略目标包括定性表述和量化目标的预测。量化目标包括产业总量目标、产业增长目标、产业结构目标、产业运行质量目标和产业空间调整目标等。按照时间尺度，产业发展目标可分为近期、中期和远期发展目标。

（三）选择产业发展方向和重点

1. 优化选择产业发展方向[1-3]

在产业发展和规划之中，要确定产业发展方向。对于产业规划而言，要根据区域内的产业特征、优势、市场需求、政策环境、人才资源等因素，确立区域产业结构调整方向，选择如何培育和发展主导产业，设计相应发展和规划的方向及内容。

2. 明确产业发展重点[1-3]

在确定产业发展方向之后，要根据行业发展现状、目标和未来发展潜力等确立未来产业的发展方向和重点。

（四）优化产业空间布局

1. 产业发展的空间引导[1-3]

在市场经济条件下，产业或企业的区位选择主要依靠市场这一看不见的手来调节。最佳产业发展空间能够最大限度地利用各种资源和生产要素，帮助产业或企业减少成本并获得最大利益。规划要引导产业在获得最大利益的基础上，尽量避免产业发展和布局造成地区土地、水、电等资源的浪费，减少产业发展对生态和环境的不利影响，形成产业空间配置相对平衡，促进地区经济发展和增加就业水平的良好发展态势。产业空间引导主要是通过用地、税收、环境保护等政策工具进行调控。要根据不同地区的发展背景、发展条件和区域的功能定位，通过产业政策引导产业在相应的区域发展和布局。但是，对于一些关系到国计民生的基础行业（如种业）就不能简单地考虑行业自身的发展条件和发展目标，还需要从区域协调、产业基础和相关产业的配套等角度考虑，引导产业既要考虑市场因素，也要考虑区域间的合理布局。

2. 产业发展点轴规划[1-3]

产业在空间上的发展不会均衡展开，一般会在一些区位条件比较优越的地点、交通干线两侧等形成不同规模、等级的产业集聚点和集聚轴（带），成斑点状分布，逐渐演变成区域发展的增长。因此，产业规划就是要按照市场经济规律，通过规划引导，最大限度地利用不同层次区域的各种资源优势，培育不同类型、规模的产业集聚点、轴、带。

3. 产业空间的管治[1-3]

产业在空间上的发展布局要符合“多规合一”，充分考虑生态与环境约束以及人居环境发展的要求。针对重要的生态和环境保护区、居住区、文物保护区、风景名胜区等区域或轴线，应制定严格的产业发展和布局的限制政策，形成不同层次的产业管制区。根据产业管制区的类型特征，按照强制性、指导性、引导性等政策手段进行分类指导，目标是促进产业发展与生态建设和环境保护相协调。

（五）构建产业发展支撑体系

1. 优化投资营商环境

种下梧桐树，引来金凤凰。营商环境是政府治理体系和治理能力的集中体现。除了加大硬件设施投入外，地方政府行政能力和行政效率成为当下招商引资的基本要求。在优化营商环境方面，不仅要精简审批事项、优化审批流程，全面推进一站式政务，而且需要破除官本位思想，构建学习型、知识型政府，增强政府工作人员的业务素养，营造创新产业孵化和知识产权保护的体制机制，以适应新时代产业变革和政府之间的产业资源竞争。

2. 技术支撑体系[5]

现代产业的发展离不开产学研联合的技术支撑。技术支撑体系要重点建设科研院校以及各类科技平台和科技孵化平台，鼓励发展科技服务业。技术支撑体系可方便企业快速获得科技支持和产业技术服务。强大的产业化技术体系可以加速成果转化和加快实现产业化。产业技术创新支撑体系建设要充分考虑全球科技、经济一体化发展的巨大挑战，充分考虑产业发展不平衡的状况和差异化特点给新技术及产业革命带来的机遇，要立足全球化背景和趋势并借鉴世界产业技术创新的发展经验，依托我国市场优势，运用市场机制，充分发挥政府战略谋划作用，针对不同产业分别建立适合产业技术创新规律、差异化的产业技术创新支撑体系。

3. 制度保障体系[1-3]

良好的制度保障体系是产业发展目标得以实现、重点任务得以顺利实施的重要保障，也是规划发挥行政约束力和引导力的关键。习近平总书记撰文强调反对空谈、强调实干、注重落实，是我们党的一个优良传统[6]。规划也重在落实。制度保障体系包括：一是制定法律法规和政策文件，通过行政手段对规划进行强制管制；二是制定优惠财税和投资政策，引导产业落地布局；三是制定科学细致的实施机制，确保各级政府、各企业以及民众等具有共同的利益。

4. 人才支撑体系

人才已经成为产业发展的第一资源。国家的竞争具体到战术上就是人才的竞争。城市与城市之间竞争同理。区域产业间的竞争和企业间的竞争其实质也是人才的竞争。人才支撑是实施创新驱动的关键。要创新选人用人的体制机制，建立以人才为导向的创新创业环境，真正做到环境留人、事业留人、政策留人。

5. 基础设施支撑

一是加强大数据设施、交通设施、电力设施、供水设施等产业发展的基础设施建设。二是提升区域内教育、医疗、文化等设施国际化水平，提升对人才的吸引能力。

6. 提出建设项目建议

项目投资带动成为产业发展的标配。大平台承载大发展，大项目支撑大产业。投资拉动依然是产业发展的基础，通过引进和推进高质量的产业项目建设加快培育产业。产业规划要根据目标任务，在产业关键环节上取得突破，重点安排和引进一批重大项目落地生根。

三、产业规划的基本方法

（一）规划基本逻辑框架

1. 编制的基本要求

规划编制过程中，思考维度必须要广。要从政府维度、企业维度、行业维度、社会维度和规划编制者维度等视角研究并审视规划。从决策和执行层面而言，顶层、中层和基层所获得的信息和掌握的资源不可能完全一致，所思考的矛盾与问题的重心甚至落脚点也不一定相同，跨层级甚至层级之间的思维方式与工作习惯存在不对称性。因此在编制规划过程中要与利益相关者保持紧密的沟通和互动，力促规划过程也是达成共识过程。

习近平总书记在 2014 年 12 月 2 日中央全面深化改革领导小组第七次会议上强调“要鼓励地方、基层、群众解放思想、积极探索，鼓励不同区域进行差别化试点，善于从群众关注的焦点、百姓生活的难点中寻找改革切入点，推动顶层设计和基层探索良性互动、有机结合”。在 2014 年 9 月 29 日中央全面深化改革领导小组第五次会议上，习近平总书记再次提出“研究、思考、确定全面深化改革的思路和重大举措，必须进行全面深入的调查研究”。

2. 基本思考逻辑

规划、项目或活动等宏观工作和微观工作均需要回答“理念—目标—机制—内容—方法”五个方面的问题，实质上就是要深入研究并回答“是什么—为什么—怎么样—怎么办”的基本问题[7]。

①摆在首要的是“理念”，习近平总书记强调发展理念是发展行动的先导，是管全局、管根本、管方向、管长远的东西，是发展思路、发展方向、发展着力点的集中体现。②要在思想理论指导下，确定“目标”方向，有的放矢。③制定可行的“机制”，包括组织领导、政策制度、人员网络、经费投入、考核评估等，为目标实现提供基本保障。④细化具体的任务“内容”，方便关联方对标实施和考核。⑤“方法”为达成目标和完成任务内容提供参考的路径和分析思考工具，提高工作效率。

3. 分析框架[8–9]

规划倾向于方法论。它并非是直线型、蓝图式的，而是一个动态性与时俱进的过程，是政府寻求社会经济最大化发展的过程，是一种治理方式。

“主体—过程—内容”规划分析框架（图 3–1）指出规划编制分为战略准备、战略博弈和战略平衡三个阶段。规划主体、规划过程和规划内容在三个阶段的重心有所不同，明晰了各个阶段的核心机制。

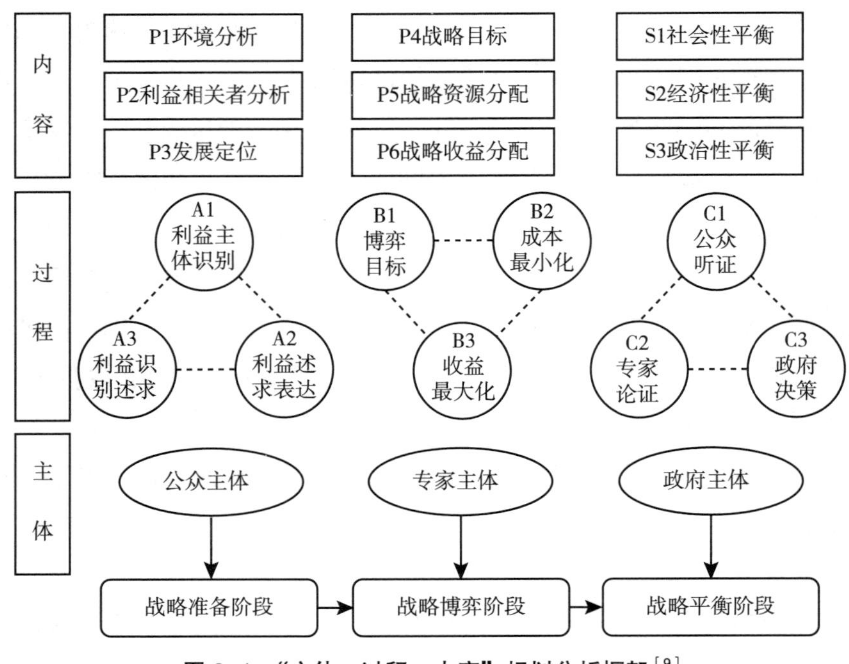

图 3-1 "主体—过程—内容"规划分析框架[9]

4. 两个基本目的[10]

一是要表明党委、政府在产业发展方面的期望和决心，亮明区域产业发展的思想理念和发展目标，与行业、企业产生共鸣。二是要制定在一定时期内为促进产业发展，政府将要采取具体的行动计划方案，包括政策措施、工作措施以及制度保障。

产业规划的内容应充分体现上述两个基本目标，既要有战略及思路方面的内容，又要有实施措施、路径方法方面的内容，并且随着区域范围的由大变小，产业规划中的具体实施措施内容也应更加明确、具体详细和具有可预见性和操作性。

5. 指标设置与评估

规划指标既要符合"上、下、左、右"的实际，又要有所创新突破，即上下衡量和左右环顾，确保上下左右有效关联与沟通，保证指标的合理性、连贯性、科学性和特色性。"上"：即上一级规划的指标，遵照上位规划的约束性。"下"：一是表明指标在统计上的可得性，设置规定指标和特色指标；

二是表明要充分尊重基层的诉求。"左右"：一是指与其他相关规划指标的衔接统筹；二是指与周边地区指标的比较，具有竞争性。同时，规划指标要符合SMARTER原则[①]，拟定规划指标后，需要及时评估，征求相关部门及专家、公众意见。

（二）七步法

在规划思考逻辑和分析框架支撑下，规划编制有套路可循。规划成果按逻辑顺序要展现：规划现状（发展背景和发展基础）、问题诊断（矛盾透视）、发展趋势、发展战略（总体战略、指导思想、基本原则）、发展目标（总体目标、具体目标及指标体系）、发展路径（产业定位、产业布局、招商策划、重点工程、重点项目）和发展保障（制度创新、政策配套、管理服务、绩效评估）七大方面的内容，即规划七步法（图3–2）。

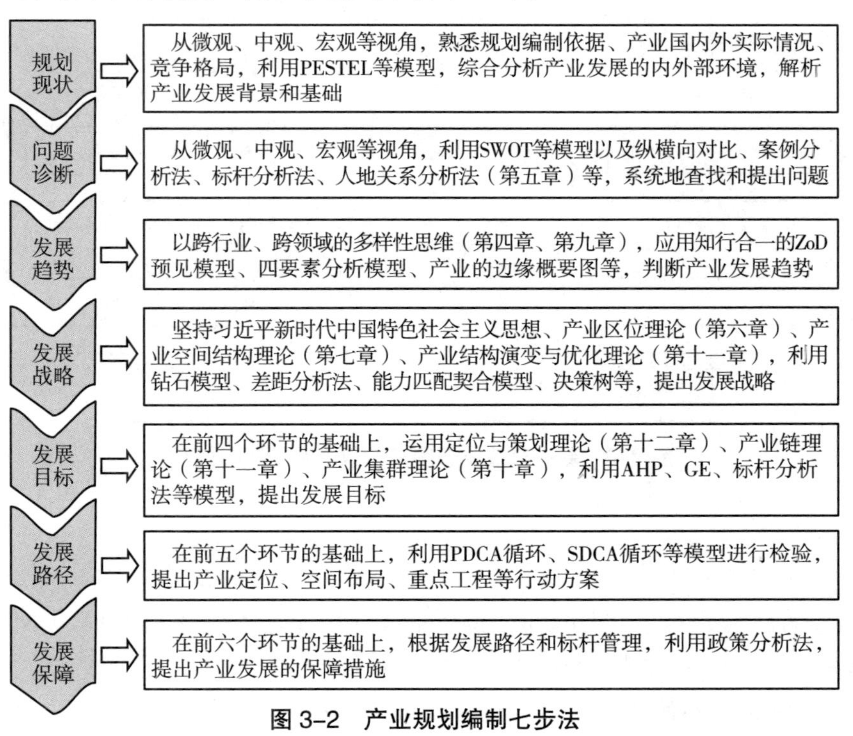

图3–2 产业规划编制七步法

① SMARTER原则来源于Peter Drucker的著作《管理的实践》。S=Specific（明确性）、M=Measurable（可衡量性）、A=Attainable（可达成性）、R=Relevant（相关性）、T=Time-bound（时限性）、E=Evaluate（评估）、R=Reevaluate（再评估）。

根据七步法，基本可以草拟文本的构架和提纲，以便从全局对规划工作进行分工。规划的每一步都有相关的模型或分析方法帮助编制者分析收集到的材料和数据，让整个规划科学可行。

例如，第一步"规划现状"中规划编制依据分析，确定不可为事项和政策导向；第二步"问题诊断"中常用到的标杆分析法①，通过对标和案例分析进行差异分析，提出问题；第三步"发展趋势"中常用定性与定量分析相结合，如基于面板数据进行线性回归分析；第四步"发展战略"中能力匹配契合模型（图 3–3）[11]，确定战略及路径；第五步"发展目标"中 AHP 模型（层次分析法），通过多目标规划，帮助锁定目标；第六步"发展路径"中 PDCA 循环②和 SDCA 循环③，辅助制定行动方案；第七步"发展保障"中政策分析法，提出制度创新建议等。

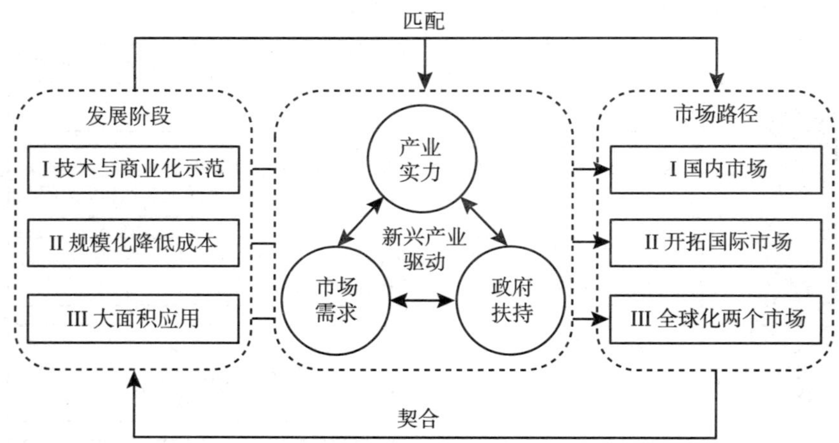

图 3–3　新兴产业成长阶段与市场路径匹配模型

① 标杆分析法（基准化分析法，Benchmarking），是将本企业各项活动与从事该项活动最佳者进行比较，从而提出行动方法，以弥补自身的不足。

② PDCA 循环即计划（Plan，包括目标、实施计划、收支预算）、执行（Do 或 Design，设计方案和布局）、检查（Check、Communicate、Clean、Control）、处理等（Act 对总结检查的结果进行处理、Aim 按照目标要求行事）。

③ 将 PDCA 循环中的 P 改成 S（Standardization），通过标准化和稳定现有的流程。

（三）重在突破

1. 制度创新推进产业发展

规划工作的本质是在特定社会条件下，应对当时当地社会需求做出的一种科学的制度安排[12]。良好的体制机制环境是聚集优质产业要素的前提，因此需要进一步解放思想，以变求进，破除产业发展的制度性障碍。制度创新是由管理制度创新、组织制度创新、产权制度创新和约束制度创新四方面组成的[13]。

通过制度创新推动技术创新，促进科技成果产业化；通过金融、教育、培训制度创新为新兴产业提供资本和人才支持；通过组织、管理制度创新推广适应新技术、新产业的生产经过方式，发挥新要素的互补、溢出效应[14]。

2. 基于特色资源打造特色产业[15]

在大数据时代下，信息公开共享是大势所趋。市场越来越透明，消费者越来越趋向理性，市场竞争会越来越激烈。如何脱颖而出，深挖特色、做足特色，发展特色产业以及打造特色品牌成为地方政府和行业的重要选项，甚至是首要选择。自然资源分布差异显著，但无论我国东西南北中，发达地区或欠发达地区，都有供人类生存、产业发展的基本资源和特色资源。

区域特色资源或传统资源具有排他性的竞争优势或先发优势，可帮助地方实现差异化发展，尤其对经济欠发达的地区有巨大的开发价值。因此，集中力量开发地方特色资源，实现特色资源开发利用的规模化、产业化，将特色资源做大做精做强，使之成为区域的特色品牌、特有王牌，是提升区域整体竞争能力，增强区域实施跨越式发展的资本。

3. 基于传统产业进行优化和升级[15]

对地方而言，就是传统产业已经有了深厚的历史积淀，有了相对成熟的市场，有了人才、设施以及人文环境的支持，社会经济发展对其有了一定的依赖。因此，传统产业一般是地方的支柱产业之一。随着时代发展，传统产业有可能退出舞台，正如农、林、牧、渔产业之于深圳市。

随着科技进步、全球产业分工进一步细化，不仅供需结构、供求关系在发生深刻变化，而且人们的工作、生产、生活和学习方式等均在发生变化。

因此，传统产业要保持生命力，就需要与时俱进，与时代共振，实施产品创新、服务创新以加快推进传统产业优化升级。传统产业可以与新的产业进行融合，可以升级进化到新的形态，可以融入新的产业链，甚至培育新的产业链和产业集群，从而保持其支柱产业地位甚至培育新的经济增长点。

4. 挖掘潜在资源打造新兴产业[15]

我国区域之间的发展不均衡，区域产业分工相对明晰，因此在已开发的资源条件下，部分欠发达区域产业优化升级和培育新兴产业面临巨大阻力。这也导致欠发达区域在城市间的区域竞争中长期处于被动状态。

区域发展找准定位十分重要。这不仅要充分挖掘传统产业资源，还要善于勘探和开发利用区域内的潜在资源，引领市场需求。城市产业发展甚至要借势造势、无中生有，将自身的潜力最大化，把潜在资源做大、做强，为培育新兴产业提供肥沃的生存土壤与发展空间。

四、产业规划存在的问题

（一）各类规划之间的衔接性差

2013 年中央城镇化工作会议提出[16]目前城市规划工作中还存在不少问题。如空间约束性规划无力，各类规划自成体系、互不衔接，规划的科学性和严肃性不够；没有建立部门之间的规划信息共享平台，特别是没有实现部门协调融合，非常不利于多规协同[17]。

再如，不同类型、不同空间层次的规划存在内容交叉、重叠甚至冲突，部门之间协商不足，缺少合理的衔接和综合协调。而且，由于产业规划的编制团队对当地实际情况了解不透彻，团队成员的专业素质参差不齐，做不到产业规划与城市规划、土地利用规划等空间规划相衔接，甚至模仿其他区域的产业规划，从而降低了规划的实用性、权威性[18]。

（二）产业规划的法定地位不高

目前，产业规划不属于强制性规划，也没有被制度化，更像是政府部门的产业初步策划甚至部门工作计划汇总，少见部门规划上升到政府研究层面，纳入顶层决策。

这是多方面的原因造成的：①仅以规划落实规划，应对上级部门相关规划要求。以文件落实文件，成为流程仪式，重面子、轻里子，难下真功夫，规划的编制缺乏主动性。②规划的系统性、前瞻性和多学科性，让部分政府工作人员没有足够的精力和能力去承接、执行和推进。目前，学术界提出打造“知识型政府”对政府工作人员提出了更高的要求。区域产业竞争实质是区域政府之间的竞争。增强政府工作人员的履职能力是党中央、国务院积极推进创建“学习型党组”“学习型政府”的初衷之一。

（三）各地产业规划的内容趋同

很多专家将我国各地各级政府比喻成超级大企业。企业是逐利的，都想发展高附加值、高产值和强带动性的主导产业，并使之成为支柱产业。地方政府作为区域利益的代表，需要设法实现区域利益的最大化。

各地各级地方政府会利用差异化的优势推动地区经济发展，通过运用行政力量，招商引资、引进项目以刺激经济。但在产业规划时往往未能充分体现区域的差异化的特点与优势，难以避免各地产业重复规划和建设，使区域产业结构逐渐非正常趋同即非合意性产业同构，导致区域之间的不良竞争、资源配置效率低下和产能过剩[19-20]。

（四）产业规划措施难有效落实

产业规划落地需要施加政府投资引导、税收调控、信贷金融支撑、供地保障、进出口激励、人才引进培养、基础设施配套等诸多政策手段。但在实际过程中，受到地方政府职能、权力、财力、体制机制创新能力以及工作人员综合能力的限制，这些措施或手段较难真正地落地实施以推动产业发展。

产业规划措施侧重思想理念或学术化方向，甚至泛泛而谈，致使产业规划的导向性作用微弱，较难培育主导产业。同时，产业规划配套的商务规划不足，没有配套的招商计划、树立区域产业品牌形象、确立产业聚集区域，使产业规划容易束之高阁。

参考文献

［1］孙虎，乔标．关于对规划内涵、功能及要素的理解［EB/OL］．（2016-08-16）［2016-08-16］．http：//www.360doc.com/content/16/0816/15/ 16954316_583635574.shtml.

［2］陆柳．新农村产业发展规划研究［D］．金华：浙江师范大学，2011.

［3］张文忠．产业发展规划的理论与实践［M］．北京：科学出版社，2009.

［4］郭海霞．保定市经济发展战略研究［D］．天津：河北工业大学，2006.

［5］干勇．我国产业技术创新支撑体系建设的问题及出路［J］．中国工业评论，2016（10）：52-58.

［6］习近平．关键在于落实［J］．求是，2011（06）：3-7.

［7］巴索雷．五要素工作法［EB/OL］．（2017-01-03）［2017-01-03］．新浪博客，http：//blog.sina.com.cn/s/blog_4ef5a9b40102wj7z.html.

［8］张庭伟．规划理论作为一种制度创新——论规划理论的多向性和理论发展轨迹的非线性［J］．城市规划，2006（08）：9-18.

［9］霍国庆，顾春光，张古鹏．国家治理体系视野下的政府战略规划：一个初步的分析框架［J］．中国软科学，2016（02）：156-168.

［10］王青云．"十二五"城市产业规划需要创新［N］．中国经济导报，2009-06-09（B01）.

［11］熊勇清，柯静．新兴产业成长阶段与市场路径选择的匹配契合模型与应用［J］．中南大学学报（社会科学版），2016，22（04）：86-94.

［12］张庭伟．规划理论作为一种制度创新——论规划理论的多向性和理论发展轨迹的非线性［J］．城市规划，2006（08）：9-18.

［13］李文涛，苏琳．制度创新理论研究述评［J］．经济纵横，2001（11）：61-63.

［14］杜传忠，刘英华．制度创新是产业革命发生发展的关键——基于三次产业革命的历史考察［J］．江淮论坛，2016（06）：57-63.

［15］张乃剑．县域经济发展规划和产业化的原则［N］．巴中日报，2009-11-17（001）.

[16] 吴建平. 创新规划工作　提升治理能力——厦门市的实践与启示 [J]. 城乡规划，2017 (05)：4–12.

[17] 于连莉. 市域空间规划的多规协同编制方法研究 ——以青岛市为例 [A]. 中国城市规划学会、东莞市人民政府. 持续发展　理性规划—— 2017 中国城市规划年会论文集 (11 城市总体规划) [C]. 中国城市规划学会、东莞市人民政府，2017：12.

[18] 张秋玲，鲁少尉. 现代农业示范园区总体规划的城乡统筹发展新思路——以山东省日照市岚山现代循环高效农业示范区为例 [J]. 农业经济，2014(08)：6–8.

[19] 包群，唐诗，刘碧. 地方竞争、主导产业雷同与国内产能过剩 [J]. 世界经济，2017，40 (10)：144–169.

[20] 刘沛罡. 产业同构与产业选择：理论综述 [J]. 技术经济，2017，36 (10)：92–99.

第四章

中国种业发展的态势与格局

一、种业面临的关键问题

（一）中国种业面临的内忧

1. 种业发展本身需要积累并存在发展惯性

早在19世纪，西方学者就在作物遗传学领域进行了深入研究。1865年，奥地利生物学家孟德尔刊发论文揭示遗传定律。发展至19世纪末，相关理论已成熟。另外，殖民地时期西方国家对第三世界的掠夺不仅限于土地、财富，同时还有动、植种质资源。这为西方国家提供了广泛的育种材料，为西方国家种业进步和产业化奠定了物质基础。早在1883年，美国就成立了美国种子贸易协会，出现了商业化育种。进入20世纪中叶，分子生物学在西方国家得到快速发展，并被运用到传统育种领域。1982年，美国学者 Palmiter 等将融合基因注入受精小鼠的雄原核，育出巨大转基因小鼠，轰动了生命科学领域[1]，推动和创立了转基因动物技术。西方国家登上科技高峰，再次占领种业科技的制高点。在欧美，分子育种和传统育种相结合的体系十分成熟，已经砌起一道难以逾越的技术壁垒，孟山都育种平台就是其中杰出的代表。而我国种业一直在学习、消化、沿用、模仿西方技术。中华人民共和国成立后，种业才逐步进入轨道，但种业产业化发展缓慢。直至1995年9月农业部实施种子工程，1997年9月开放外资，我国种业才真正迈向产业化的道路。我国与西方发达国家在种业领域的差距不能仅以时间来衡量，还涉及资源积累、社会经济、科技水平、产业素质、人才要素、政策与管理机制等诸多复杂因素，甚至是综合国力的较量。

2. 种子资源存在垄断性和独占性

种业发展至今，各国已加强了对种质资源的保护与管理，尤其是对特异优质资源和品种进行严格保密和保护。我国将种质资源作为国家的一项主权，进口必须申报、审批和备案。跨国种业公司通过百年积累、整合和扩张，坐拥丰富的资源，垄断了一批好的育种材料，并进行了系统性挖掘。资源开发利用具有排他性，现在获取已非常困难。我国在种质资源收集、保存和创新等方面明显处于劣势。同时，跨国种业公司利用国际规则和标准方面的优势，牢牢掌握话语权，通过知识产权和本土化策略实现技术垄断的趋势明显。2002 年以后，跨国种业公司以年均 7.5% 的增长速度在华申请专利，授权专利的有效维持率优于国内近 24%[2]。

3. 科研资源分配不均衡性

我国种业科研现状堪忧，科研同质化严重，一窝蜂、小而全和恶性竞争的现象依然普遍存在，上市品种同质化现象严重。目前，我国在水稻、油菜育种方面有领先优势，在棉花、玉米育种上仅有局部优势。我国有 1100 多个地（市）级以上农业科研机构，其中 450 多家从事作物品种选育和改良[3]，种类齐全、队伍庞大却精力分散、力量薄弱。

4. 市场主体力量薄弱性

作为市场主体的种子企业现状也不容乐观，缺乏对种质资源深入挖掘和对先进技术进行系统地集成创新的能力。我国种子公司 5203 家，但具有研发能力的仅约百家，无论从职工人数、技术力量、设备条件、企业效率、业务领域，还是资本实力、市场占有量、赢利水平均表现为劣势[4-5]，以企业研发投入为例，国内种业企业的研发投资占销售收入的平均比例仅为 2.8%，而跨国种业公司平均为 8.9%[2]，部分外资如德国 KWS 高达 15%[6]。在企业经营规模上更是天壤之别，丰乐种业、敦煌种业、登海种业、隆平高科和万向德农 5 家种业上市公司销售收入之和为孟山都的 6.02%，其中种子年销售额仅为孟山都的 6.13%，而且本身还含有外资成分[7]。部分有影响力的育、繁、推种企需要通过购买品种权或委托育种等形式，以解决品种开发后续乏力或竞争力的问题。甚至很大一部分种企的种子生产加工技术落后，种子质量和贮藏期得不到保证。

5. 科研成果和人才难以流入种业企业

育种资源、科研成果以及高水平的人才队伍仍聚集在高校和科研院所。一是作为育种关键力量科研单位行政化管理严重，约束了科研机构科研人员的创新创业动力。二是涉及品种方面的知识产权利益分配机制还不成熟，权益约定和保护相对难，风险投资介入难度大。三是种业企业作为农业类企业，利润有限且风险巨大，科研人员不敢贸然下海。四是种业企业的工资收入与现有的事业单位工资收入没有形成巨大差异，吸引力有限。

6. 育、繁、推缺乏系统整合性

我国种业体系及其配套产业链与发达国家相比有很大的差距。国际水平的成果少见，且存在“三低两弱”，即育种效率低、成果转化率低、种业集聚度低、科技创新能力弱、竞争力弱。我国 88% 的农作物品种由科研、教学单位选育，作为市场主体的种子企业仅占 12%。科研育种、种子生产和销售严重断裂[8]。

7. 研发工作缺乏连贯性

农业与工业的重大差异在于种子资源是活体，不能以图纸、文字和工艺技术等形式保存、承接并进行完善与创新，也不能像工业知识产权一样易于保密（种子种苗具有再生性，易被偷盗而快速扩繁），因此农业科研工作保持连续性显得更为重要。但中国没有百年种业企业，积累有限；研发团队各自为政，资源和成果传承困难；企业的发展对核心育种家的依赖过强，没有形成现代化的育种体系，连续创新能力弱；部分科研人员退休后，手中的育种材料存在流失和损坏现象，资源浪费严重。

8. 职称与体制内惰性

现有的职称制度仍然将关注点集中在成果、论文、推广等指标方面，将“短、平、快”出成果作为优先选项，影响了科研人员的长远规划行为。如 SCI 作为论文质量的评价参考本身是好的，但却演变为以 SCI 论职称，就容易让人急功近利，不能踏实搞科研。

9. 品种保护及品种审定制度不合时宜性

我国的种业品种权保护和品种审（认）定制度一直备受诟病。假冒套牌的现象屡禁不止，甚至存在偷盗育种材料和亲本的“专业户”。这是对专家的知识及知识产权的极其不尊重，不仅扰乱了种业市场秩序，更打击了育种家创新创业的积极性。品种有生命周期。品种更新速度是科研能力的重要表现。跨国种业公司新品种生命周期已从5~7年缩短为2~3年[9]，品种更新速度极快。我国品种的审定周期相当于跨国公司品种的生命周期，制约了新品种的推广。现有的品种审定制度浪费了资源，降低了品种开发效率，甚至侵害了农户的利益[9-10]。我国的品种审定制度与国际脱轨。美国采用自愿性质的认证制度，欧洲采用较为简单的品种审定制度，有利于落实企业责任，加快品种推广[9]。

（二）中国种业面临的外资冲击问题

1. 外资对我国种业的冲击显著

进入我国种业的外资种子企业已达76家[8, 11]，其中孟山都、杜邦先锋、先正达（已被中资企业收购）、利马格兰、拜耳、瑞克斯旺等跨国集团已在华设立35家种子企业，种子年销售量超过1700万千克[12]。以玉米、甜菜、向日葵和瓜菜为例，2010年先玉335等国外玉米品种占国内玉米面积的9%，而进口甜菜、向日葵和瓜菜种子分别占国内相应作物种植面积的95%、65%和10%[12]。

2. 外资在华战略布局成效明显

外资种企，尤其是跨国集团，采取多种形式，积极地设立研发中心，实施兼并。外资有强大的科技、人才、资本、品牌、市场网络、国际贸易和服务管理等优势，优势不仅体现在育、繁、推一体化上，还体现在先进的化工（农资）、生物技术、机械（农机）和加工等产业上，并具有跨行业、跨领域的产业集群式优势。美国孟山都已实现了“自助化”育种，可按照育种目标选择优良基因进行配组，大大提高了育种的速度、效率和准确度[13]，可以说外资是全方位、多层次、跨产业的领先。外资用良好的工资待遇广泛招纳国内人才，利用其资本、市场和管理优势兼并中小民营企业，造成国内人才、渠道，甚至种子资源的流失，这些为其占领中国市场奠定了基础。国外种子已在蔬菜、花卉、向日葵、甜菜等作物上占主导优势[14]，跨国种业公司正在将研发投资重点转向大田作物，如玉米等粮食作物，并取得显著成效。

3. 外资对我国种业已造成实质性负面影响

外资种子企业利用丰富的资源、雄厚的资金、先进的科技和庞大的国际市场网络正逐步垄断全球种子市场。我国种业开放16年来，受冲击的强度日益增大。不可否认，外资对我国农业带来很多积极影响，包括新品种、新技术、新理念以及资金和农业增产[5]等，但是跨国种子集团已造成挤占国内种子市场、推动种子价格大幅上涨、阻碍国内品种创新、削弱我国育种优势、搜集改良我国优质种质资源和威胁粮食安全等消极影响[5, 12]，甚至以釜底抽薪的方式收购我国资源型种子企业或非主要农作物种子公司，引发我国种业对外资企业的依赖，我国种业的自主性受到严重威胁。

4. 外资对我国种业渗透能力逐步增强

外资通过资源交换、科技交流、合作研究和投资等形式进入国内，逐步熟悉和适应国内环境，基本覆盖国内非限制性市场。跨国种业公司对我国整个农业领域进行渗透，涉及农资、机械、种子和生物技术产业。外资还避开监管，强化渗透实质性控股[15]。当前，孟山都、利马格兰等全球种业巨头已瞄准国家南繁育制种，纷纷建设南繁基地[16]。南繁已成为我国种业的关键环节，部分专家将外资进驻南繁视为一种潜在的安全隐患和竞争威胁，如种质资源流失、基因潜在污染和不平等竞争等。

（三）种业"走出去"存在的障碍

1. 各国为了防止种质资源流失，制定了严格的种子出口政策[17]

我国将种质资源作为国家的一项主权，进出口必须申报审批和备案。我国将杂交水稻亲本种子出口制定了严格的限制，因此种子企业到海外制种仍未找到合法的、高效的渠道。但现实是我国的杂交水稻的三系，甚至两系亲本资源已输往国外，现有的政策已不适宜于我国种企在海外拓展，阻碍了我国水稻科技对外转移，影响了国际种业市场的快速培育。

2. 我国主要出口的种子在国际市场上缺乏竞争力

我国种子种苗在全球种子贸易中仅排第十位，不仅市场份额小，且难进入发达国家种业市场，在国际种子贸易中一直处于逆差状态。我国种子进出口贸易是小宗农产品贸易，影响力有限，且种子出口竞争力正在减弱：一是有优势的水稻种子难出口；二是土地、劳务、农资等生产成本上升严重挤压了我国水稻、瓜菜、花卉等种子出口的利润空间。

3. 存在技术性贸易壁垒

因关系到国家粮食及食品安全，种业还具有特殊的政治属性。进口国尤其是发展中国家考虑到国内生态环境和生物安全性，要签订双边检疫协定，对种子种苗进口实施较为苛刻的进口标准和要求[17]。部分国家以防止外来物种入侵等为理由，禁止从国外直接进口种子。而我国水稻等种子拟出口的目标国基本是东南亚、非洲、南亚等发展中国家。

4. 种业领域知识产权保护、品种审认定制度、种子质量认证体系均未能与国际接轨

在国际品种权保护上，我国在1999年签署的是仅UPOV《国际植物新品种保护公约》1978文本[18]，而不是现行通用的1991文本，在知识产权保护力度上与发达国家不同步。1991文本较为详细地提出了实质性派生品种（EDV，Essential Derived Varieties）保护规则。

5. 现行的种业领域对外政策已不适应种企"走出去"的形势发展

一是《进出口农作物种子（苗）管理暂行办法》是1997年3月28日农业部令第14号发布的。种子进出口需要提前层层向上呈报计划，层层审批，手续烦琐，存在诸多不便。二是境外投资项目都要经商务部审批，审批程序繁杂，且我国种业企业缺少国际贸易人才。

总而言之，我国种业领域的竞争越来越激烈，表面上是库存压力，实际上是供给侧不适应需求端的实际需要；表面上是外资竞争优势所造成的压力，实际上是国内种企重营销而轻研发所造成的后果；表面上是种业走不出去的压力，实际上是针对不同市场技术创新、管理创新而能力不足的问题。

二、种业发展态势

（一）种业领域竞争激烈

种业不仅投资周期长回报慢（研发周期3~8年，革命性品系甚至需要10年以上的资源与技术积累）、投资大（注册资金有最低门槛，需要许可才能经营)、风险大(存在市场风险、自然风险、赔偿风险三重风险),而且不论在国际上还是在国内,种子行业竞争均十分激烈。我国种企年平均销售规模仅为 2348.9 万元人民币。截至 2017 年底,我国种业上市种企 11 家,新三板挂牌种企累计 74 家,销售额超过 1 亿元的种企 148 家[19]。受 2017 年新的种子生产经营许可办法、非主要农作物品种登记办法等实施的影响,我国种企数量由减少的趋势转向增加的趋势,2017 年净增 887 家,共达 5203 家[19],而 2018 年净增 460 家,共达 5663 家①。2016 年,我国农作物种子市场规模 1229.61 亿元;2017 年略有下降,为 1222.12 亿元[19-20]。2016 年,水产苗种每年产值约 680 亿元,水产种苗繁育场 1.5 万家;品种培育机构分布不均衡,其中科研院所 90 个、高等院校 51 个、良种场 15 个②、企业 18 个、推广机构 8 个[21]。

种业领域的竞争不仅限于企业层面。政府层面的竞争也十分激烈。目前,众多省份利用其良好的区位、产业、科技、人才、市场等优势,积极谋划各类高大上的种业规划和建设种业园区。如北京打造"国家现代农业科技城",构建全国性的"一城两区百园"协同创新体系,聚力建设全国科技创新中心,持证外资种子企业大部分也集中在北京,如孟山都、杜邦、先正达等跨国种企,并且在水产种苗方面有所建树。合肥将自身打造成"种业之都",拥有农业部颁证的种企就达 8 家,其中国家级"育繁推"一体化企业 4 家,位居全国第二位,有丰富的海外市场经验。武汉打造了"中国种都——国家种业中心",引入中国种子集团有限公司建立与国际接轨的"高技术、大通量、工厂化、流水线"商业化育种平台——中国种子生命科学技术中心,全力打造"武汉种业博览会"专业会展品牌。寿光打造了"中国蔬菜种业'硅谷'",中国(寿光)国际蔬菜科技博览会已成为了国际知名专业性会展品牌,与荷兰种业建立了紧密的合作关系。此外,长沙打造了"中国种业'硅谷'"③,广州打造了"国际种业中心——种业小镇",甘肃基于优良的河西走廊制种基地打造了"种子走

① 全国种子双交会上全国农技推广中心王玉玺处长提供的数据。

② 国家级水产原良种场共有 81 家。

③ 2018 年 9 月 18 日长沙市发布了《中国种业硅谷(长沙)发展规划(2018—2025 年)》。

廊——黄金走廊”等。此外，上海打造了“种源农业”，深圳打造了“现代农业生物育种创新示范区”,《浙江省现代农作物种业发展“十三五”规划》提出将浙江建成现代种业强省。

（二）生物育种成熟上线

农业生物技术产业链基本形成。国际农业生物技术应用服务组织（ISAAA，the International Service for the Acquisition of Agri-biotech Applications）就是推动生物技术应用的国际性组织。随着基因编辑技术的成熟及应用使精准育种成为现实，并极大缩短了育种研发周期。2012 年 12 月，国务院颁布了《生物产业发展规划》，提出了增强生物农业竞争力的目标。2013 年 8 月，在农业部的倡导下，隆平高科、丰乐种业、中国种子集团有限公司、神农基因等 12 家种业公司共同出资在长沙成立了“华智水稻生物技术有限公司”，承建“国家水稻分子育种平台”。9 月，在农业农村部的指导下，国内 9 家较有影响力的种业企业和重庆国瑞控股集团共同投资设立了股份制高新技术企业“中玉金标记（北京）生物技术股份有限公司”。

2015 年 4 月 27 日，农业部办公厅印发了《农作物品种 DNA 身份鉴定体系构建实施方案》，加速构建种子全程可追溯管理。2016 年 5 月 23 日，农业部发布了《NY/T 2594—2016 植物品种鉴定 DNA 分子标记法总则》。生物育种已被教科研和产业界接受。在分子育种方面，更加精准，CRISPR-Cas9 系统让基因编辑成为现实，已在水稻、西瓜等作物上应用；高通量植物表型（HTPP），大规模、高通量、全自动基因型分析鉴定和筛选都已应用[22]。

美国在生物技术领域优势显著。2019 年 6 月 11 日，特朗普签署行政命令简化和加快转基因农作物及其他农业生物技术产品的审批。据智种网公众号①统计，美国一些新育成的品种采用了 Tilling（Targeting Induced Local Lesions IN Genomes，定向诱导基因组局部突变技术）、Protoplast Fusion（原生质体融合）、Cogenesis、Oligonucleotide Techniques（寡核苷酸技术）、CRISPR-Cas9 等新的基因工程方法。

① https://mp.weixin.qq.com/s/QySdsXrjXshRBkvJM-N7vA。

（三）纷纷试水电商平台

2014 年 9 月，在农业部的指导下，国内最大的 11 家种子公司和国家级种业基金“现代种业发展基金”共同投资设立了农资领域电子商务平台公司“北京爱种网络科技有限公司”，爱种网①于 2015 年 8 上线运营。有种网②于 2015 年 9 月上线。田田圈③开发 APP，采取“线上 + 线下”以及加盟等形式，介入农资领域。

在淘宝、京东等电商平台上，种子种苗销售也较为活跃。2017 年 8 月 22 日，淘宝网专门发布了《关于加强淘宝网种子市场准入的公告》以规范种子在线销售。2018 年 9 月 11 日，淘宝网新增《淘宝网种子种苗行业管理规范》。种子电商规范性商业活动趋于成熟。

（四）大数据支撑种业智能化发展

杜邦农田决策方案系统（Encirca SMView）和先锋农场 360 度服务平台是目前行业内较为知名的大数据平台。大数据平台能更好地服务农民农业，提高和保持客户黏性。2009 年 6 月，国际农业研究磋商组织（CGIAR）在比尔和美琳达 · 盖茨基金会的支持下，启动建设集成育种平台（Integrated Breeding Platform，IBP）④，针对育种中常用的作物信息数据和数据库、统计分析工具和相关服务，开发了一个免费的数据信息管理系统[23]，成为重要的育种辅助决策系统。

跨国种企为了提高育种效率，保证育种科研材料的安全性和可追溯性，纷纷开发企业专用的育种软件系统，实现种企对育种目标、育种设计、种质资源、田间试验数据、实验室数据的归档、处理、交互和管控，为种企和育种者建立基于大数据分析的流程化、标准化、信息化、智能化平台。这种育

① https://mall.51zhongzi.com/index.html。

② http://www.yz98.cn。

③ http://www.ttq.com/。

④ https://www.integratedbreeding.net。

种研发数据化、程序化、标准化、智能化的做法，既保证了极高的育种效率，又能稳定研发体系和团队[22]，提升种企育种材料的安全性与传承性。

目前国内种企也开始重视育种软件开发与应用，重视基于大数据的育种信息平台的建设，如 AGROBASE GENERATION II、百奥云 – 智能育种数据平台、华智育种管家、金种子育种云平台、Agripheno 等。

（五）“走出去”“引进来”成常态

我国种子进出口总额仅 7.28 亿美元，与欧美国家相比差距显著，也说明我国发展种子国际贸易空间巨大。2017 年，我国农作物种子出口 65831.4 吨（稻种占 61139.3 吨），出口额 2.53 亿美元（其中稻种占 1.38 亿美元），分别同比增长 24.9% 和 30.3%；进口达 21714 吨（主要为蔬菜种子），进口额 4.75 亿美元，分别同比增长 20.63% 和 82.66[20]。我国种子国际贸易逆差大，以蔬菜种子为例，我国多为低廉的中低端种子，而国外蔬菜种子占据我国市场的多是高端蔬菜种子[24]。中国种子进出口额全球占比不足 3%，种子出口主要面向亚洲、非洲和南美洲的发展中国家。

近年来，我国种企一直积极在海外布局，但仅有 11 家企业在境外投资设立了种子公司[25]。隆平高科、荃银高科、丰乐种业、中国农业发展集团有限公司、中国农垦集团、湖北省种子集团等资本雄厚、技术力量强的企业已在东南亚、非洲、南美等地合资设立种子企业，其中荃银高科的热带雨季杂交稻在东南亚和非洲已有较大的市场影响力。中粮集团投资 12 亿美元控股荷兰尼德拉，开启了国内企业并购国外优势种业企业的先例，中国化工成功并购跨国集团先正达。2016 年，隆平高科海外研发中心落户三亚，下辖菲律宾、印度和巴基斯坦等国的研发中心和育种站，统一开展海外育种相关工作。2017 年 11 月，隆平高科出资 4 亿美元收购了巴西陶氏益农的股权。2016 年，天津天隆科技有限公司依托现有的海南国家南繁研发中心的公共服务平台，布局东南亚、欧洲、美洲等市场，在印度尼西亚建立了亚洲农业技术中心等。走出去已成为我国种业强国的重要路径。

海南省作为未来开放层次更高、营商环境更优、辐射作用更强的开放新高地，在南繁科研支持下，完全可以发挥地缘优势，加强区域内种业国际交流与合作。同时，海南是“一带一路”“澜沧江－湄公河合作”的重要支点，是亚洲博鳌论坛所在地，南繁种业有条件、有机会引进来和走出去。南繁核心区——三亚市正在全力建设自由贸易试验区和中国特色自由贸易港，全面建设国际化热带滨海旅游精品城市，在城市发展战略上转型升级、另辟蹊径，积极推进“双修”“双城”，打造高品质的生活环境；全力加强城市治理管理，培育法制民主的营商环境；坚持开放创新，完善海陆空港经济综合功能。这些措施正是产业国际化驱动新动力[26]。

（六）种企兼并整合仍在继续

在国际上，种业领域的全球化趋势同样显著。农化和种子行业巨头并购重组促使世界种业格局发生深刻变革，种业市场寡头化加剧。2017 年 6 月，中国化工成功收购瑞士农业化工及种子公司先正达。2017 年 8 月，陶氏与杜邦完成平等合并。2018 年 6 月，拜耳收购孟山都交易完成。世界种业形成了以拜耳、陶氏杜邦、中化＋先正达①、利马格兰为农化和种业第一梯队的跨国集团。

在国内，种业的吸引力逐步增强，产业资本促进了种企整合，种企通过兼并和重组可以加大对特异的材料资源、优秀的品种资源、人才资源和市场渠道的掌控。中信、中化等非农资本或农化资本开始发力注资种企。尽管如此，国内种业仍然处于大分化、大改组、快速整合的阶段。中国化工和隆平高科在全球种子销售额已进入 TOP10。

2013 年 12 月，国务院办公厅出台的《关于深化种业体制改革提高创新能力的意见》，加速了科研院所资源向企业倾斜，使种企整体实力逐步增强，成为吸引产业资本的诱因之一。2016 年 1 月 1 日，再次修订的《中华人民共和国种子法》正式实施，使我国种子企业加速进入大兼并大重组大财团大种企时代，同时也激起一些科研人员创新创业的热情。2016 年底，持有效经营许可证的农作物种子企业减少至 4316 家（图 4–1），市场集中度在逐步提高[20]，但前 5 家种企种子销售额达 74.13 亿元，占全国的 12%。2017 年，种业领域

① 亚安资本分析指出，相对于杜邦、孟山都等巨头，先正达的种业业务并不强，仅占 5% 的玉米市场和 9% 的大豆市场。该公司研发推出的玉米种子 Agrisure Viptera 在 2018 年赔偿美国农民 15.1 亿美元，后续的赔偿纠纷还在持续。

的创业热情上升，种企的数量回升。

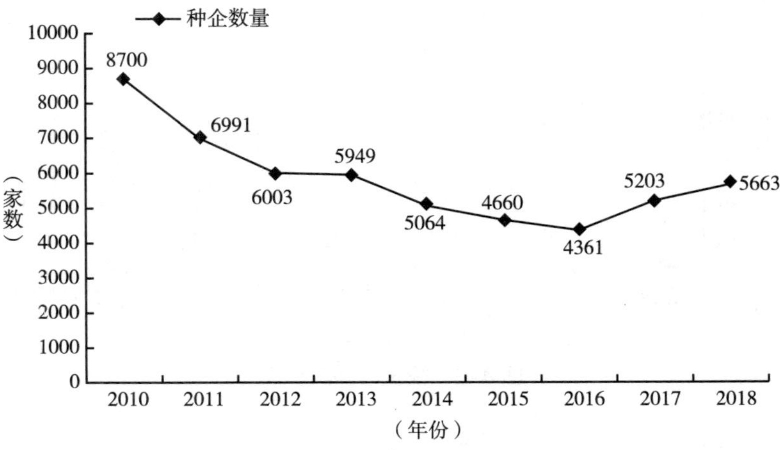

图 4–1　我国种企数量变化

科技创新、兼并重组、知识产权保护是种业发展的动力之一，其中兼并重组加剧了行业竞争，提高了种业的效率、集中度和跨国竞争能力[27]。兼并重组将是我国种业发展过程中的必然现象。在持续的宏观政策利好的环境下，社会资本开始介入种业兼并重组，总体数量先增后减（图 4–2）[28]。

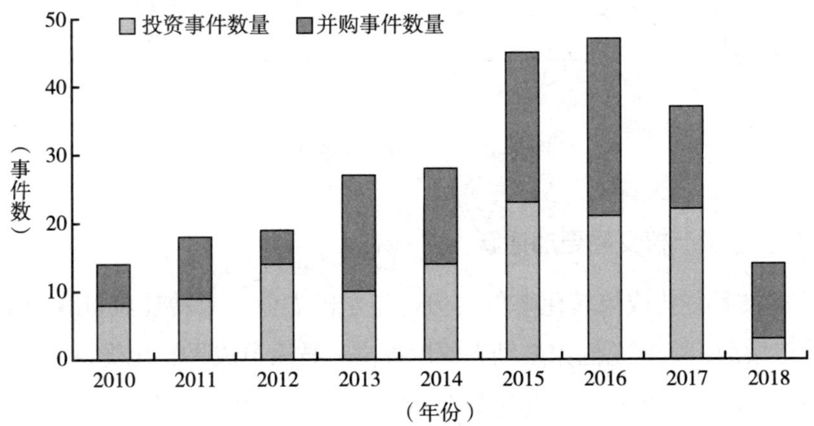

图 4–2　投资与并购事件

投资并购事件虽有减少，但强度总体在增加，资本总量和单个金额均呈上升的趋势（图 4–3、图 4–4）。受资本驱使，种业行业的集中度将进一步提高。随着企业实力增强，我国种业的国际竞争力也将进一步提升。

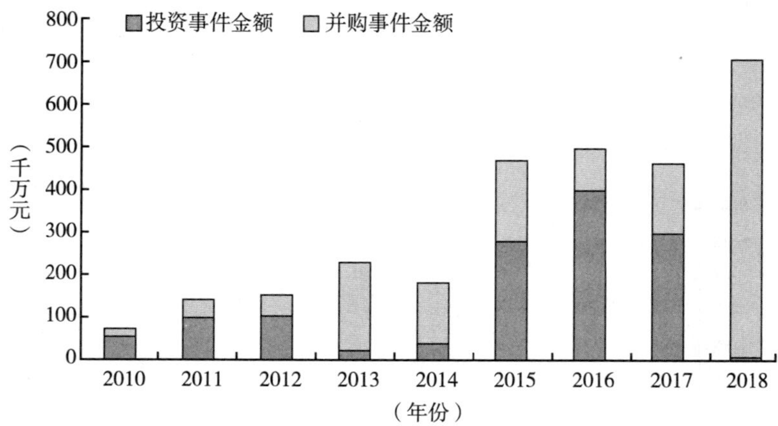

图 4-3 投资与并购金额

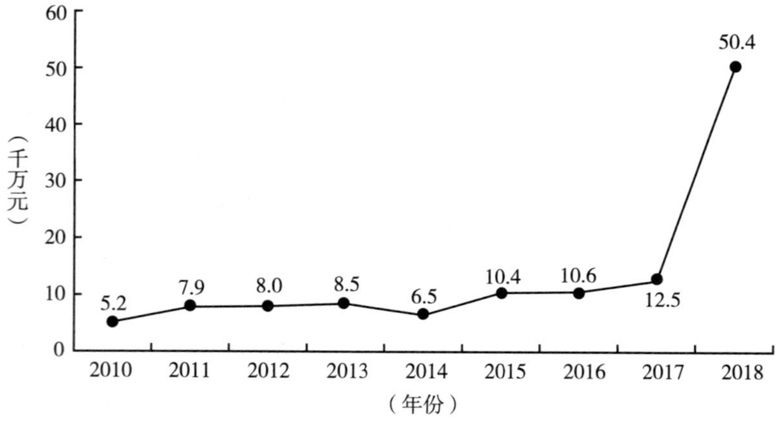

图 4-4 平均投资并购强度

（七）知识产权交易更加活跃

尽管农业科技成果转化率低，但近年全国农业成果转让数量和金额总体上在逐年增加，尤其是国家鼓励大幅度提高科技人员成果转化受益比例①，允许职务性创新成果分成，使此比例在 2017 年后极速增加（图 4-5）②。

① 2015 年 8 月 29 日，全国人大常委会对《中华人民共和国促进科技成果转化法》进行了修订。

② 数据来源于全国农业科技成果转移服务中心 http://www.agrittex.com/morechart.html。

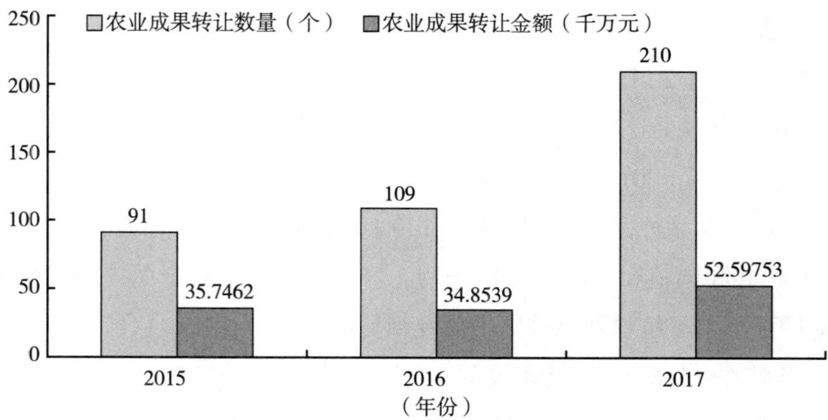

图 4–5　全国农业科技成果转化

2014 年 8 月 13 日和 2015 年 7 月 7 日，由农业部发起的国家种业科技成果产权交易中心和全国农业科技成果转移服务中心正式挂牌运营。之后，两个中心已与中国农业科学院技术转移中心“合三为一”，致力于打造国家级农业科技成果转化与产权交易平台。国内众多种子产业园和科技园也将种子产权交易作为园区的一项重要功能，为科企合作搭起了合作的平台。

我国将建立更严格的知识产权保护制度。2018 年 2 月，中共中央办公厅、国务院办公厅印发了《关于加强知识产权审判领域改革创新若干问题的意见》。2018 年 12 月，国务院常务会议通过《中华人民共和国专利法修正案（草案）》。

在知识产权保护更加严格的背景下，在科技政策的刺激下，在合作平台的支撑下，种业领域的成果转化未来将更加活跃。

（八）知识产权保护更加严格

植物新品种权是知识产权的重要组成部分。欧美等种业强国签署的是 UPOV[①]《国际植物新品种保护公约》（1991 版）。在 UPOV 品种权保护制度下，种企和育种者可以将目标锁定于国内和国际两大市场，刺激育种创新，加速

① International Union for the Protection of New Varieties of Plant，国际植物新品种保护联盟。UPOV（法语首字母）共有 2 个文本，即 1978 文本和 1991 文本。这两个文本均得到 WTO–TRIPs（与贸易有关的知识产权协定）的承认。但自 1999 年以后，新加入的成员只能选择加入 UPOV 1991 文本。

全球种子商业化。

1997 年 3 月 20 日，国务院通过了《中华人民共和国植物新品种保护条例》①；1999 年 4 月 23 日，我国正式签署加入了 UPOV《国际植物新品种保护公约》(1978 版)；2015 年 11 月 4 日，十二届全国人大常委会修订通过的《种子法》新增了新品种保护②。2019 年 2 月 1 日，农业农村部会同有关部门启动《中华人民共和国植物新品种保护条例》修订工作，旨在全面提高保护水平，以适应国际上关于植物新品种保护的规则。

国务院在 2016 年 12 月印发的《"十三五"国家知识产权和运用规划的通知》则提出，至 2020 年我国植物新品种申请总量达到 2.5 万件。经过近 20 年的发展，我国在植物新品种保护方面取得了一些进展和成就，包括制度环境、法规保障、DUS 测试体系、技术标准体系、国际合作和品种权总量。

UPOV 关于植物新品种保护的规则日益成为各国共同遵循的原则。根据 UPOV 官网③，截至 2017 年 10 月（2018 年未增加）有 75 位成员，其中加入 UPOV（1991 版）的逐年增加并达到 57 位（占总成员数的 76%）。截至 2017 年 10 月，我国植物品种权生效量达 6781 件，占 UPOV 成员品种权总量的 5.77%，仅为美国的 27.82%[19]。就目前我国种业国际贸易形势和 UPOV 日益增强的影响力，中国迟早会升级到（1991 版）。UPOV 于 2017 年 1 月建成植物品种权电子申请系统（PRISMA），可以通过该系统申请马铃薯、大豆、莴苣、苹果和蔷薇的品种权保护。

（九）国际贸易磋商更加频繁

目前全球化虽有一股逆流，但各国都在利用各种国际磋商平台如 APEC、博鳌亚洲论坛、G7、G20、达沃斯论坛，促进双边或多边合作。与种子种苗的国际贸易相关的协定有技术性贸易壁垒协定（TBT 协定）、实施卫生与植物卫生措施协定（SPS 协定）、关税及贸易总协定（GATT）、进口许可程序协定（Agreement

① 2014 年进行了修订。

② 修改后的《种子法》已于 2016 年 1 月 1 日起施行。

③ https://www.upov.int/members/en/。

on Import Licensing Procedures）。积极对标国际标准，开展国际交流与合作，与经合组织（OECD）、伊斯兰会议组织（OIC）、国际种子检验协会（ISTA）、国际植物新品种保护联盟（UPOV）、官方种子认证机构（AOSCA）、国际种子贸易联盟（FIS）等国际组织建立合作关系，加快种子质量认证国际化。

日本正与越南商议共建亚洲DUS测试合作中心，通过多边磋商，形成共识，以争夺亚洲种业的话语权和知识产权高地。随着“一带一路”国际合作的深入，我国也需要在DUS测试、种子检测技术、种子质量认证等方面积极谋划国际合作。

三、种业发展的重点方向

（一）育制种理论体系

第一，重点研究重要性状遗传机理与生物学机制、基因组结构与调控规律、重要农艺性状分子解析、细胞发育分化分子机理、资源高效利用机理、人工基因设计等课题，挖掘、设计抗虫、抗病、抗逆基因，为选育优良品种提供理论支撑。

第二，多学科、跨学科从事育制种理论研究。开展功能基因组学、蛋白质组学和全基因选育研究，建立新的品种设计理论与技术体系。探索基于生物信息学、基因芯片、大数据及分子设计等理念的育种新技术，建立高通量的基因型和表型鉴定技术系统。

（二）应用技术体系

第一，建立种质资源鉴定与高效利用体系，为鉴定筛选优异种质资源提供物质和技术基础。同时，扩大种质资源库，丰富种质资源创新基础。

第二，创新和集成应用杂种优势利用的新方法与新途径，包括单倍体和多倍体育种、分子标记、转基因等生物育种关键技术。

第三，建立质量控制关键技术体系，研究亲本保纯复壮繁育、新型不育系、机械化制种、检测检疫、种子加工等技术。

第四，研究制定新品种标准化和规模化测试技术体系。研究低成本的快速 DNA 指纹检测技术。

第五，开发育种决策辅助系统等智能育种技术数据系统，借助软件和大数据以辅助优化实（试）验设计，提高育种精度、效率和质量。

（三）政策与管理体系

第一，完善品种管理体系。①建立农林牧渔及微生物的大种业概念，集中力量破解难题。②重点构建严格的品种保护机制和快捷的品种审认定制度。根据市场要求，打破部门界线，统筹布局 DUS 测试区域中心和品种区域试验站。对标和接轨国际，完善植物新品种保护制度和品种审定标准，构建面向国际的 DUS 测试指南。③建立更加有弹性的、刺激性的，知识产权确“权”获“利”、维“权”保“利”的体系，坚决打击侵权行为，保证育种者的成果与利益，激发创新创业热情。

第二，建立优惠的知识产权交易税制。降低品种权交易企业及个人所得税，规范和刺激交易行为。如深圳市提供短缺人才 15% 的个税减免优惠。

第三，建立更加有序的种子市场，优化种业市场调控，促进产销平衡，实现种子质量可追溯。

第四，建立种业大数据中心。开发和集成应用大数据抓取技术、处理技术，建立多维度的数据结构，构建智慧种业平台，面向政府、企业、中介、农户等各类用户。

第五，打造更加开放的种业。面向“一带一路”，建立“引进来”和“走出去”的体制机制。

第六，优化布局全国繁制种基地。支持建立高标准繁制种基地，配套加工与质量管控设施设备。如将西北打造成种子生产、加工、贮藏基地，将海南打造成良种繁育基地。

第七，打造更加灵活的推广服务体系，让新品种、新技术、新标准更快地实现应用转化。

第八，鼓励金融和资本市场深度介入种业相关业务，尤其是鼓励风险投资介入种业研发与产业化。

第九，鼓励科研机构和高校的科研资源、人才资源无障碍流入商业领域，以更加包容的政策（如无须审批的报备制）支持事业单位人才创新创业。

（四）商业生态系统

现代企业关键竞争力体现在构建或介入商业生态系统的能力。1993 年，美国著名经济学家詹姆斯·弗·穆尔（James F. Moore）提出了商业生态系统（Business Ecosystem）的概念，是继波特竞争战略理论之后对企业战略运营思维产生深远影响的理论。商业生态系统是以组织和个人（包括核心企业、消费者、市场中介、供应商、风险承担者以及竞争者）的相互作用为基础的、位于同一价值链上共同进化的经济共同体[29]。

众多企业开始积极地构建商业生态系统，以达到实现资源共享、构建稳定的价值网络、提升整体竞争优势、获得互补创新和降低交易成本，更好地响应和满足市场和顾客的多样性需求[30]。可以采取商业生态系统 6C 分析框架，即从背景维度、合作维度、构造维度、组态维度、能力维度和变革维度这6个维度①，去理解商业生态系统[29]。商业生态系统中，要关注引导价值创造、提供共享资产、分享价值的骨干型企业，关注纵向或横向一体化控制和支配资源的主宰型企业，关注专注于细分市场，以差异化求生存的缝隙型企业[31]。

根据种业国内外的发展趋势，我国种业行业集中度将进一步提高，单个企业无法独占全产业链，企业间将由激烈的无序竞争向竞合方向发展，种业领域一定会分化出骨干型企业、主宰型企业和一大批缝隙型企业，最终形成种业商业生态系统。为建设种业商业生态系统，行业层面将聚焦以下方面。

第一，建设商业化育种平台。根据双边市场理论[32]，平台是双边市场中或企业（产业）间用于连接双边用户的媒介。商业化育种平台就是要将科研机构和企业联结起来，将生物技术专家、传统育种家、农化专家等科学家联

① 背景维度，描述商业生态系统发展阶段、使命、驱动力、障碍等外部环境特征；合作维度，指在达成共同战略性目标的进程中反映系统成员之间的治理系统和合作机制等相互作用机制；构造维度，定义商业生态系统的基本结构和支持性基础设施；组态维度，说明商业生态系统中合作伙伴之间的外部关系类型和配置式样；能力维度，描述使得商业生态系统成功的沟通力、可获取性、整合能力、学习力、适应性等关键因素；变革维度，反映商业生态系统演化、共同进化和模式更新。

结起来，让涉"种"的各类资源、信息进行高效匹配。重点引导种业企业面向国际，全方位开展国际科技交流与合作。

第二，共建公益性育种平台。涉农企业或组织自身带有一定的公益性，《种子法》支持公益性科研院所及高等院校重点开展育种的基础性、前沿性和应用技术研究。我国有庞大的农业科研体系，资源分散不利于集中力量攻克理论难题。通过多方联合共建开放式的育种平台，增强种业协同创新的能力，有利于基础理论创新。推进种质资源库、平台实验室、试验数据平台等公共资源面向社会开放共享，并服务于"大众创业、万众创新"。可以通过联盟的方式加强公益性育种平台运作。

第三，规划建设资源高度整合的南繁科技城等高新区，促进各类机构、土地、资本、人才、信息、优惠政策等向区内聚集，培育一批竞争与协同合作的"友商"，共同围绕着种子种苗和服务来解决技术问题和打开国内外市场，加速种业商业生态系统的形成。

第四，激发种业领域的"双创"。种业公司需许可经营和配备一定面积的质检室和一定数量的设备。生物技术产业则需要巨额设备投入。即种业公司和生物技术公司的创设均需一定的门槛。优先解决种业公司共性的质检室和设备投入，以及生物技术企业的昂贵设备的问题，鼓励支持种子公司和生物技术公司的创立。

第五，鼓励种企创新股权（金融）制度。一是引入各类投资基金、天使投资、创业投资、并购投资，提供投行、财务、税务、法律、评估和战略咨询服务，吸引社会投资、风险投资。二是激励资源拥有者、资本拥有者、技术拥有者、市场拥有者等组建新型的开放式种业创新创业平台企业，推动股权所有权与经营权分离。三是根据种企成长的不同阶段，设计不同的管理模式及育种创新模式。四是鼓励种业加入协会、协作网络，增强自我约束和行业竞合能力。

第六，构建知识产权保护与维权体系。对标 UPOV1991 标准，打造育制种安防体系，既要保障育种家权益，又要确保资本安全进入种业。

第七，建立起国际贸易支撑体系。南繁产业需要面向"一带一路"、太平洋、印度洋，通过双边、多边磋商，组建国际种业贸易联盟或国际种质资源保护与利用中心，建设种业合作网络。建立国际种业及衍生农产品交易中心，创新订单制“种出农产品进”不受配额限制的政策。

第八，建立产业大数据 +AI 支撑体系。建设国际种质资源大数据平台、国际品种大数据平台、智慧育种云平台等。

参考文献

[1] 刘建忠，李宁，丁翔，等. 转基因动物研究进展 [J]. 农业生物技术学报，1998 (03)：269-275.

[2] 任静. 跨国种业公司在我国的技术垄断策略分析 [D]. 北京：中国农业科学院，2011.

[3] 张延秋. 中国种业发展回顾及展望 [J]. 种子世界，2012 (10)：1-3.

[4] 呼格吉乐图，肖晓，肖层林，等. 关于中国种业现状及发展的思考. 湖南农业科学，2011 (12)：15-17.

[5] 陈龙江，熊启泉. 中国种业开放十余年：回顾与反思 [J]. 华南农业大学学报（社会科学版），2012 (03)：7-17.

[6] 赵博，王丽英，蔡菲菲，等. 提升我国种业快速发展的必要性及制约因素 [J]. 现代农业科技，2013 (04)：300-301.

[7] 靖飞，李成. 跨国种子企业与中国种业上市公司的比较与启示 [J]. 中国农村经济，2011 (02)：52-59，73.

[8] 赵博，王丽英，蔡菲菲，等. 我国种业发展现状、制约问题及战略对策研究 [J]. 种子，2013 (06)：64-66.

[9] 刘石. 品种审定制度的纠结 [J]. 农业科技与信息，2013 (20)：38-39.

[10] 李艳，张晓明，梁超，等. 新时期中国种业发展之路 [J]. 中国种业，2013 (08)：5-7.

[11] 沈军. 关于提升我国种业企业竞争力的几点认识 [J]. 农业经济，2011 (05)：39-40.

[12] 回良玉. 在全国现代农作物种业工作会议上的讲话 [EB/OL]. (2011-07-03) [2011-05-09]. http：//blog.sina.com.cn/s/blog_7a6f451f0100w0w6.html.

[13] 王富胜，潘晓春. 国际种业发展趋势与中国种业未来发展策略［J］. 世界农业，2012（09）：110–114.

[14] 李军民，唐浩. 外资进入对我国种业的影响分析［J］. 种子科技，2012(10)：5–8.

[15] 王晓明. 外资曲线渗透种业［J］. 农产品市场周刊，2011（06）：28–32.

[16] 周月光. 南繁国际化进程加快8家国际种业巨头涌入海南［EB/OL］.（2013–04–23）［2013–06–30］. http：//www.hainan.gov.cn/hn/yw/jjjs/fw/201304/t20130427_949465.html.

[17] 陈瑞剑，蔡亚庆，井月，等. 中国种业"走出去"的机遇、困境与对策分析——基于水稻种子出口典型企业的实地调研分析［J］. 世界农业，2013（03）：118–122.

[18] 周绪晨. 加入UPOV1991文本对中国种业发展的影响研究［D］. 北京：中国农业科学院，2018.

[19] 农业部种子管理局等. 2018年中国种业发展报告［M］. 北京：中国农业出版社，2018.

[20] 农业部种子管理局等. 2017年中国种业发展报告［M］. 北京：中国农业出版社，2017.

[21] 刘永新，李梦龙，方辉，等. 我国水产种业的发展现状与展望［J］. 水产学杂志，2018（02）：50–56.

[22] 刘定富. 全球种业发展的大趋势［J］. 中国种业，2017（10）：1–6.

[23] 张俊灵，孙美荣，张东旭，等. 国际挑战计划项目集成育种平台研究进展［J］. 安徽农业科学，2016，44（03）：298–301.

[24] 时如愿. 我国蔬菜种业竞争力问题研究［D］. 泰安：山东农业大学，2012.

[25] 陈燕娟，秦路，邓岩. 种业国际化发展中的风险管理研究［J］. 中国种业，2018（02）：13–16.

[26] 黄宝连. 产业国际化驱动力演进与杭州产业国际化路径透视［J］. 杭州（周刊），2016（10）：36–37.

[27] 吕小明，罗凯世，赵威，等. 中美种业兼并重组对比分析［J］. 中国种业，2018（10）：1–4.

[28] 吕小明，解小平，李嘉，等. 农作物种业投资并购基本情况与特点分析［J］.

中国种业，2018（04）：11–14.

［29］田秀华，李永发．商业生态系统理论的脉络——基于英语文献的梳理［J］．黑龙江工业学院学报（综合版），2017，17（05）：69–74.

［30］崔淼，李万玲．商业生态系统治理：文献综述及研究展望［J］．技术经济，2017，36（12）：53–62+120.

［31］韩丽，顾力刚．商业生态系统中企业间共生及其稳定性分析［J］．中国管理信息化，2011，14（06）：42–43.

［32］房林，龙雨，邹卫星．双边市场理论的起源、发展与局限［J］．哈尔滨商业大学学报（社会科学版），2015（04）：76–84.

南繁

第二篇

南繁产业规划理论基础

规划作为政府干预市场的重要手段，具有引导性甚至强制性。规划的实施可极大影响社会经济的发展。产业规划需要理论与实践相结合。理论与实践并重，是高度集成的学科，内容涉及自然科学和社会科学，对实操性要求较高。张文忠、曹林等一批学者对产业规划相关理论进行了归纳介绍[①]。产业规划有丰富的理论渊源和大量的实践案例，涉及习近平新时代中国特色社会主义思想、区域人地关系论、产业区位理论、产业空间结构理论、产业结构演变与优化理论、预见理论、产业集群理论、产业链理论、定位与策划理论等诸多理论[②]。这些理论为产业规划提供了理论支撑和分析方法，使产业规划更具科学性、系统性和可操作性。

根据前文的分析，南繁产业规划的涉及面很广。南繁产业规划要体现国家与地方战略的统一性，要实现传统育种与生物育种的深度融合，要破解种业及生物技术领域利用"两种资源"和开发"两个市场"的规制障碍，要建立起有序的、多层次的、策划有力的产业布局，要面向未来打造重点突出、特色鲜明的地方产业网络，要提出可行的、可操作的、有个性的、有针对性的、适度超前的措施策略。因此，南繁产业规划不仅需要聚焦海南区域研究、我国种业及生物技术等相关区域及行业研究，还需要深入厘清产业规划的宏观经济背景和微观经济基础、深入理解规划相关的理论、深入探究南繁产业自身发展规律，让南繁规划编制工作有强大的理论与实践支撑，从而让规划成果达到"顶天立地"的效果，并从战略层面和战术层面为深耕、锻造、升级南繁产业提供可行路径和解决思路。

---

① 张文忠等著《产业发展和规划的理论与实践》（科学出版社），曹林著《区域产业发展规划理论与实例》（社会科学文献出版社）。

② 不仅限于上述理论，还涉及国际贸易理论、博弈论、产业组织理论、行为经济学等。这些理论穿插在文本之中。

第五章

区域人地关系论

一、概　述

（一）人地关系

人地关系是自人类社会产生以来就存在的一种最基本的相互作用关系。人地关系反映了人类社会活动与资源环境之间的空间关联性规律、辩证关系以及其演变过程[1]。人地关系受到多重因素影响，是一种动态变化的关系。“人”是这一关系中的主动方[2],“地”主要表现为资源承载力。人地关系首先是人与环境的关系，包括人与自然环境、人与人为环境、人与社会环境等关系。人与环境的平衡关系是动态的，需要人主动进行优化调控这一平衡关系。人地关系应该是多层次的人类活动对自然地理环境的影响、利用，以及多功能的自然地理环境对人类活动的影响、限制和反馈（图 5–1）[3]。

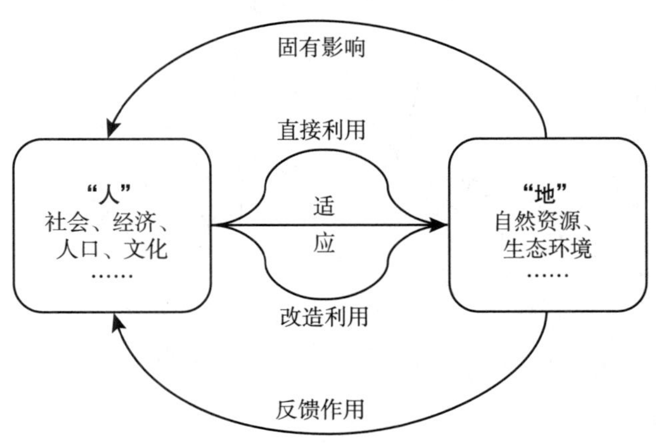

图 5–1　人地关系机制运行模式

人地关系覆盖面广而深。作为区域的核心内容，人地关系是区域规划分析的关键内容。

（二）区域人地关系论

地理学将人地关系与地域系统有机结合，实现人地关系研究的有的放矢，形成区域人地关系论，重点研究人类系统与自然系统间的人地关系。区域人地关系论是人文地理学研究的方法和技术手段的一次重大革新。

我国地理学家吴传钧院士提出的人地关系地域系统是区域人地关系论的理念核心，指明了地域性差异。人地关系地域系统是由同一地域内的自然环境系统、经济系统和社会系统组成的耦合耗散结构系统。区域人地关系论的本质是妥善解决社会总需求与环境承载力之间的矛盾，从而与自然环境和谐相处，达到可持续发展。

（三）人地关系地域系统的要素

根据要素的形态特征和功能作用的差异，人地关系地域系统的要素主要分为基础性要素、核心性要素、驱动性要素和制度性要素（图 5–2）[4]。

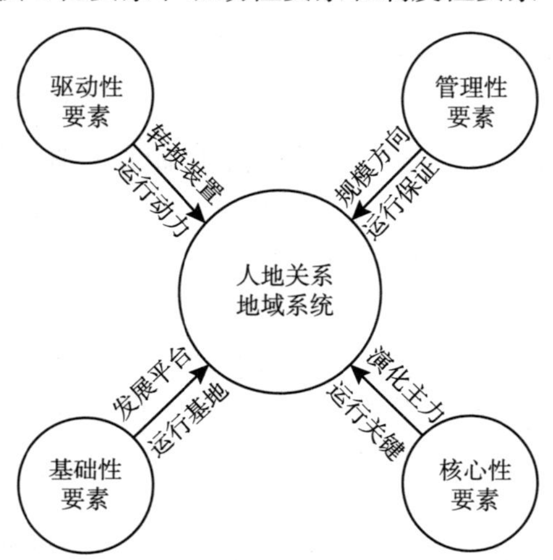

图 5–2 人地关系地域系统要素构成

1. 基础性要素

自然资源、自然条件、交通通信条件、社会文化和历史基础等基础性要素是人地关系地域系统运行所必需的物质基础和发展条件平台，提供了人地相互作用的场所以及环境。人地关系地域系统在这些要素的基础上得以发展和演化。

2. 核心性要素

劳动力、技术、资本和信息等核心要素又称为生产性要素。人地关系地域系统的发展在很大程度上取决于核心要素的流动、组合及分布。

3. 驱动性要素

驱动性要素是一种动力转换机构，实现人地关系地域系统内部不断把外来能源转化为自己能用的能源。如市场就是一种驱动性要素，包括市场结构和市场机制。在市场中形成的经济利益关系，反映出地域、城乡、民族等之间利益分配。

4. 制度性要素

制度性要素是人地关系地域系统的规范保障的体制机制，制约着人地关系发展的水平、规模和程度，是一整套的规则、应遵守的要求、行为规范和执行标准。

（四）人地关系地域系统的构成

人地关系地域系统包括自然环境系统、经济系统和社会系统 3 个子系统，是一个由处于最基础地位的生态环境结构、处于核心地位的经济结构和寻求人地关系协调发展的社会结构组成的结构体系（图 5-3）[5]。PRED 问题即人口、资源、环境、发展是人地关系关注的核心问题。结合可持续发展理论，PRED 问题可以对应人地关系地域系统 PRED 系统结构，即人口结构、资源结构、环境结构、发展结构等内容。PRED 系统结构是对人地关系地域系统的高度抽象[4-5]。

（五）人地关系地域系统演变作用机制

人地关系地域系统作为耦合耗散系统，是需要不断演变的开放系统。区域发展环境、自然地理环境要素、人文地理环境要素、区际关系因素、人类活动因素、需求结构因素、区域管治措施等因素影响人地关系地域系统演变，作用于人地关系地域系统演变机制（图 5-4）[2]。

人地关系地域系统作用机制[2]，一是表现为人类活动在需求结构的推动下，对自然地理环境进行改造的同时，采取一定的管控措施调控人类活动和需求结构，以提高“地”的承载能力；二是表现为人地关系地域系统在整体

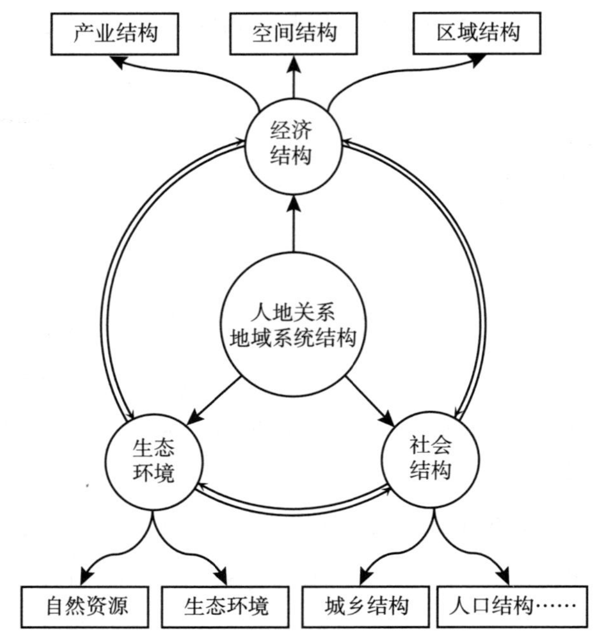

图 5-3 人地关系地域系统结构框架

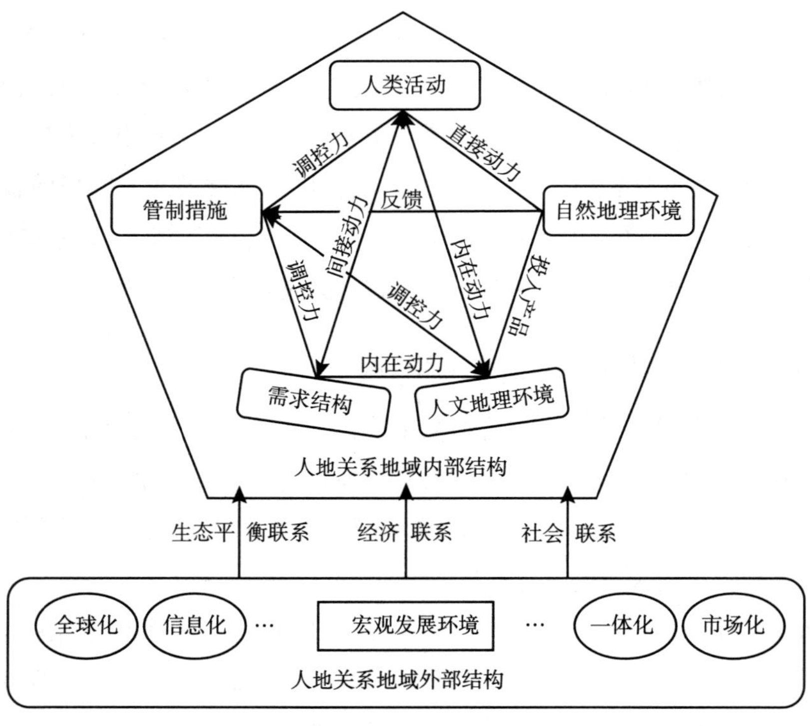

图 5-4 人地关系地域系统演变机理总体框架

宏观发展环境下，与外部环境发生生态环境联系、经济联系和社会联系，促进人地关系地域系统的演变。

二、区域人地关系论在规划中的应用

（一）地域功能形成分析

规划与人地关系论存在天然关联，尤其是地域功能规划是协调人地关系的重要手段。吴传钧院士曾直言，任何区域开发、区域规划和区域管理都必须以改善区域人地关系，实现人地关系地域系统良性循环为目标[6]。人地关系地域系统相关理论构成了现代地域功能理论的基础。地域功能是特定地域在人地关系实现可持续发展时所履行的职能和发挥的作用，其生长发育规律的解析必须着眼于人地关系相互作用。

资源环境承载力、生态可占用性、经济活动空间集疏和人口的空间集疏4个因素影响地域功能生长发育，且地域功能的形成是自然地理环境地域分异、人文利用功能空间匹配、要素集聚与适度规模、生态－生活－生产序贯选择、功能叠加与竞争共生、相互作用与空间组合6个动力过程相互作用的自然结果（图5–5）[7]。

（二）土地整理策略设计

土地整理旨在增加可利用土地面积、提高土地利用的集约度、优化生态环境、改善农业生产条件、提升农业综合生产能力和配合美丽乡村建设[8]。土地是人地关系中“自然地理环境”的一个子系统，其中人均耕地指标是人地关系的重要参数。随着我国人口膨胀，人均占有耕地量快速下降，至2016年乡村人均耕地也仅有3.43亩①，人地关系非常紧张。因此，土地整理是我国补充耕地最重要的途径。1999年1月，土地整理纳入《中华人民共和国土地管理法》，成为长期坚持的国策。

① 来源于《2017中国统计年鉴》。至2016年末，我国耕地134920900公顷，人口138271万人，其中乡村人口58973万人。

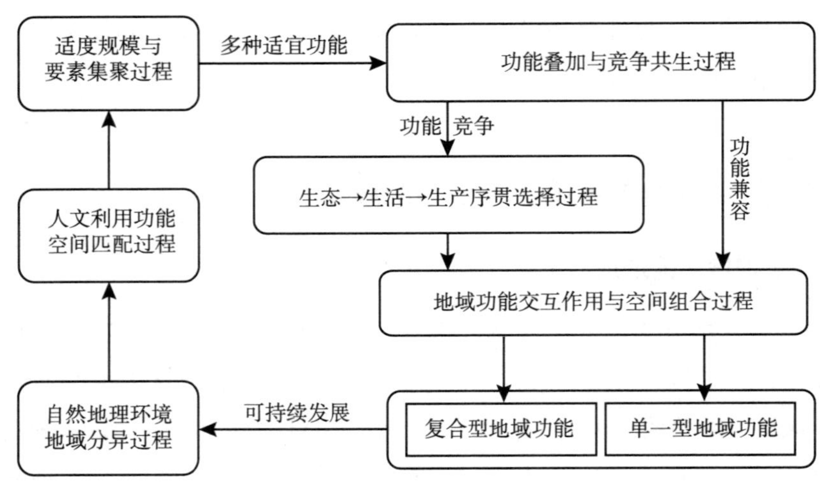

图 5–5　地域功能形成的动力机制

基于人地关系协调论的土地整理动态认知过程，"人地关系背景 – 人地关系调控 – 土地整理 – 人地关系协调"及分析框架（图 5–6）反映了基于系统

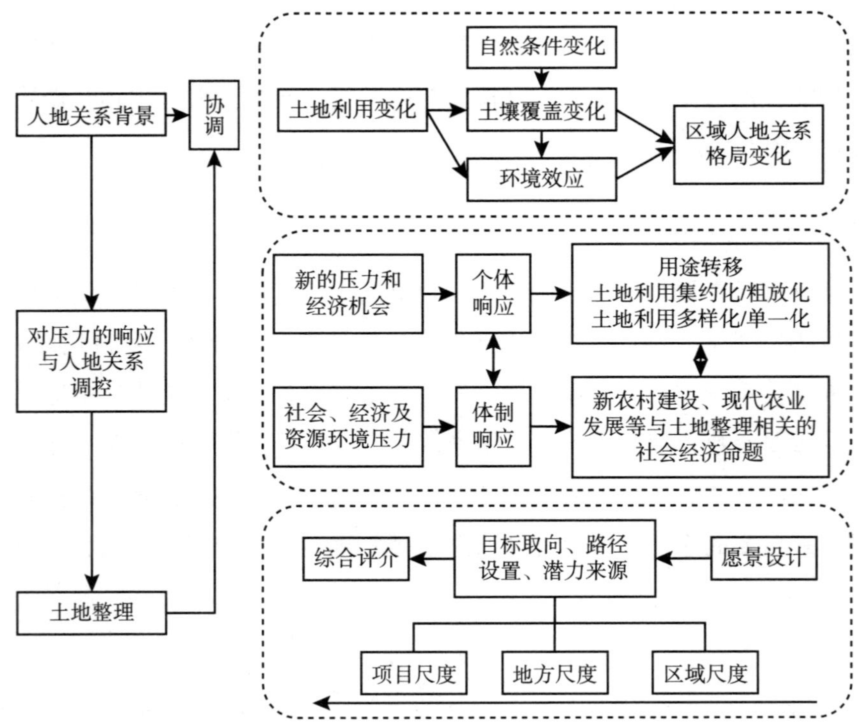

图 5–6　基于人地关系协调的土地整理过程分析框架

论解释人地关系相互作用机制的新方向，对分析现有经济技术条件下，采取更切实际的土地整理措施，更有效地调控人地关系有重要作用[8]。

目前，中央财政支持南繁基地建设的资金，部分涉及南繁保护区的农田整治和部分配套建设用地调整，因此南繁基地建设和南繁科技城建设均将涉及土地整理。该分析框架同样可应用于南繁土地整理，提高南繁 26.9 万亩南繁保护区规划建设效率。

三、南繁产业与资源环境系统耦合

产业与资源环境关系是人地关系论研究的重要内容，而系统耦合是对两个及以上系统之间的相互作用、相互关联、相互协调的量度，且引入时间序列数据采用动态研究，因此可以很好地分析判断产业发展等相关政策。南繁得益于海南的自然资源禀赋，研究南繁产业与资源环境系统耦合，有利于南繁产业布局的区位选择、政策制定。

（一）耦合作用机理及模型

海南以生态立省，区域人地关系论对研究相关产业与资源协调性具有重大意义。国家将海南的南部地区 26.9 万亩划定为南繁保护区，在三亚市规划建设南繁科技城、全球动植物种质资源引进与中转基地、生物育种专区，重点发展南繁产业，势必改变原有的农业产业结构和以农业生物技术研究为核心的第三产业结构，促进人地关系的调整。

南繁产业系统与资源环境系统耦合关系的作用机理在于寻求两个系统之间的均衡。南繁产业对资源环境的影响主要有产业规模效应、产业结构效应和技术效应。资源环境对南繁产业的影响主要是资源与南繁产业聚集。自然资源、人力资源、资本和技术是连接南繁产业系统与环境系统的载体，当载体发生变化时就会对系统耦合关系产生影响，从而成为分析南繁产业－资源系统演替的驱动力。

1. 耦合度模型[9–10]

设定 $f(x)$ 和 $h(y)$ 分别为南繁系统和资源环境系统的综合评价函数，x、y 为影响函数的变量指标。

$$f(x)=\sum_{i=1}^{a} w_i x_i \qquad 5-1$$

其中，x_i（i=1，2，…，a）为南繁产业系统的各指标的标准化值，w_i 是其权重。

$$h(y)=\sum_{j=1}^{b} w_j x_j \qquad 5-2$$

其中，y_j（j=1，2，…，b）为资源环境系统的各指标的标准化值，w_j 是其权重。因此，计算 w_i 和 w_j 成为确立 $f(x)$ 和 $h(y)$ 两个函数的关键，方法见后。南繁系统与资源环境系统的耦合度计算公式则为：

$$C=\{f(x)\times h(y)/\{[(f(x)+h(y))/2]^2\}\}^k \qquad 5-3$$

其中，$C\in(0，1)$，$k\in[2，5]$。

C 值越大，耦合程度越高、越协调。k 为调节系数，建议 k 取值 2[11]。在 k 取值 2 时，耦合度区间划分如下（表 5–1）。

表 5–1　耦合度划分

耦合度区间	（0，0.3］	（0.3，0.7］	（0.7，0.9］	（0.9，1）
耦合阶段	低水平耦合阶段	拮抗期	开始良性耦合	高水平耦合阶段

2. 耦合协调度模型[11]

耦合协调度模型是反映出 $f(x)$ 和 $h(y)$ 两个系统整体功效和协同效应。

$$D=\sqrt{C\times T} \qquad 5-4$$

其中，R 为耦合协调度，T 为南繁产业与资源环境系统的综合评价指数，$D\in(0，1)$。耦合协调度划分如下（表 5–2）。

表 5–2　耦合协调度划分

协调度区间	（0，0.5］	（0.5，0.6］	（0.6，0.8］	（0.8，1）
协调强度	低度协调耦合	中度协调耦合	高度协调耦合	极度协调耦合

$$T=\alpha f(x)+\beta h(y) \qquad 5-5$$

其中，α 为南繁产业发展水平权重，β 为资源系统发展水平权重。为尽量避免主观赋值，α、β 的取值要参考费米预测法[①]进行推测。

一是 α[②] 取值参考海南种业上市公司在全国上市公司的收入占比 0.023[③]。二是 β[④] 取值参考海南绿色发展指数得分在全国占比 0.031[12]。

由于 $\alpha+\beta=1$，在保留 1 位小数时，则 α 折算为 0.4，β 折算为 0.6。由于南繁产业化处于起步阶段，因此 $\alpha<\beta$，这与上述取值方向一致。

实际上，耦合协调度逐年变化，正常情况应该按年匹配 α、β 的值。但是，绿色发展指数近年才有，无法取得持续的数据流来确定 β 值。

（二）数据标准化处理

我们在获取数据时，各项指标的数据计量单位较难一致。为了统一度量，需要向耦合协调度模型中录入无量纲化处理后的数据。

1. 原始数据描述

评价 m 年内南繁产业与资源环境系统协调发展状况，评价包括 n 项指标，其初始数据矩阵 $\boldsymbol{X}=\{x_{ij}\}_{n\times m}$（$0\leqslant i\leqslant n$，$0\leqslant j\leqslant m$）。$x_{ij}$ 表示第 j 年第 i 项南繁产业与资源环境系统评价指标的数值。

2. 原始数据的标准化处理[11]

因为同一年度内同一指标的计量单位一致，所以可以无量纲化。即，同一指标在不同年度的数据流可以进行数据标准化处理，或者同一年度不同考察项目的数据流可以进行数据标准化处理。此处 $f(x)$ 和 $h(y)$ 则利用逐年的数据流，通过对各指标项的 m 年内的数据进行线性化处理，消除了所有数据的数量单位。

---

① 恩利克·费米是 1938 年诺贝尔物理学奖得主。他提出了一个小的测试“芝加哥有多少钢琴调音师”的问题。通过分解问题，他给出了相当精准的预测。

② 上市公司可以代表地区行业发展水平，也可以从侧面佐证南繁产业发展水平。当其他数据无法获取时，取代表性数据替代。

③ 2018 年，9 家上市公司种子业务收入总额 72.95 亿元，海南上市公司为 1.69 亿元。

④ 资源环境系统发展水平较难评估。资源环境系统作为承载系统以及海南生态试验区战略要求，绿色发展指数可以从侧面反映海南资源系统发展水平。

首先，对矩阵 $\boldsymbol{X}$ 内的数据进行正项化处理：

$$x'_{ij}=(\boldsymbol{X}_{ij}-\boldsymbol{X}_{\min})/(\boldsymbol{X}_{\max}-\boldsymbol{X}_{\min}) \qquad 5-6$$

其中，$\boldsymbol{X}_{\max}$ 为第 i 项指标 m 年内统计的最大值，$\boldsymbol{X}_{\min}$ 为第 i 项指标 m 年内统计的最小值。

然后，对 x'_{ij} 的数据进行线性化处理：

$$y_{ij}=x'_{ij}/\sum_{j=1}^{m}x'_{ij}\ (0\leqslant y_{ij}\leqslant 1) \qquad 5-7$$

其中，该值为比重值，即第 i 项指标下第 j 年份指标值的比重。由于实现了对数据的无量化纲化，故得到无量纲数据矩阵 $\boldsymbol{Y}=\{y_{ij}\}_{n\times m}$。

由此得到南繁产业系统综合评价函数 $f(x)$ 和资源系统综合评价函数 $g(y)$ 所需要的各指标的标准化值，为耦合协调度模型中涉及指标的标准化值及其权重提供了数据分析基础。

（三）评价指标权重的确定

南繁产业与资源环境系统有逐年的数据积累，因此采取客观赋权的熵值法来确定各个指标的权重。

熵值法（Entropy Method）是用来判断某个指标的离散程度的数学方法。在信息论中，熵是对不确定性的一种度量。信息量越大，不确定性就越小，熵也就越小。

1. 各个指标的信息熵 e 和信息效用值 d[13]

数据经过无量纲标准化处理后，可计算各项指标的信息熵。第 i 项指标的信息熵为 e_i 的计算公式如下：

$$e_i=-\mathrm{k}\sum_{j=1}^{m}y_{ij}\ln y_{ij} \qquad 5-8$$

其中，k 为常数，$\mathrm{k}=1/\ln^{m}$。

本章采用了海南省三亚市 2018 年统计年鉴 2011—2017 年共 7 年的数据，故 k=1/ln7=0.5139。

信息效用值 $d_i=1-e_i$。信息效用值越大，对评价的重要性就越大。

2. 各个评价指标的权重 w [13]

第 i 项指标的权重计算公式如下：

$$w_i=d_i/\sum_{i=1}^{n}d_i \tag{5-9}$$

得出公式 5–1 和公式 5–2 中各项指标的权重。

（四）指标体系设计

南繁产业 – 资源系统的指标体系分成资源系统和南繁产业系统两个子系统。南繁产业系统按规模、结构和活力三个方面设计一级指标。资源系统按资源禀赋水平、环境压力水平和环境抗逆水平三个方面设计一级指标[13]。根据一级指标类别，设置二级指标。

二级指标设计的原则：①指标的代表性与全面性，②数据可获取性与动态性，③指标间的关联性与区别性。如在用熵值法计算权重时，要求指标值有所变化（类似动态性）。因为如果某项指标的指标值全部相等，则该指标在综合评价中不起作用，属于无效指标设计[14]。

鉴于二级指标设计的原则，南繁产业 – 资源系统的指标体系较难构建，主要原因：①南繁产业相关数据并未纳入年度统计，数据信息难以获得，只能以涉农和涉科的相关数据替代，如南繁产业内部的产业结构构成只能以一产、二产、三产比例替代；②统计年鉴内的数据项目较少，涉及环保数据时还存在统计标准不一致等问题，甚至部分年度缺数据；③部分数据存在波动小，如 H3 水库总库容、H4 森林覆盖率。

依据对应指标设计原则和现有数据可获得性，设计出南繁产业系统和资源系统的二级指标（表 5–3）。其中，南繁产业系统的二级指标主要包括南繁育制种面积、教科文卫支出占地方公共财政支出比例、南繁关注度等 12 项内容；资源系统的二级指标主要包括有效灌溉用地面积、工业废水排放量、城镇生活污水集中处理率等 12 项内容。

表 5-3　南繁产业 – 资源系统综合评价指标

<table>
<tr><th>系　统</th><th>子 系 统</th><th>一级指标</th><th>二级指标</th><th>年度数据</th></tr>
<tr><td rowspan="24">南繁产业 – 资源系统</td><td rowspan="12">南繁产业系统 $f(x)$</td><td rowspan="4">规模指数</td><td>F1 南繁育制种面积</td><td></td></tr>
<tr><td>F2 GDP</td><td></td></tr>
<tr><td>F3 科研技术服务和地质勘查业产值</td><td></td></tr>
<tr><td>F4 地方财政收入</td><td></td></tr>
<tr><td rowspan="4">结构指数</td><td>F5 教科文卫占地方公共财政支出比例</td><td></td></tr>
<tr><td>F6 第一产业产值占比</td><td></td></tr>
<tr><td>F7 第二产业产值占比</td><td></td></tr>
<tr><td>F8 第三产业产值占比</td><td></td></tr>
<tr><td rowspan="4">活力指数</td><td>F9 南繁关注度①</td><td></td></tr>
<tr><td>F10 科教文卫事业费支出</td><td></td></tr>
<tr><td>F11 在校学生人数</td><td></td></tr>
<tr><td>F12 科研和技术服务业固定资产投资</td><td></td></tr>
<tr><td rowspan="12">资源环境系统 $h(y)$</td><td rowspan="4">资源禀赋水平</td><td>H1 有效灌溉用地面积</td><td></td></tr>
<tr><td>H2 全社会从业人员</td><td></td></tr>
<tr><td>H3 水库总库容</td><td></td></tr>
<tr><td>H4 森林覆盖率</td><td></td></tr>
<tr><td rowspan="4">环境压力水平（负相关）</td><td>H5 工业废水排放量</td><td></td></tr>
<tr><td>H6 工业废气排放量</td><td></td></tr>
<tr><td>H7 综合能源消费量</td><td></td></tr>
<tr><td>H8 农药化肥使用量</td><td></td></tr>
<tr><td rowspan="4">环境抗逆水平</td><td>H9 城镇生活污水集中处理率</td><td></td></tr>
<tr><td>H10 地表水达标率</td><td></td></tr>
<tr><td>H11 工业废水处理率</td><td></td></tr>
<tr><td>H12 水利环境和公共设施建设投资</td><td></td></tr>
</table>

（五）南繁产业 – 资源系统耦合关系数据处理

根据《三亚市统计年鉴 · 2018 年》和收集到的有关南繁数据，得到 2011—2017 年共 7 年的数据。根据公式 5-6 和公式 5-7，对 2011-2017 年的

① 南繁关注度：以篇名为"南繁"和"种业"在 CNKI 中按年度进行检索，然后以两者比值 ×100% 计算南繁关注度值。

数据进行处理，得到无量纲的标准化数据（表 5–4）。

表 5–4 南繁产业 – 资源系统综合评价无量纲化标准数据

二级指标	2011 年	2012 年	2013 年	2014 年	2015 年	2016 年	2017 年
F1	0.0000	0.0231	0.0446	0.0547	0.0770	0.2540	0.5466
F2	0.0000	0.0464	0.0969	0.1415	0.1821	0.2325	0.3006
F3	0.0000	0.0582	0.1288	0.1718	0.2093	0.2139	0.2180
F4	0.0000	0.0411	0.1120	0.1535	0.2122	0.1897	0.2915
F5	0.0000	0.0924	0.1849	0.0672	0.2017	0.2521	0.2017
F6	0.2025	0.1899	0.0759	0.1646	0.1646	0.2025	0.0000
F7	0.3333	0.1333	0.0444	0.3111	0.1556	0.0000	0.0222
F8	0.0000	0.1111	0.2424	0.0505	0.1212	0.1616	0.3131
F9	0.0000	0.1708	0.0542	0.0583	0.1667	0.1917	0.3583
F10	0.0000	0.0538	0.0900	0.1334	0.2120	0.2521	0.2587
F11	0.0000	0.0772	0.1069	0.1594	0.1596	0.2100	0.2869
F12	0.0000	0.0273	0.1404	0.1471	0.1344	0.2948	0.2561
H1	0.0000	0.0330	0.0079	0.0845	0.2904	0.2604	0.3236
H2	0.0000	0.0345	0.0698	0.2020	0.2157	0.2255	0.2526
H3	0.0000	0.0000	0.0000	0.0000	0.0000	0.0000	1.0000
H4	0.0000	0.0000	0.0000	0.0000	0.0000	0.0000	1.0000
H5	0.7622	0.7807	0.7897	0.8679	0.8454	1.0000	0.9541
H6	0.9093	0.9185	0.8142	0.8094	0.8504	0.6983	1.0000
H7	0.8208	0.7841	0.7500	0.8978	0.9194	1.0000	0.8280
H8	0.9304	0.9225	0.9613	1.0000	0.8250	0.7480	0.6128
H9	0.0000	0.0923	0.1033	0.1365	0.1587	0.2103	0.2989
H10	0.0164	0.2787	0.0000	0.0000	0.1475	0.2787	0.2787
H11	0.1123	0.0000	0.0841	0.1151	0.1151	0.4018	0.1716
H12	0.0440	0.0503	0.0312	0.0688	0.2029	0.6028	0.0000

基于表 5-4，再套用公式 5-8 和公式 5-9，计算出南繁产业系统和资源环境系统共计 24 项指标的权重（表 5-5）。

表 5-5 各指标权重

指 标 项	权 重	指 标 项	权 重
F1 南繁育制种面积	0.1803	H1 有效灌溉用地面积	0.0474
F2 GDP	0.0762	H2 全社会从业人员	0.0285
F3 科研技术服务和地质勘查业产值	0.0590	H3 水库总库容	0.1805
F4 地方财政收入	0.0732	H4 森林覆盖率	0.1805
F5 教科文卫支出占地方公共财政支出比例	0.0629	H5 工业废水排放量	0.0973
F6 第一产业产值占比	0.0510	H6 工业废气排放量	0.0978
F7 第二产业产值占比	0.1145	H7 综合能源消费量	0.0971
F8 第三产业产值占比	0.0772	H8 农药化肥使用量	0.1012
F9 南繁关注度	0.0887	H9 城镇生活污水集中处理率	0.0221
F10 科教文卫事业费支出	0.0729	H10 地表水达标率	0.0490
F11 在校学生人数	0.0625	H11 工业废水处理率	0.0302
F12 科研和技术服务业固定资产投资	0.0819	H12 水利环境和公共设施建设投资	0.0684

同时，根据以上公式，并应用 Excel 函数快速计算，得到系统耦合相关数据（表 5-6）。

表 5-6 耦合关系数据

年份	$f(x)$	$h(y)$	耦合度 C	耦合阶段	综合评价指数 T	耦合协调度 D	耦合协调强度
2011	0.0485	0.3442	0.1875	低水平耦合	0.2259	0.2058	低度协调耦合
2012	0.0796	0.3570	0.3557	拮抗期	0.2460	0.2958	低度协调耦合
2013	0.1001	0.3359	0.5005	拮抗期	0.2416	0.3477	低度协调耦合

续 表

年份	$f(x)$	$h(y)$	耦合度 C	耦合阶段	综合评价指数 T	耦合协调度 D	耦合协调强度
2014	0.1311	0.3729	0.5924	拮抗期	0.2762	0.4045	低度协调耦合
2015	0.1551	0.3862	0.6688	拮抗期	0.2938	0.4432	低度协调耦合
2016	0.2013	0.4288	0.7563	开始良性耦合	0.3378	0.5055	中度协调耦合
2017	0.2846	0.7421	0.6423	拮抗期	0.5591	0.5993	中度协调耦合

（六）南繁产业 - 资源系统耦合关系分析

1. 权重指标①

根据表 5–5 指标权重，可以得出当前推进系统发展的关键因素和薄弱因素，见图 5–7 和图 5–8。

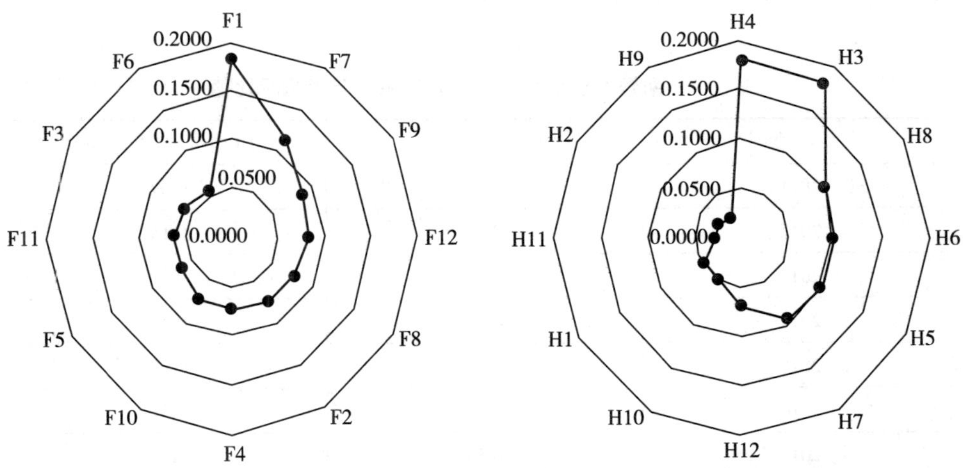

图 5–7 南繁产业指标权重雷达图 **图 5–8 资源环境系统指标权重雷达图**

南繁产业系统前 4 个的指标为：F1 南繁育制种面积、F7 第二产业产值占比、F9 南繁关注度、F12 科研和技术服务业固定资产投资，说明产业规模、地区产业结构、产业发展热度和科技类固定资源投资是当前促进南繁产业系

① 如前所述，受到数据可得性影响，可能存在关键性指标缺失，但经类似数据替代，不影响总体趋势的分析。若有更详细的数据、更多年度数据，可以更细致地分析。

统进化的基础。系统后 4 位指标：F6 第一产业产值占比、F3 科研技术服务和地质勘查业产值、F11 在校学生人数、F5 教科文卫支出占地方公共财政支出比例，说明现有产业结构不够优化、科研产出弱、人才资源匮乏和科技支出不足是制约南繁产业系统进化的因素。

资源环境系统前 4 个指标：H4 森林覆盖率、H3 水库总库容、H8 农药化肥使用量、H6 工业废气排放量，说明良好的生态、丰富的水资源、严控的农药化肥和低排放促使海南资源环境系统更加健康。系统后 4 位指标：H9 城镇生活污水集中处理率、H2 全社会从业人员、H11 工业废水处理率、H1 有效灌溉用地面积，说明生态环境系统尚有提升空间，如进一步提高城镇生活污水集中处理率、工业废水处理率、有效灌溉用地面积。

2. 系统指标

从表 5–6 和图 5–9 得出两个系统发展水平不一致。两个系统的评价指标均在上升，但两者存在较大的差距（表 5–7）。

表 5–7　南繁产业系统与资源环境系统年度指标比值

年　度	$f(x)/h(y)$	$0.4f(x)/0.6h(y)$
2011	0.14	0.09
2012	0.22	0.15
2013	0.30	0.20
2014	0.35	0.23
2015	0.40	0.27
2016	0.47	0.31
2017	0.38	0.26

其中，资源环境系统 $h(y)$ 上升幅度较大，生态环境不断得到改善，环境承载能力有增强的趋势，说明区域可持续发展的能力增强，从侧面反馈了三亚"双城双修"的生态效应开始显现；南繁产业系统平缓增长，南繁产业仍然处于低水平运行阶段，受 2015 年国家南繁规划的刺激，2016 年小幅度拉升，与资源环境相比拉升幅度小，两仍然存在较大差距，即 $f(x)<h(y)$。

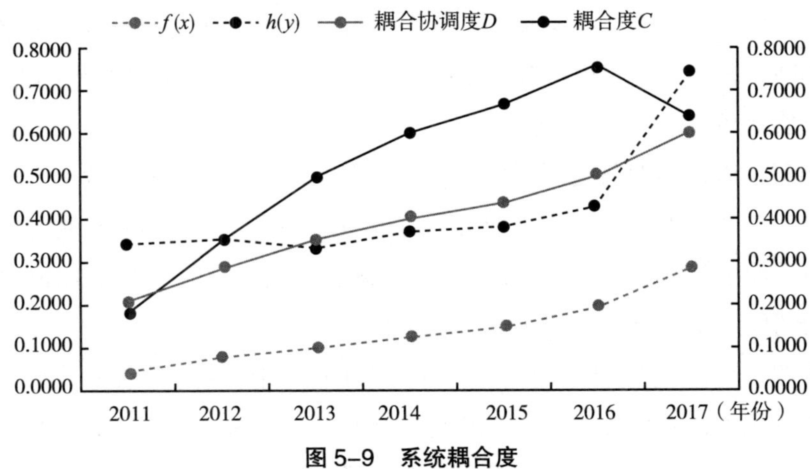

图 5-9 系统耦合度

C、*D* 值的拐点出现在 2016 年，两个系统开始良性耦合，达到中度协调，南繁产业有机会聚集力量进入快速发展的通道。

3. 耦合度演变态势

南繁产业－资源环境系统总体上处于拮抗期。南繁产业系统与资源环境系统耦合已由开始的低水平耦合，过渡到拮抗期并进入良性耦合，但再次进入拮抗期，两个系统发展水平和速度不一致时，就可能出现反复。从耦合度演变态势上，从侧面说明海南近年严格的生态环境法制和执法环境促进了海南生态环境向优发展。

4. 耦合协调度与耦合发展类型分析

南繁产业－资源环境系统已从低度协调耦合进入中度协调耦合。两个系统向高度协调耦合方向还有较大差距。

（七）区域人地关系对南繁产业规划的启示

第一，经过 60 余年的积累，南繁产业系统已基本完成了自然地理环境地域分异过程和人文利用功能空间匹配过程，已进入适度规模与同类利用功能聚集过程。南繁产业在聚集过程中要先满足生态需求，再配套人与人交流的生活环境，为打造各生产平台创造丰富的条件。

第二，南繁产业有条件促成复合型地域功能的形成。南繁产业有潜力建立起绿色的农业生态－产－城“三生”融合的功能，通过加快建设南繁科技城来实现生态①－生活－生产等功能在空间上并置[7]，在可持续发展的前提下，加速自然地环境地域分异过程。

第三，南繁产业与资源环境相适应，资源环境更为超前。近年来海南加大了对生态环境的管控力度，加大了对生态的投资，并在体制机制上做出重大调整，如中部市县划为生态保护区，体现了人地关系论中生态优先的理念，为海南调优产业结构奠定了资源环境基础。

第四，南繁产业发展层次较低。自 2011 年以来，南繁产业一直处于低水平的发展之中，未见质的飞跃，尤其是产值主要来源于制种产业，这处于种业链的低谷、价值洼地。产业资源过于集聚在低层级的农业生产上，影响了南繁产业与资源环境在更高层级上的协调发展。

第五，南繁产业缺乏科技支撑和成果熟化。通过权重分析，南繁产业科研产出弱、人才资源匮乏和科技支出不足。南繁产业作为高新技术产业，需要人才、技术、资金、平台的支撑，需要有高附加值的成果产出给予南繁产业系统正反馈。南繁产业发展要实现质的飞跃，首先要解决制约其发展的科技支撑与成果熟化的问题。

参考文献

[1] 刘俊杰．人地关系协调与国土空间优化：广西的实证［J］．社会科学家，2014（10）：78–82.

[2] 方修琦．论人地关系的主要特征［J］．人文地理，1999（02）：24–26+19.

[3] 程钰．人地关系地域系统演变与优化研究［D］．济南：山东师范大学，2014.

[4] 任启平．人地关系地域系统结构研究［D］．长春：东北师范大学，2005.

[5] 王黎明．面向 PRED 问题的人地关系系统构型理论与方法研究［J］．地理研究，1997（02）：39–45.

[6] 吴传钧．论地理学的研究核心——人地关系地域系统［J］．经济地理，1991（03）：

① 农业具有碳汇功能，稻田还具备人工湿地功能，林木花卉具备绿化和景观功能，采摘具有休闲娱乐功能。

1–6.

[7] 盛科荣，樊杰. 地域功能的生成机理：基于人地关系地域系统理论的解析 [J]. 经济地理，2018，38（05）：11–19.

[8] 杨朝现. 人地关系协调视角下的土地整理 [D]. 重庆：西南大学，2010.

[9] 刘春林. 耦合度计算的常见错误分析 [J]. 淮阴师范学院学报（自然科学版），2017，16（01）：18–22.

[10] 张洁. 渭河流域（干流地区）人地关系地域系统演变及其优化研究 [D]. 西安：西北大学，2010.

[11] 王志红. 浙江海洋产业集聚与环境资源系统耦合分析 [J]. 科技经济市场，2012（07）：19–22.

[12] 田泽，魏翔宇，丁绪辉. 中国区域产业绿色发展指数评价及影响因素分析 [J]. 生态经济，2018，34（11）：103–108.

[13] 谌杨杨. 海岛旅游地人地关系协调发展研究 [D]. 青岛：中国海洋大学，2013.

[14] 郭显光. 改进的熵值法及其在经济效益评价中的应用 [J]. 系统工程理论与实践，1998（12）：99–103.

第六章

产业区位理论

一、工业区位理论

（一）韦伯工业区位论

德国经济学家阿尔弗雷德·韦伯（Alfred Weber）分别于1909年和1914年发表了《工业区位理论：区位的纯粹理论》和《工业区位理论：区位的一般理论及资本主义的理论》，提出了工业区位论的最基本理论，并对工业区位问题和资本主义国家人口集聚进行了综合分析[1]。韦伯运用了与杜能类似的抽象和演绎方法，将区位因素划分为区域性区位因素和聚集分散因素、一般区位因素和特殊区位因素、自然技术因素和社会文化因素，系统地分析了劳动力、运输和聚集等几个最重要的因素对工业区位的影响，劳动力指向、运输指向、集聚指向的分析构成了韦伯工业区位理论的核心内容[2-3]。韦伯提出了工业区位形成的基本动力在于经济利益——成本的节约（如生产费用最小地点和节约费用最大）以及由此产生的对工业的吸引力[2]。

韦伯的理论至今仍为区域科学、工业布局和产业集群的基本理论，但在实际应用中有很大局限性。韦伯工业区位论采用静态分析，且没有考虑市场需求因子和其他市场竞争者的影响。随着经济发展和技术进步，韦伯工业区位理论越来越不能解释在新的生产力条件下工业企业布局的现象[4]。

（二）廖什市场区位论

德国经济学家奥古斯特·廖什（August Losch）在1940年出版了动态区位论的代表作《经济的空间秩序》(《区位经济学》)。他研究了不同等级的市场圈所辖消费地数量和最大供应距离等问题，市场问题成为其关注的核心，开辟了从消费地研究工业布局理论的新途径。廖什以垄断代替韦伯的自由竞争，以最大利润代替最低成本，高度关注市场区对工业布局的关系，着眼于市场的扩大和优化，将生产区位和市场有机结合起来，从空间经济角度构建了廖什市场区位理论体系，对工业区位论的发展有很大影响[5]。

廖什市场区位论的核心思想包括[5-6]：①单一市场区以正六边形（图6-1，类似于德国地理学家沃尔特·克里斯塔勒（Walter Christaller）于1933年创立的中心地理论）① 形状环绕每一生产中心或消费中心。企业势力消涨取决于其六边形的市场圈的扩大和发展。②提出了市场区及市场网的理论模型

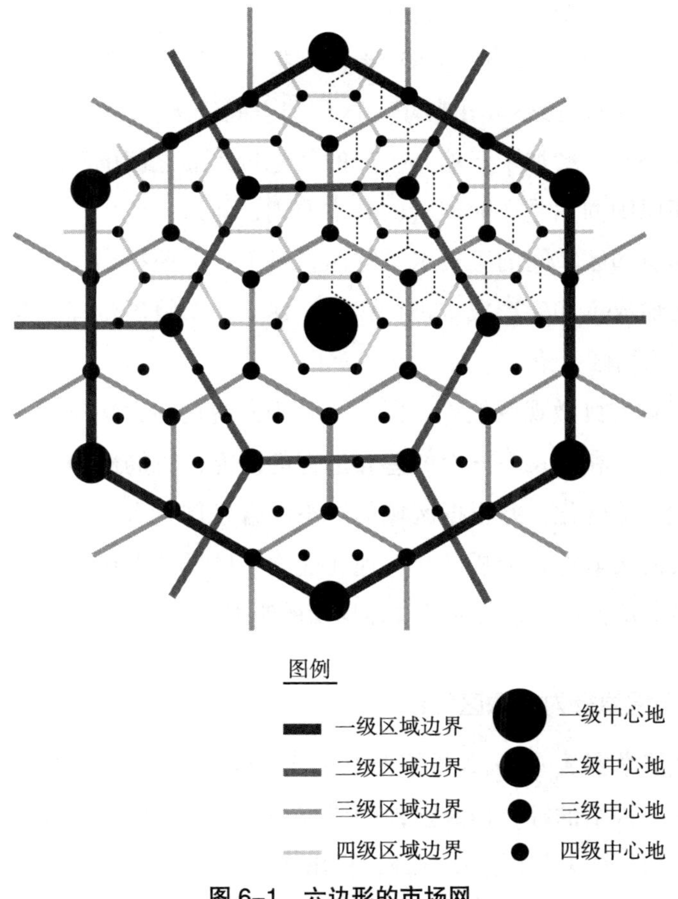

图 6-1　六边形的市场网

① http://blog.sina.com.cn/s/blog_48bb0d010100ejjl.html。

（图 6-1，图中有 4 种大小的六边形，最大的为一级区域，最小的为四级区域），把生产区位和市场范围结合起来，生产和消费都必须在市场区中进行，每一类商品都可以找出这些市场区的网络组织。③这些网络组织的配置出现了一定的体系。廖什还引进了富庶区和贫穷区的概念，设计了由六大富庶区和六大贫穷区相间分布的"经济景观"[7]。

（三）伊萨德区位科学理论

美国区域经济学家华尔特·伊萨德（Warter Isard）对区位理论的全面发展做出了突出贡献。他利用比较成本分析和投入产出分析等综合分析方法进行工业区位分析，把工业区位论作为"区域科学"的核心，提出了要发挥地区的优势，建立地区性的最佳生产部门，把工业区位论作为地区开发规划的基本理论[8]。他于 1956 年出版了《区位与空间经济》，将新地理学与区位经济学融合在一起，增加了运输与生产的其他投入品之间的替代关系，明确指出最大利润原则固然是产业配置的基本原则，但这一原则的实现与同产品成本、自然环境和区域间的工资水平等因素有关。他还提出了厂商可以通过区位选择将运输成本和生产成本进行权衡，建立一个将区位理论与贸易理论相融合的一般均衡区位论[9]。

不同于新古典微观区位论，伊萨德利用宏观均衡方法对地区的人口、收入、产出、资本和增长等方面的差异进行的研究，将局部静态均衡的微观区位论动态化、综合化，并根据区域的经济综合发展要求，把研究重点由部门区位决策转向区域综合分析转化。他还建立了区域的总体空间模型，研究了区域总体均衡及各种要素对区域总体均衡的影响[10]。

（四）普雷德行为学派区位论

美国经济学家 A·R·普雷德于 1967 年出版了《行为与区位》，强调现代区位论要做多因素的综合研究。他的研究加入了对人的主观因素的考虑与分析，引入认知与行为分析区位选择，提出了企业应尽可能利用所获取的社会、经济环境的信息，优化决策行为，指出要通过与环境及其他企业之间的依赖关系以减少企业区位选择的不确定性[11]。普雷德强调信息因素对工业区位决策的影响，详细研究了行为因素对工业区位的影响，发展了D·M·史密斯的空间成本曲线和获利边际理论，认为许多工厂并非建立在最佳区位上，这与企业家个人行为因素，掌握信息的数量和质量，以及运用信息的能力有关①。行为学派区位论指出过去区位论侧重于劳动费、运费、地方税、市场利益、工业气候以及建筑用地与工厂用地的可能性等外部区位因素，而忽视了个人决策和爱好、事务所的合并、兄弟企业扩张等内部区位因素，指出人类可能的行为空间要受到技术、财政、制度和生物学的制约，强调从时间与空间的连续体角度研究个人与行为的关系②。

普雷德把决策者的决策描述为某种情况下有关信息的数量与质量，创立了行为矩阵模型（图6–2③），行为矩阵的纵轴代表信息的数量与质量，横轴代表运用信息的能力，不同决策者其决策结果处于矩阵中的不同位置，愈接近右下角表明决策者的决策结果愈有接近最佳区位的可能性，随着时间的推移，决策者掌握、运用信息的能力不断增强[11–12]。

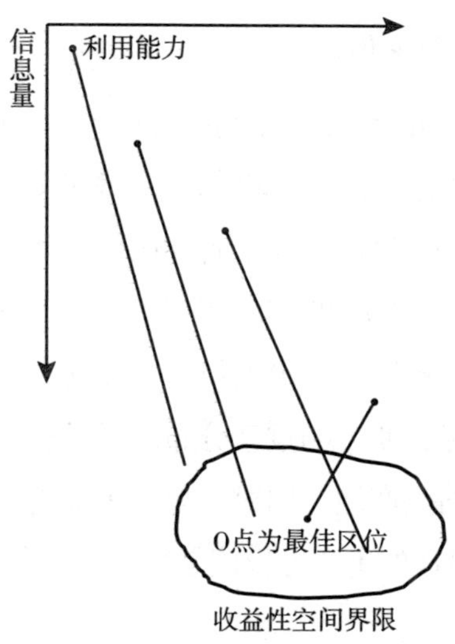

图6–2 行为矩阵

① http://www.doc88.com/p–0029212792792.html。

② https://wiki.mbalib.com/wiki/%E5%B7%A5%E4%B8%9A%E5%8C%BA%E4%BD%8D%E8%AE%BA。

③ https://wenku.baidu.com/view/5f80ff51cfc789eb172dc8f9.html。

二、空间区位竞争理论

（一）霍特林模型

美国数学家经济学家哈罗德·霍特林（Harold Hotelling）在 1929 撰写论文，提供了一个可为厂商在空间区位竞争中确定厂商的位置及其空间均衡状态的性质的分析框架，开启了学界研究有关空间竞争的问题[13]。霍特林假定企业的生产费一定，市场不是韦伯工业区位所讲的点状市场，而是假定在区域中分布的线状市场，各个企业都尽力以低于竞争企业的价格向消费者销售，而最终价格与克服企业与消费者间的距离所支付的运费大小有关。霍特林建立了区位竞争的"最小差异原则"，即在空间竞争中的企业总是相互靠近而集聚于市场中心，例如，在一个双头垄断市场中，通过同时选择的区位和价格策略行为，实现了策略主体集聚在市场中心的区位均衡[14-15]。

（二）帕兰德市场竞争区位论

瑞典经济学家托德·帕兰德（Tord Palander）在 1935 年完成学位论文《区位理论研究》，在劳恩哈特的市场区理论和空间竞争双头垄断模型的基础上提出了不完全竞争市场理论，以价格为变量研究区位空间的均衡，同时在运费分析上，提出了远距离运费衰减的规律[10]，帕兰德市场竞争区位论采用动态经济分析方法研究竞争产业的市场区，提出人口分布变化，新技术和新产品的引进都可以改变原市场分布状况，使市场重新分布。帕兰德也认为在区位选择时，运费最小地点当然是最佳的生产地，同时，他提出随着生产地的选择，其他所有的费用也在发生变化，最佳的生产地应该是生产的所有费用的总和最小①。

三、服务业区位选择理论

（一）中心地理论

中心地理论主要适用于研究城市体系、零售业、集市和以个人为对象的

① https://wenku.baidu.com/view/f1ed616448d7c1c708a14589.html。

服务业。服务活动的最佳区位模型是在中心地理论的基础上建立起来的。德国地理学家沃尔特·克里斯泰勒（Walter Christaller）于1933年发表了博士论文《德国南部的中心地》，创立了中心地理论[16]。为简化研究，中心地理论也进行了严格的假设：①研究的地区为地表均质的平原且资源均匀分布，②人口及购买力均匀分布，③区域内交通运输同样方便和容易。在此假设下，一个独立的城镇其影响范围多倾向于圆形，但是相邻中心地的圆形影响范围常产生重复交叉，为克服这一困难，中心地圆周围体系用六边形体系代替[17]。

中心地理论表明：①区域有中心且中心有等级，②中心地与补充区相适应且补充区以六边形为最佳（图6-1），③存在按市场最优原则、交通最优原则、行政最优原则等构建的等级体系[18]。中心地理论认为，产品的等级由价格、购买率、门槛和范围4个因素所决定。高级产品或服务价格比较高，其市场范围也很大，受距离衰减规律的限制较低；低级产品购买率较高、市场范围小，销售商之间的距离很近。

（二）服务业集聚理论

服务业在空间上的集聚趋势比工业生产活动的空间集聚趋势更为明显，特别是一些中枢事务部门大都高度集中于中央商务区（Central Business District，CBD）。同样，集聚的类型既有同种行业的集聚又有异种行业的集聚。服务业的同种行业和异种行业在空间上的集聚都可得到集聚利益。中央商务区是服务业重要的集聚空间，是城市经济活动的核心。

从宏观角度看，中央商务区是经济全球化背景下产业分工的必然结果，是经济在市场空间交易机制的作用下进行更大范围高效聚集的空间组织方式。从微观角度看，中央商务区是中心城市承载高端现代服务业的产业聚集区。从功能角度看，中央商务区是银行业、保险业、证券交易所、企业总部、高端零售行业、贸易物流业、管理咨询业、律师和会计师行业以及其他相关产业高度聚集的地区[19]。

中央商务区已成为一个城市、一个区域的经济发展中枢。2018年的中央12号文件明确提出：支持海南推进总部基地建设，鼓励跨国企业、国内大型企业集团在海南设立国际总部和区域总部。

四、南繁产业的区位选择

产业区位论主要以偏中微观视角研究产业等经济活动在空间上的最优选择与组合。南繁产业选择在三亚进行布局，不仅有自然资源禀赋原因、历史原因、种质资源深入挖掘利用①的原因、科技与人才资源不断聚集的原因，还有地方政府持续地支持和引导的原因。

（一）南繁核心区的区位确定

三亚类似于杜能圈中的中心城市。三亚市作为琼南地的中心城市有其政策依据和历史传统。南繁在崖县（现为三亚市崖州区）发扬光大，辐射到乐东县、陵水县等琼南地区甚至东方、昌江、临高县等西部及北部地区。在海南自贸区（港）的建设中，三亚和海口都是重中之重。

迄今为止，在每年南繁季节里，全国有 29 个省（市、自治区），700 多家科研单位、高等院校、种子企业，7000 多名农业专家学者，云集到海南岛南部的三亚、乐东、陵水等市县开展南繁育种工作，南繁用地面积稳定在 20 万亩左右。其中，到三亚南繁的有 26 个省（市、自治区）的 340 多家南繁单位，在三亚南繁的单位还在逐年增加。

（二）南繁纳入三亚市的城市功能定位

"结构决定功能②"。南繁作为三亚热带高效农业的科技担当和面向未来的产业，是三亚市第一产业和第三产业的重要组成部分。三亚历来重视南繁，不仅划拨土地、设立机构，还纳入预算管理。三亚已经成体系地支持南繁的规划建设发展。

2005 年，三亚市在省委省政府的支持下，规划建设以南繁为主题的"中国三亚农业科学城"；2012 年，规划建设以南繁为主题的"海南三亚国家农

① 袁隆平院士率团队在三亚找到了水稻野生败育材料"野败"，从而完成了三系杂交水稻的配套，实现了杂交水稻的商业化。

② 系统的结构决定功能是系统工程论中的重要原理。

业科技园区”；2015 年，规划建设以南繁为主题的“三亚海棠湾水稻国家公园”；2017 年，规划建设“国家南繁生物育种专区”；2018 年，直接点题规划建设“南繁科技城”；2019 年，建设以南繁种业为主题的“崖州区国家现代农业产业园”。

（三）三亚是我国种业信息聚集地

南繁的空间聚集为三亚带来了品种、市场、科研等信息资源，让三亚更有机会提升其在种业市场网中心地的级别。海南省南繁管理局①、各省市区南繁管理服务机构等南繁的行政管理枢纽也纷纷设立在三亚，省内部分种子公司也有迁往三亚的动机和趋势。南繁在三亚的空间聚集增强了种业机构对三亚的空间依赖，在三亚设立机构将有助于决策者的决策愈有接近行为矩阵最佳区位的可能性。

（四）南繁中央商务区正在规划建设

如前所述，种业本质上是高科技产业，属于服务业。同时，随着海南省“多规合一”，国土空间结构加速优化重构和产业空间结构快速拓展。规划建设南繁科技城就是响应“多规合一”，打造以南繁为主题的三亚崖州新城的中央商务区，为建成南繁“硅谷”奠定基础。

同时，选择在三亚市崖州区建设南繁中央商务区，本身也受到多种因素限定：①三亚供地的现实原因，除了崖州区，三亚其他行政区已无足够的土地包括农业土地以实现产城融合式发展。②多规合一条件限定下，各个行政区的发展重点不同。③崖州区是三亚南繁的核心区域，且对乐东县等海南西部市县有较强的带动辐射作用。

参考文献

[1] 郑冬子. 论工业区位的迁移——以韦伯工业区位论为例 [J]. 信阳师范学院学报（自然科学版），2001（01）：85-90.

[2] 保建. 企业区位理论的古典基础——韦伯工业区位理论体系述评 [J]. 人文杂

① 海南省南繁管理局在国家农业农村部的授权下，行使国家南繁管理与服务的职能。

志，2002（04）：57-61.

[3] 李炯光．韦伯的工业区位论及其对我国区域经济研究的意义［J］．重庆三峡学院学报，2002（02）：73-76.

[4] 江淑文．阿尔弗雷德·韦伯的工业区位理论述评［J］．台声．新视角，2005(01)：43-44.

[5] 者吉莲．评述廖什的市场区位论及其在实践中的应用［J］．金融经济，2006(08)：134-135.

[6] 刘虹．廖施市场区位论评述［J］．地域研究与开发，1988（03）：59-61.

[7] 赵建军．中心地理论在实践中的应用［J］．青岛大学师范学院学报，2001（02）：48-50.

[8] 邓胜华．城市工业用地集约利用评价与潜力挖掘［D］．武汉：华中农业大学，2011.

[9] 梅冠群，陈伟博．从传统区位论到区域科学的逻辑演变脉络透视［J］．商业经济研究，2015（25）：128-130.

[10] 涂妍，陈文福．古典区位论到新古典区位论：一个综述［J］．河南师范大学学报（哲学社会科学版），2003（05）：38-42.

[11] 刘继生．行为区位论的初步研究［J］．人文地理，1992（03）：40-47.

[12] 赵荣、王恩涌等．人文地理学（第二版）［M］．北京：高等教育出版社，2006.

[13] 肖光恩，金田．霍特林模型与空间区位竞争理论的拓展［J］．理论月刊，2007（03）：148-152.

[14] 洪开荣．战略性区位理论及其发展［J］．地域研究与开发，2002（01）：1-4.

[15] 高建刚．"最小差异化原则"还是"最大差异化原则"？——兼论 Hotelling 模型及其发展［J］．产业经济评论，2010，9（02）：27-46.

[16] 李小建．经济地理学［M］．北京：高等教育出版社，2006.

[17] T·R·威利姆斯，张文合．中心地理论［J］．地理译报，1988（03）：1-5.

[18] 葛本中．中心地理论评介及其发展趋势研究［J］．安徽师大学报（自然科学版），1989（02）：80-88.

[19] 韩晓生．中央商务区理论的缘起及发展模式分析［J］．城市问题，2014（09）：35-41.

第七章

产业空间结构理论

一、增长极理论

（一）起源和发展

1955 年，法国经济学家弗朗索瓦·帕鲁（Francois Pernoux）基于论文《经济空间：理论与应用》（1950 年），在其论文《略论增长极概念》中，提出“增长级（Growth Pole）”这一概念，以及 20 世纪的经济是以支配效应为特征的、以结构变化为特点的非均衡增长；其在 1961 年发表的《区域推进型企业和推进型区域》构建了区域增长极分析的理论模型。1981 年，帕鲁在其著作《二十世纪的经济》中进一步明确[1]。帕鲁增长极概念的出发点是抽象的经济空间，帕鲁用“推动性单元（Propulsive Unit）①”来说明诱导经济增长或创新的经济单位，增长极就是在特定环境中的推动性单元；指出增长极的形成实质是推进型企业和以推进型企业为主导的产业综合体在空间上的集中[2]。1966 年法国经济学家布德维尔（J·R·Boudeville）在其著作《区域经济规划问题》中将增长级概念在特定地理空间和区域背景中运用，通过空间概念的转换将增长级概念极化空间和极化区域中的节点联系起来[1]。

增长极理论在其后续发展中形成了功能增长级和地理增长极（增长中心，Growth Center）两个流派，功能派认为从经济空间转换到地理空间时，就是寻找一个在包括地理空间在内的所有方面具有增长极特征的对象或节点，这一流派的代表是布德维尔；而另一派将地理空间中的增长极模型视为“模拟模

① 会对其他经济单元产生支配效应（Domination Effect）的单元。

型（Analogue Model）"。即，承认佩鲁的极化原则主要应用于经济空间，但也要分析这些原则能否从经济空间向地理空间转换提供模拟假说，指出增长级代表一个城市中心或城镇，以及城市与区域发展的关系[1]。

（二）内　涵

佩鲁的增长极理论是强调区域经济不平衡发展的理论，而不是区域社会经济发展的地域组织模式，且深受熊彼得创新理论的影响[3]。佩鲁从抽象的经济空间出发，认为经济空间存在着若干中心、力场或极，产生类似"磁极"作用的力和一定范围的"场"，并且总是处于非平衡状况的极化过程中，提出经济增长是在不同部门、行业或地区，按照不同的速度和不平衡地增长[4]。

佩鲁增长极理论有三个核心效应[5]：①占支配地位的企业发挥的支配效应；②支配型企业与其他企业（或周边地区）之间存在的连锁效应；③这种连锁效应引发的乘数效应，占支配地位的企业通过这种乘数效应带动其他企业（或外围区）的发展，最终实现分配的均衡，即分配效应。

增长极理论重视技术创新和制度创新对其他经济单位产生影响，通过技术的创新和扩散、资本的集中与输出、规模经济效益和经济聚集，迫使其他经济单位产生相应的变化[6]。佩鲁和布德维尔的增长极理论主张，发展中国家需要规划建设增长极，推动产业聚集形成产业综合体，以实现区域经济的动态、联动和整体发展，并指出发展中国家要实现工业化和经济增长既可依靠政府自上而下的引导和规划，也可以通过市场力量自发形成[5]。

（三）制约条件

佩鲁和布德维尔的理论是不均衡发展理论的杰出代表，但增长极理论能否发挥理想的区域经济效应受到一系列条件制约[7]：①是否为成熟的市场经济体制；②是否具有创新能力和高关联度的产业集群，是否存在有创新精神的企业和企业家，是否能不断涌现新技术、新产品、新组织与新生产方法；③是否具备规模经济效益包括相当规模的资本、技术、人才等；④是否有完善的基础设施；⑤是否有政府有效的引导。

二、循环积累因果理论

（一）起源和发展

循环累积因果①理论（the Principle of Circular Cumulative Causation）是瑞典经济学家、诺贝尔经济学奖获得者冈纳·缪尔达尔（Gunnar Myrdal）于1944年在其报告《进退维谷的美国：黑人问题和现代民主》②中首次提出的，后又在其相继发表的《国际经济》（1956年）、《富裕国家和贫穷国家》（1957年）、《经济理论和不发达地区》（1957年）和《亚洲戏剧：南亚贫困问题研究》③（1968年）等著作中对这一理论加以丰富和完善[4]。

《经济理论和不发达地区》中提出了回流效应（又称回波效应，Backwash Effect）、扩展效应（又称扩散效应，Spread Effect），提出地理上的二元经济结构及如何消除，解释了经济发达地区（发展极）对其他落后地区的双重作用和影响，并指出在市场机制下，回流效应远大于扩展效应。缪尔达尔认为，社会经济发展的过程就是一种动态的各种因素包括产出与收入、生产和生活水平、制度和政策等相互作用、互为因果、循环积累的非均衡发展过程[5]。

缪尔达尔用回波效应、扩散效应这一对概念解决循环累积因果关系。其中[8]：回波效应是指受到收益差异的影响，经济活动扩张地区会吸引周边地区的劳动力、资本、技术等生产要素流入，从而加快该地区的发展，造成周边地区的发展减速，导致地区间差距拉大；扩散效应是指当经济活动扩张地区发展到一定程度后，由于人口稠密、交通拥堵、资本过剩等原因使生产成本上升、发展速度放缓，导致资本、劳动力、技术等生产要素向周边地区扩散，具有缩小地区之间差距的效果。

---

① 累积因果（Cumulative Causation）是美国旧制度学派的开创者托斯丹·凡勃伦（Thorstein Veblen）所提出的。

② 或译为《美国的两难处境》。

③ 缪尔达尔凭借《亚洲戏剧：南亚贫困问题研究》获得1974年诺贝尔经济学奖。

（二）内　涵

循环累积因果论认为[9]：在一个动态的社会经济发展过程中，社会经济各有关因素间是相互联系、相互影响、互为因果的且并行和累积，系统中 A、B 两因素，若因素 A 发生变化（称之初始变化），则会引起因素 B 的变化，因为此系统就不存在均衡或静止点，所以 B 变化反之又会推动 A 变化，使 A 加强了之前对 B 施加影响时的初始变化的趋势。如此循环往复，导致社会经济沿着初始变化的方向发展，从而形成累积性的循环发展态势。不同领域间的相对自主权越大，相互依赖性越小，则循环和累积作用越弱[10]。

循环累积因果论解释了制度和经济增长之间的辩证关系，以及不平等与经济发展关系。缪尔达尔认为，制度所决定的权力结构才是决定资源配置的最基础的因素，因此把制度建设作为发展中国家发展的必经之路，强调制度和体制改革的重要性[9]，试图在更为广阔的"经济的"和"非经济的"因素中建立起循环累积关系[10]。缪尔达尔的循环累积因果原则实际上就是自我强化与规模报酬递增现象。

缪尔达尔指出，由于市场机制的作用，回波效应总是先于和大于扩散效应，且在持续累积作用下，会带来恶性的循环，使经济在空间上出现"二元经济"结构，即经济发达地区和经济不发达地区。因此，政府应采取提高扩散效应的政策，缩小地区之间的差距[8]。

三、极化 – 涓滴效应理论

（一）起源和发展

阿尔伯特·赫希曼（Albert Hirschman）在对一个国家内区域之间的经济关系进行深入研究的基础上，在《不发达国家中的投资政策与"二元性"》一文中提出极化 – 涓滴效应理论，1958 年其在《经济发展战略》一书中进一步做了阐述。极化 – 涓滴效应理论解释经济不平衡增长及其在区域间的传递机制，指出经济进步不会同时出现在所有地方，且经济进步一旦出现，强有力的因素必然使经济增长集中于起始点及附近地域，但核心区的聚集不可能无限地进行下去，因为在区域不平衡发展过程中将产生两种效应即极化效应（Polarization Effect）和涓滴效应（Trickle-down Effect）[11]。

（二）极化与涓滴的关系

赫希曼的极化－涓滴效应理论是关于经济发达区域（强域）与欠发达区域（弱域）之间经济相互作用及影响的理论。其中，极化效应指强域的发展吸引弱域的劳动力、资金、技术等要素向强域流动，从而削弱弱域的发展能力，对周边落后地区的不利影响；涓滴效应则指强域吸收弱域要素资源的同时，向弱域渗透积极因素，给弱域提供发展的机会，带动弱域共同增长，对周边落后地区的有利影响[12]。赫希曼指出，长期的地理渗透作用会减少区域经济发展差异，在区域经济发展中，涓滴效应最终会大于极化效应而占据主导地位[11]，不能只依靠市场机制的作用，还需要政府的必要干预[6]。

四、核心－边缘理论

（一）起源和发展

核心－边缘理论①着重探讨区域“核心（中心）”与“边缘（外围）”地区的协同发展问题，是区域不平衡发展理论的代表性理论之一。1966年，规划领域的泰斗约翰·弗里德曼（John Friechmann）在其学术著作《区域发展政策》中首次提出了核心－边缘理论，建立了一整套有关空间发展规划的极化发展的理论体系，成为区域规划的重要理论支撑。1971年，弗里德曼在其著作《极化增长的一般理论》中吸纳约瑟夫·熊彼特（Joseph Schumpeter）的创新思想，将创新和发展的概念引入空间系统中，认为发展是通过创新逐步累积而实现的，进一步优化将核心－边缘理论从空间经济扩展至社会生活各个层面，广泛应用于指导区域的规划与开发[13]。

---

① 为了与新经济地理学派提出的核心－外围模型以及普雷维什、沃勒斯坦中心－外围结构分析法相区别。

1972年，弗里德曼在其代表作《极化发展的通论》中试图提炼普遍适应发达国家和发展中国家的空间规划基础的理论体系，以阐明区域空间结构和形态变化[3]。弗里德曼将区域分为聚集社会经济活动的中心区（结节区）和社会经济不发达的边缘区。中心区从边缘区吸收生产要素进行生产和创新，并且反过来向边缘区扩散，从而促进整个区域的发展[14]。

（二）核心－边缘理论与相似结构的区别

"核心－边缘"分析构架适用范围非常广泛，有众多不同的理念。如弗里德曼的核心－边缘理论、普雷维什与沃勒斯坦中心－外围结构分析思想、克鲁格曼核心－外围模型（产业集群重点理论之一）之间并不存在重大联系和继承关系，基本上是相互平行的三个理论。

1. 中心－外围结构分析法

普雷维什与沃勒斯坦的中心－外围结构分析法起源于1949年劳尔·普雷维什（Rain Pulevision）在一份联合国经济报告《拉美的经济发展及其主要问题》中，首次用"中心－外围"的结构性概念来阐述发达国家与落后国家"中心－外围"这种不平等的依附体系。普雷维什将工业化水平作为中心与外围的界定标准，其在20世纪70年代末出版的《外围资本主义：危机与改造》中指出中心与外围的结构性差异，而这种差异的原因是中心国资本主义的向心性及保护主义造成的，着重强调两点：①中心国家的经济发展期模式是不可复制的；②外围国应当放弃出口初级产品的外向型发展模式，实施进口替代战略①（Import Substitution Strategy）[15]。从20世纪60年代开始，这一分析结构得到了广泛的发展，相关研究的代表成果有安德烈·弗兰克（Andre Frank）与萨米尔·阿明（Samir Amin）的依附论以及汉斯·辛格（Hans Singer）的贸易条件全面恶化论等[13]。

1974年，伊曼纽尔·沃勒斯坦（Immanuel Wallerstein）进一步推广了中心－外围这一结构分析思想。1974年，沃勒斯坦的著作《现代世界体系（第一卷）：16世纪资本主义农业和欧洲世界经济的起源》将世界看作一个整体，

① 进口替代战略又称进口替代工业化政策，是指用本国产品来替代进口品，或者说，通过限制工业制成品的进口来促进本国工业化的战略。

通过对政治、经济和文明三个层面的分析，深刻揭示了中心－半边缘－边缘格局（或称中心－边缘格局）的发展变迁、运作机制以及不平等的等级制体系[16]；指出边缘国若要取得经济腾飞，一是可以通过利用自身的优势和世界经济周期，摆脱对中心的依赖，沿着现代世界体系的结构层次，层层跳级；二是反体系运动，建立社会主义世界政府，创造一个新的社会秩序[17]。

中心－外围结构分析有四大内容[17]：①核心－外围分析法建立在旧的国际分工的基础上，中心和边缘不仅指地理上的两个地域，更是代表两种不同的经济社会形态，体现当前世界一分为二的格局；②以中心与外围之间的结构分析作为研究的主线，体现中心（中心国）与边缘（外围国）的动态统一和依附关系；③中心－外围分析法重点研究对象是外围资本主义经济，研究外围国的"突围"路径；④中心－外围分析法反对新自由主义学派现代化理论所倡导的"西化"模式，提出外围国要从边缘资本主义中解放出来，走上自力更生的独立发展道路。

2. 核心－外围模型

核心－外围模型由新经济地理学派创始人、诺贝尔经济学奖获得者保罗·克鲁格曼（Paul Krugman）创建。1991 年，克鲁格曼在论文《收益递增和经济地理》中基于 D–S 模型（迪克希特－斯蒂格利茨垄断竞争模型）提出了核心－边缘模型（CP 模型），为新经济地理学的发展奠定了基础[18–19]。

克鲁格曼将空间结构因素引入经济学分析中，以市场不完全竞争、运输成本最小化和规模报酬递增为基石，运用规范的数学模型分析法，建构了核心－外围模型，研究集群的动态过程以及在过程中发挥作用的影响因素[20]，并解释了厂商层面的收益递增、运输成本和要素流动三者之间相互作用促进空间经济结构的形成与演化。

（三）主要内容

弗里德曼利用中心－边缘理论来阐明区域经济空间结构的演变，即一个区域怎样从互不关联、孤立发展，到发展不平衡，再由极不平衡发展，到相互关联平衡发展的区域系统[20]。弗里德曼利用拉尔夫·达伦多夫（R·Dahrendorf）社会变迁理论，把内在相关而实际上却被分离的社会变迁理论与空间理论联系起来，将权力与权威的概念引入空间系统并阐述其对创新活动的影响，最终得到实现空间系统统一的合理途径[21]。弗里德曼以空间结构、产业特征和制度背景为标准，将区域经济发展分为前工业阶段、过渡阶段、工业阶段和后工业阶段四个主要阶段。

弗里德曼从依附关系、支配地位的自我强化、核心区创新活动向边缘区的渗透、格局的变化四个方面阐述了空间系统中的这种权威－依附关系的机制[21]：一是依附关系是指核心区支配着大量的心理资源、物质资源和强制性资源以维持其核心地位，而边缘区只能处于接受监督、中立、同化或取代的地位；二是自我强化是指核心区强化自身对边缘区支配地位的过程中有自我强化之势，核心区通过支配效应、信息效应、心理效应、现代化效应、连锁效应和生产效应①[22]6种反馈机制保持和巩固对外围区的支配地位；三是核心区创新活动向边缘区的渗透是指核心区通过扩大输往边缘区的信息流，使创新活动向边缘区渗透；四是格局的变化是指核心区对边缘区扩散效应的加速会导致新形成的核心区与原有的老核心区真正分享决策权。

五、梯度推移理论

（一）起源和发展

杜能是最早发现经济生活中的梯度现象的经济学家。但梯度推移理论（又称梯度发展理论）源于跨国企业问题专家拉坦·弗农（Ruttan Vernon）等创立的工业产品生产周期循环理论，后经威尔斯（Wells）和赫希哲（Hirsh）完善。

工业产品生产周期循环理论认为，工业产品的生产发展过程与生态系统

---

① 信息效应是核心内部潜在相互作用的增加，主导效应是人文和资本资源等边缘要素自然地向核心的净转移；心理效应是成功创新对更多创新的刺激，现代化效应是核心为适应创新所发生的行为方式和社会价值观念的转化，连接效应是一个创新引起新的创新的趋势，生产效应是为创新提供有吸引力的结构支撑。其中，信息效应和心理效应常常伴随主导效应，现代化效应与连接效应和生产效应密切相连[22]。

循环运动一样必须经历创新、发展、成熟和衰退四个阶段，即产业在创新阶段获得高额利润引起产业聚集，进入发展阶段，规模不断扩大，利润下降，产业由兴旺进入成熟甚至衰退阶段；同时，新的产业产生，为获得较高利润，旧的产业对正转移，形成一个不断往复的循环，从而实现区域产业的梯级推进和升级（图 7–1[23]）。

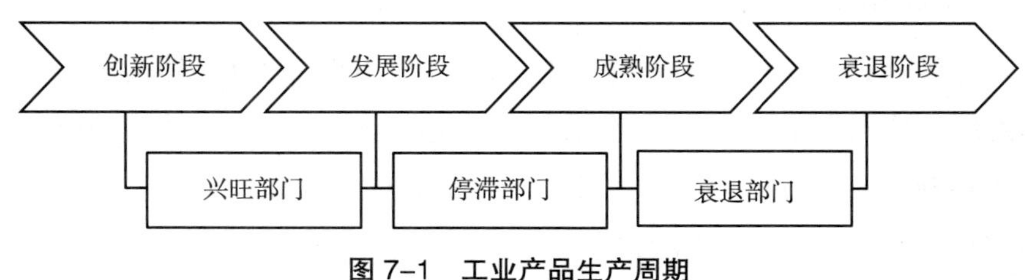

图 7–1　工业产品生产周期

此后，一些区域经济学家将工业产品生产周期循环理论引入区域经济学研究，从而形成了区域经济技术梯度推移理论。该理论认为，经济技术的发展是不平衡的，客观上存在经济技术梯度；有梯度就会产生空间推移[24]。冈纳·缪尔达尔是梯度推移动态分析领域的权威。

（二）理论主张

梯度推移理论[25]主张发达地区应首先加快发展，然后通过产业和要素向较发达地区和欠发达地区转移，以带动整个经济的发展。同时指出创新活动是决定区域发展梯度层次的决定性因素，高梯度地区则是创新活动的密集区，随着时间的推移及生命周期阶段的变化，生产活动逐渐通过多层次的城市系统，从高梯度地区向低梯度地区有序转移。

（三）在中国的应用

梯度推移理论在中国有大量的实践，已用于经济总体布局和区域经济研究，并成为区域经济发展重要理论之一[24]。中国选择将“梯度发展”与“反梯度发展”有机结合[26]，一方面大力发展沿海沿江沿边经济，另一方面实施西部大开发和脱贫攻坚[27]。梯度推移过程中，以区域之间要素禀赋为基础的比较优势差异是产业转移的经济动力，以区域之间经济联系为基础的地域分工差异是产业转移的空间动力，以经济发展水平为基础的区域梯度差异是产业转移的现实动力[11]。

六、点－轴理论

（一）起源和发展

点－轴理论（又称点轴开发理论）是区域空间结构重要理论之一。中国科学院院士陆大道于1984年基于中心地理论、增长极理论、轴线理论和技术空间扩散理论，正式提出点－轴理论，并根据点－轴理论提出了影响中国经济布局的"T"形空间结构战略[28-29]。20世纪70年代，波兰经济家萨伦巴（Piotr Zaremba）和马利士（B·Malisz）提出了点－轴开发模式[30]。

1953年，瑞典学者哈格斯特朗（T·Hagerstrand）在论文《作为创新过程的空间扩散》中提出了技术空间扩散理论，指出技术扩散是通过学习和交流等信息"有效流动"来实现的[31]。

增长极理论和中心地理论是围绕"点"研究产业空间结构，轴线理论是围绕"线"研究产业推进。其中，轴线理论源于20世纪70年代德国经济学家沃纳·松巴特（Werner Sombart）所提出的发展轴（生长轴）理论，强调了增长极作用机制与交通极化作用机制的融合，指出空间极化不仅出现在若干点上，也可出现在连接各点的重要交通干线及其沿线的线状地带上[32]。

由点－轴理论延伸而来的区域开发理论主要有陆玉麒提出的区域"双核结构理论"和魏后凯等提出的"网络开发理论"。区域双核结构理论是指省域范围内或省际范围内普遍存在省际或省域的双中心城市[33]。网络开发理论指出，当一个区域的经济发展到一定阶段以后，点、轴影响范围不断扩大，将在更大区域内形成产品、资金、劳动力、技术、信息等要素的流动网[34]。

（二）内　涵

点－轴理论认为，在国家和区域社会经济发展过程中，大部分社会经济要素在中心城镇即在具有较强的创新能力和增长能力的"点"上聚集，通过有线状基础设施联通，并形成对附近区域有较强经济吸引力和凝聚力的、有较强经济实力的产业带即“轴”。点轴相互作用形成社会经济密集带[35]。

“点”需要满足要具备产业高度相关的产业集合体、某一方面或者多个方面优势突出和一定的基础设施这三个条件，才能通过产品流、信息流、技术流对附近区域进行扩散，与区域的要素结合产生新的生产力，从而带动周围区域发展。“轴”是通过交通线、电力供应线等基础设施，联通不同级别中心城镇而形成产业开发经济带[36]。

（三）在中国的应用

陆大道院士点轴理论和“T”形发展战略理论被1987年《全国国土总体规划纲要（草案）》、1990年《全国国土总体规划纲要》，国家“八五”和“九五”计划所采纳。这不仅对中国的东南沿海经济带和长江沿岸经济带产生的巨大影响，也对西部大开发产生重大影响[33]。

七、南繁产业布局与空间结构

区域的产业空间结构影响着区域经济发展，在全球化的作用下甚至影响着国际经济的发展。南繁产业发展的理想目标就是打造南繁“硅谷”，服务全国，面向“一带一路”，构建更大空间上的更广泛联系，推动并实现南繁产业结构本地化、区际化和国际化。

（一）空间结构概述

1. 产业布局与空间结构内涵

产业布局与产业空间结构密切相关。产业布局就是偏向宏观视角合理地利用区域内环境、经济、社会等各类资源，以实现最大效益为目标，将资源在不同地域、不同产业之间进行有效配置，实现产业或企业在地域空间上的分工落地和聚集[14]。

产业空间结构（或称区域产业地域结构）是指经济区域内的各种生产要素、资源等经济内容在空间上的相互关系、相互作用与区域内动态的分布状态、组合形式、空间组织关系，是区域产业结构和空间结构相互作用的有机整体[37-38]。影响产业空间结构演变的因素主要包括自然环境基础、经济社会系统、区域发展制度与策略和创新能力等其他因素[38]。

产业空间结构组成要素由自然资源要素和社会资源要素构成。其中，自然资源要素包括区位、土地、资源禀赋等；社会资源要素包括人才、市场、政策、基建等，由两类要素构成点、线、面，形成一种产业的时空网络。产业空间结构模式一般包括单节点空间结构模式、点轴式空间结构模式、网络式空间结构模式[39]。

2. 产业空间结构演进

在特定区域内不断演进的产业体系与不断演变的空间结构相对应，两者耦合的机制是产业价值与空间价值的匹配。而产业价值与空间价值的匹配决定了产业体系与产业空间结构之间的相互耦合关系（图 7–2）[40]。

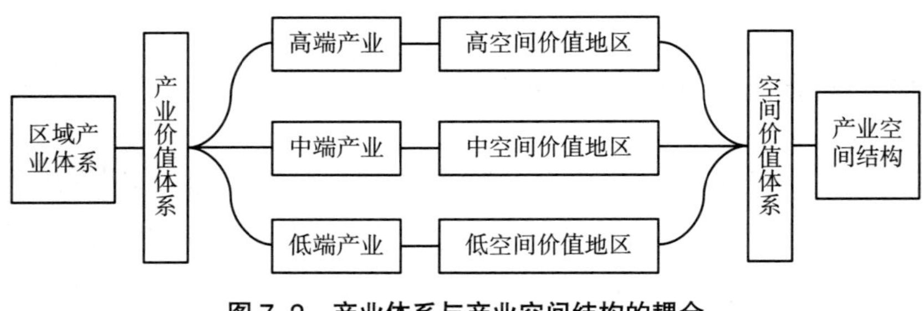

图 7–2　产业体系与产业空间结构的耦合

产业空间结构演化机制可分为地理客观机制、市场自组织机制和政府调控机制。其中，地理客观机制包括区域的地理位置、自然禀赋和已建的基础设施；市场自组织机制包括产业集聚、产业扩散、产业结构演变；政府调控机制包括财税、金融、法规以及产业政策等调控手段。三大机制互相影响、难以拆分（图 7–3）[41]。

区域产业空间结构演化是区域自我强化和通过要素流空间积累生产能力的过程，并在专业化分工中演进自身的产业空间的过程，以实现经济的发展、效率的提高，增进各产业之间协同而产生结构红利[42]。

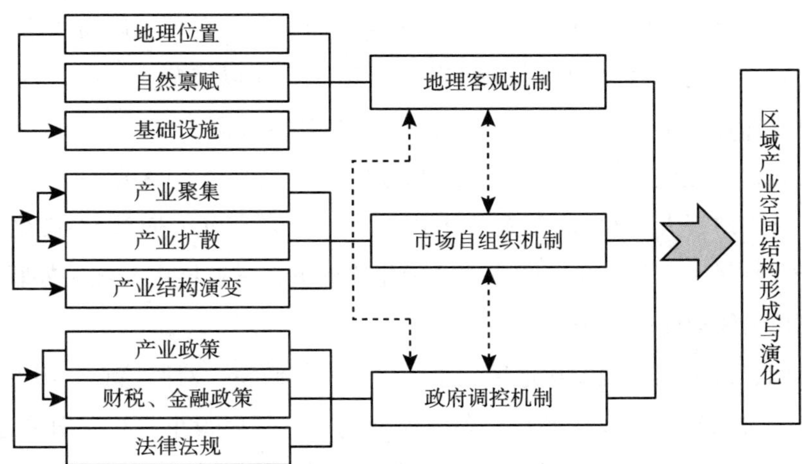

图 7–3 产业空间结构形成及演化机制

（二）现有空间结构

1. 三亚市产业结构

城市在产业空间结构理论中是区域的核心和区域产业发展的重点依托，即增长中心。因此，城市空间结构与产业空间结构紧密相关。城市空间结构涉及城市等级规模、产业体系等城市内部结构以及城市外部联系[40]。现有的三亚城市空间结构不尽合理，而且海岛经济整体发展落后于大陆沿海。

第一，三亚的城市等级规模不高。根据国务院《关于调整城市规模划分标准的通知》，三亚属于五类七档①中Ⅰ型小城市。2019 年 5 月 24 日，第一财经发布《2019 城市商业魅力排行榜》②，筛选全国 337 个地级市、计划单列市和直辖市，将其分为一线城市（4 市）、新一线城市（15 市）、二线城市（30 市）、三线城市（70 市）、四线城市（90 市）、五线城市（128 市），三亚属于第四档即三线城市。

第二，没有建立起现代产业体系。与国内众多城市基本类似，近 10 年来三亚市的第三产业比重总体上略有上升和农业比重总体上略有下降，但是三

① 从小到大：小城市（Ⅱ型小城市、Ⅰ型小城市）、中等城市、大城市（Ⅱ型大城市、Ⅰ型大城市）、特大城市、超大城市。

② https：//baike.baidu.com/item/ 中国城市新分级名单 /12702007？fr=aladdin。

亚市的三产结构 11.5∶19.8∶68.7（2018 年数据）并不合理，以新型工业为核心的第二产业的产值数量级仅达 1 亿元，第三产业以旅游业为主，科技、金融、服务外贸等服务业比重过低，对房地产依赖度较高。

第三，三亚城市外部联系较弱、吸引力小。三亚市 2018 年 GDP 为 595.51 亿元、年末户籍人口 61.46 万人、进出口总额 62.91 亿元（逆差 55.42 亿元）①、总部企业数量 8 家②，在全球化、区际化背景下，三亚城市与区域外联系弱，还未成长为辐射带动型的省域中心城市。

第四，海南属于欠发达地区，享受国家西部政策。对照核心 – 边缘结构，海南属于边缘地区，发达的珠三角对海南的经济辐射很小。与海南临近的湛江市、茂名市在广东省 21 个地级市综合指数排名倒数第三和倒数第六，其中湛江市数值仅为深圳的 17.39%③，很难受惠于泛珠三角区域（广东省本身发展就不平衡）。海南作为岛屿，存在运输、通信、能源供应、水供应以及生活工作成本高等问题，存在经济单一和规模小，从而难吸引和留住青年人才的问题，也存在企业远离市场的困境。海南岛的崛起之路必将困难重重。

2. 南繁产业空间结构

南繁产业空间结构是南繁资源要素、经济活动在时空上的聚集与离散形态，尤其是空间上的聚集程度和分布。南繁资源要素由自然资源要素和社会资源要素两类构成，其中自然资源要素包括区位、土地、资源禀赋（光温资源、水资源、动植物资源、微生物资源）等，社会资源要素包括人才、机构、市场、政策、基建、人文、品牌等，在两类要素相互作用之下，形成南繁产业的"点、线、面"，产生社会效益、经济效益和生态效益。随着时间的推移，点、线、面勾勒出南繁产业的时空网络即南繁产业空间结构，并参与区域的产业空间和产业结构的演化。

南繁涉及种业、生物技术产业等。南繁产业可分为直接产业（基础产业：制种产业、育种产业等）、依存产业（极强的带动性产业：生物技术产业、农

① 2018 年三亚市国民经济和社会发展统计公报，http：//www.sanya.gov.cn。

② 2019 年一季度三亚市经济运行分析，http：//www.sanya.gov.cn。

③ https：//zj.news.fang.com/2018-04-19/28270756.htm。

药研制产业等）、关联产业（与育种制种前后关联的产业：种子加工与贮运业、农业生产等）、派生产业（服务前述产业的服务业：保险、科普、金融、产业地产、交易服务等）。

目前，位于点、线、面上的南繁机构只是简单的空间聚集，位于点、线、面上的种子企业力量分散且不够强大，聚而不“合”，集而不“中”。不“合”主要表现在缺乏合作，缺乏稳定而坚实的利益连接机制，关联水平低；不“中”主要表现在缺少占据中位的行业领导、整合者。

从南繁机构分布上看，三亚是绝对的南繁核心聚集区，是将来南繁产业发展的增长极。但是海南种业中心和南繁中心分离，这种一北一南的现状不利于优势资源的整合和产业深度发展。

从海南种业公司分布上看，海澄文经济圈是海南省种业公司的聚集区；大三亚经济圈的种业企业数量仅为海澄文经济圈的46%，与海澄文经济圈相比，空间上更为分散，而且海口有种业上市公司、文昌有密集的水产种苗产业，因此大三亚经济圈在种业产值方面则更小、缺乏影响力。

综上分析，现有的南繁产业空间结构较为模糊。

第一，支撑节“点”，即现有南繁产业和聚集区尚不清晰。因为现有的南繁制种产业与地方结合程度不高，南繁育种产业尚处于孵化器的设计阶段，南繁科技城、生物育种专区、全球动植物种质资源引进中转基地等还在筹划建设阶段。作为重要节点的东方、乐东、陵水中仅陵水有南繁水产规划，未来能否成为南繁产业的支撑点尚不明确。

第二，支撑轴“线”，即东方－乐东－三亚－陵水等南繁产业区之间的关联较弱，貌不合、神相离。产业区之间形式上不契合，实质上缺关联，相互之间独立存在。原因是产业区之间无相互依赖基础，包括科技基础、市场基础、信息基地、中介基础等，同时也是独立的行政区。这些产业区各有独立的决策权。

第三，支撑域“面”，即南繁保护区还在起步阶段中未能聚集力量。大三亚经济圈虽覆盖到了南繁产业区，但从南繁保护区的名称上可知，国家规划的核心是保证南繁基本农田的保有量，实现对基本农田的二次保护。南繁保护区没有纳入产业功能。南繁支撑域面的质量决定着南繁产业发展的质量和潜力，需要从宏观上做好顶层设计。

第四，种业和生物技术产业整体品类较多，存在选择困境。一是种业和种苗为千亿元产值，数量级并不高，且市场细分和分化加剧。二是我国生物技术产业整体上落后于发达国家，且分子育种商业化受限。

因此，南繁产业空间结构要实现清晰化，首先要加快南北资源的有序化整合，不仅要推动南繁机构实体化，也要引导全省种业公司向海南南部的三亚迁移，还要明确大三亚经济圈市县在南繁产业上的功能定位。

（三）空间结构变化

习近平总书记"4·13"重要讲话精神和2018年中央12号文件精神给海南带来第三次战略发展机遇，也是至今最为彻底的一次变革，远远高于区域性国家战略。海南省自贸区（港）先导项目紧密开工建设、相关政策陆陆续续颁布实施势必引起热带高效农业和南繁产业空间结构的变化与调整。

现有的南繁涉及种业和水产种苗产业，可基于偏离－份额分析法对2014—2018年全国各省份种业和水产种苗①产业结构进行实证分析，研究南繁产业结构现状、产业结构演变，并提出优化措施。选择2014年作为起始年（t_0），是因为2013年12月国务院办公厅出台了《关于深化种业体制改革提高创新能力的意见》。2014年是我国种业体制改革元年，同时部分种业上市公司无2013年前的财务数据。

由于国内无统计各省份种业数据的面板数据，因此以可查询到的51家种业上市公司相关财务数据为基础。上市公司是众多公司中的佼佼者，其经营状态基本上可以代表区域内行业活力。渔业种苗产业数据源自2014—2018年5年的《中国渔业统计年鉴》。由于部分省份无种业上市公司，为合并统一分析，选取有上市公司的省份进行比较；同时，由于我国种业上市公司的营收仅占全国种业公司营收的一小部分，而水产种苗采用了全口径数据，为了保证种业和水产种苗的数据合并分析，将水产种苗的年度产值按种业上市公司占全国的比例进行缩小，以实现同一尺度内数据合并分析。

---

① 海南畜牧种苗业在全球动植物种质资源引进与中转基地建设中，未来有发展空间。海南畜牧种苗业在罗牛山等上市公司的经营下，与种业在全国水平基本一致，但因无具体的年度数据流，不列入实证。

1. 偏离－份额模型（SSM）[43-45]

一定时段内（t_0 到第 t 年间，即 2014—2018 年）地区 i 的 j 产业变化率：

$$r_{ij}=(b_{ij,t}-b_{ij,0})/b_{ij,0} \quad (j=1, 2, 3, \cdots, m) \tag{7-1}$$

其中 $b_{ij,0}$ 为起始年地区 i 的 j 产业总量，$b_{ij,t}$ 为 t 时地区 i 的 j 产业总量。

一定时段内（t_0 到第 t 年间，即 2014—2018 年）全国 j 产业的变化率：

$$R_j=(B_{j,t}-B_{j,0})/(B_{j,0}) \quad (j=1,2,3,\cdots,m) \tag{7-2}$$

其中，$B_{j,0}$ 为起始年全国的 j 产业总量，$B_{j,t}$ 为 t 时全国的 j 产业总量。

地区 i 的 j 产业总量数据标准化处理值：

$$b'_{ij}=(b_{ij,0}\times B_{j,0})/B_0 \quad (i=1, 2, 3, \cdots, n;\ j=1, 2, 3, \cdots, m) \tag{7-3}$$

其中，B_0 为全国所有产业总量。

将 t_0 到第 t 年间内区域 i 的第 j 产业部门增长量 G_{ij} 分解为 N_{ij}、P_{ij}、D_{ij} 这 3 个分量。其中，G_{ij} 为地区 i 的 j 产业总经济增量，N_{ij} 为地区 i 的 j 产业份额分量，P_{ij} 为地区 i 的 j 产业结构偏移分量，D_{ij} 为地区 i 的 j 产业竞争力偏移分量。见公式 7-4 至公式 7-7。

地区 i 的 j 产业份额分量：

$$N_{ij}=\sum_{j=1}^{m}b'_{ij}\times R_j=\sum_{j=1}^{m}[b_{ij,0}\times(B_{j,t}-B_{j,0})/B_0] \tag{7-4}$$

指 j 产业部门所在全国总量按比例分配，说明全国 j 产业发展对地区 i 的 j 产业发展的影响。

地区 i 的 j 产业结构偏移分量：

$$P_{ij}=\sum_{j=1}^{m}(b_{ij,0}-b'_{ij})R_j=\sum_{j=1}^{m}[b_{ij,0}\times(B_{j,t}-B_{j,0})/B_{j,0}]-N_{ij} \tag{7-5}$$

指假设区域增长速度与全国平均增长速度等同的情况下，区域 i 的第 j 产业部门结构优化对经济增长的贡献，反映地区 i 的产业结构对总经济增长的影响。

地区 i 的 j 产业竞争力偏移分量：

$$D_{ij}=\sum_{j=1}^{m}[b_{ij,0}\times(r_{ij}-R_i)] \tag{7-6}$$

指区域 i 的第 j 产业部门增长速度与所在全国相应产业部门增长速度的差别带来的偏差，说明地区 i 的 j 产业竞争力对总经济增长的贡献。

区域 i 的第 j 产业部门增长量：

$$G_{ij}=N_{ij}+P_{ij}+D_{ij}=b_{ij,t}-b_{ij,0} \quad ① \qquad 7-7$$

在以上基础上，分析区域比较优势和地区增长优势，见相对全国的增长率 L，经济结构效果指数 W 和竞争力指数 U，见公式 7–8 至 7–11。

总偏离分量：

$$T_{ij}=P_{ij}+D_{ij} \qquad 7-8$$

指区域 i 第 j 产业部门的区域比较优势。

相对全国的增长率：

$$L=W\times U \qquad 7-9$$

L 大于 1 则表示经济增长速度快于全国。

$$W=(\sum_{j=1}^{m}K_{j,0}\times B_{j,t}/\sum_{j=1}^{m}K_{j,0}\times B_{j,0})\times(\sum_{j=1}^{m}B_{j,t}/\sum_{j=1}^{m}B_{j,0}) \qquad 7-10$$

W 大于 1 时，P 越大表示产业结构越合理。其中，$K_{j,0}=b_{ij,0}/B_{j,0}$，表示地区 i 的 j 产业在初期所占全国的比例。

$$U=\sum_{j=1}^{m}K_{j,t}\times(B_{j,t}/\sum_{j=1}^{m}K_{j,0})\times B_{j,0} \qquad 7-11$$

U 大于 1 时，D 越大表示产业竞争力越强。其中，$K_{j,t}=b_{ij,t}/B_{j,t}$，表示地区 i 的 j 产业在末期所占全国的比例。

2. 计算结果

计算结果如下（表 7–1）。

表 7–1　我国主要省份种业种苗产业 SSM 分析结果

省　份	N 份额分量	P 结构偏离	D 竞争力分量	G 总增量	T 总偏离分量	W 结构效果	U 增长力效果	L 相对增长率
安徽	2.72	1.35	6.51	10.57	7.85	1.28	1.39	1.78

① 为避免错误（如引用 Excel 数据单元时出现错误），这两个等式均要进行运算验证。

续 表

省 份	N 份额分量	P 结构偏离	D 竞争力分量	G 总增量	T 总偏离分量	W 结构效果	U 增长力效果	L 相对增长率
北京	16.16	10.47	4.08	30.72	14.56	1.43	1.32	1.88
福建	−0.71	−1.14	0.16	−1.68	−0.97	0.97	0.88	0.86
甘肃	2.77	1.80	−10.76	−6.19	−8.96	1.43	0.62	0.89
广东	−0.53	−0.84	7.69	6.32	6.85	0.97	1.60	1.56
贵州	0.02	−0.02	0.08	0.09	0.07	1.12	1.09	1.22
海南	0.27	−0.12	−1.73	−1.57	−1.84	1.13	0.84	0.95
河北	−0.11	−0.25	0.89	0.53	0.64	1.02	1.13	1.15
河南	0.98	0.42	−4.57	−3.18	−4.16	1.25	0.73	0.91
黑龙江	3.80	2.40	−10.21	−4.01	−7.81	1.40	0.83	1.17
湖北	−1.74	−2.75	−3.25	−7.74	−6.00	0.97	0.77	0.75
湖南	2.65	1.24	11.72	15.61	12.96	1.27	1.54	1.96
江苏	6.25	3.18	7.02	16.45	10.20	1.29	1.27	1.64
江西	−0.58	−0.91	0.41	−1.07	−0.49	0.97	0.90	0.87
内蒙古	0.30	0.18	0.74	1.22	0.92	1.35	1.54	2.08
山东	1.33	−0.29	−12.46	−11.42	−12.75	1.15	0.71	0.81
陕西	−0.01	−0.04	−0.02	−0.07	−0.06	1.04	0.91	0.95
四川	−0.16	−0.40	1.64	1.07	1.23	1.03	1.15	1.18
新疆	0.81	0.51	−0.66	0.66	−0.15	1.39	1.12	1.56
云南	−0.06	−0.12	−0.09	−0.27	−0.21	1.02	0.86	0.88
浙江	0.20	−0.17	2.71	2.74	2.54	1.12	1.30	1.45
重庆	−0.02	−0.17	0.09	−0.10	−0.08	1.06	0.98	1.04

3. 产业结构分析

在 2014—2018 年，我国 22 个省份仅有 50% 的总增量 G 增长，北京位居首位。海南、福建、云南等热区呈负增长，仅广东小量增长。根据份额分量 N 数据，各省份表现差异巨大，对于海南而言，种业与水产种苗业对海南的经济带动力有限。根据结构偏离分量 P 的数据，超半数呈负值，表明我国种业与水产种苗结构不合理。根据竞争力分量 D 和总偏离分量 T 的数据，海南均呈负值，表明在全国范围内，在现有的市场竞争格局下，同时种业品类较多且国内市场被分割成若干小块，海南聚焦国内种业市场的难度比较大，难有竞争优势。根据相对增长率 L 数据，60% 的省份增速高于全国水平，对于海南而言是低于全国水平的，表明扭转趋势的阻力大，需要另辟蹊径。

4. 产业结构演变分析

表 7-1 呈现的数据表明，我国种业与水产种苗产业仍然处于剧烈的两极分化的过程中。两极分化即各省份在种业与种苗产业上差距拉大，并出现向部分区域集中的过程，给予种业与水产种苗产业小省的机会越来越少。对于海南而言，在热区省份中差距尚没有达到追不上的程度，尤其是南繁资源的产业价值并未挖掘出来。

海南的 P、D、G 近 5 年内持续走弱，涉及众多的因素，主要在于：一是上市公司神农基因在主营业务水稻种子面临巨大冲击下以及对未来科技预判等支持下，进行了战略性大调整，这从公司更名中可窥一斑（神农大丰更名为神农基因），而新的业务（科技）要产生价值需要时间，更需要新科技业务商业化能力（而不是商业化潜力）。二是海南水产种苗产业的发展受到沿海产业转型以及巨大环保压力的压制。

（四）空间结构优化策略

1. 打造省际中心城市

海南要打造省际中心城市，就需要看齐珠三角。从珠三角城市群的经济总量和竞争力上看，城市群核心聚集在省域范围内的深圳－广州－珠海三角地带，省域内经济发展较不平衡。珠三角存在显著的空间非均衡分布特征，表现出显著的圈层结构特征[46]，因此较难跨越省际带动省际经济发展。珠三角城市群与长三角城市群跨省的多核网状均衡发展有很大的不同。

其中的原因是多方面的：一是珠三角的多核相邻同属一个省，从历史视角上看，建设中的粤港澳大湾区也同属一个区；而长三角横跨多个省级行政区，多核距离及影响力优于珠三角，因此两者协同整合能力不同。二是改革开放之后，珠三角经济发育早于长三角，且港澳对珠三角经济拉动显著。

因此，现实中泛珠三角辐射能力就不如长三角：一是地理原因，包括广东、广西自治区及海南的省会（中心城市）相隔较远；二是包括广西自治区如海南的经济总量即引力小，不能像南京、杭州、上海一样成为跨省对等的增长极。

海南岛的面积是青岛的 3 倍，有条件像青岛市一样作为一个超大城市进行系统性的规划和建设。海南的大发展将有助于珠三角跨省多核网状结构的形成，通过建设自贸（区）港，海南可以成为泛珠三角城市群的重要一极，成为省际中心城市，架起产业转移对接平台，拉动边缘地区社会经济的发展。

2. 打造省域副中心城市

三亚市是琼南的中心城市，大三亚旅游经济圈规划以旅游业为支点来撬动琼南地区的发展。目前，三亚是琼南地区的旅游消费中心、航运交通中心、农业商贸中心、南繁科研中心和教育医疗中心，但尚达不到省域副中心城市①应有的制度安排、综合的功能定位和经济与人口总量。省域副中心城市是在省内具有很强的政治氛围、经济规模，产业结构层次高，是省域的科教文卫中心和交通枢纽[47]，能发挥对区域的发展支撑、集聚辐射、创新引领、控制指挥和服务枢纽等功能，推动区域经济整体协调发展[48]。

三亚市需要对标自贸区（港）和省域副中心城市，加速改革开放，快速改造机构和建立规章标准流程，以实现经济更具活力、社会更具秩序、产业更具品质、生活更具品位的目标。其中，自由港有八大特点，即政府环境宽松、投资自由化、金融自由化、贸易自由化、监管环境宽松、税赋环境优惠、法制体系完善、自然人移动自由[49]。重点对标自贸区（港）的知识体系和行政体系进行深化改革，积极打造面向自贸区（港）的行政管理体制改革实验平台与载体，以适应自贸区（港）的规划、建设、监管、服务等。

3. 优化三亚的城市空间结构

产业发展需要良好的城市产业空间结构，城市发展需要有秩序地扩张，避免城市病②。2019 年 8 月 9 日，三亚市自然资源和规划局公布了《三亚市中心城区控制性详细规划（修编及整合）》，对中心城区 160 平方千米的用地进行布局，旨在优化城市空间结构。

---

① 省域副中心城市一般是指仅次于省会城市的省域中心城市。

② 城市病指城市在发展过程中出现的人口膨胀、交通拥挤、住房困难、供水不足、能源紧缺、环境恶化、资源紧张、物价过高等“症状”。

棋盘虽已定，赢率看落子。一是将减少通勤时间与成本，以及优化城市环境作为城市空间规划的重要因子和考核目标。二是城市空间结构演变的内在驱动力是产业发展。要鼓励高附加值的二产（低能耗、低污染的新型工业）和三产（科技服务业、服务贸易）发展。三是产业布局要有耐心和重点，平衡好区域发展关系，重点打造各类园区，稳住边缘地区的发展。四是城市空间要留有足够的余地，鼓励产城融合，利用城市土地供给的稀缺性来调控高端产业与高价值空间匹配，甚至采取优惠土地政策让利高科技产业，通过政策工具来避免重走工业园区与科技园区走房地产化的旧路。

4. 让财政预算回归核心作用

政府预算是由人民代表大会核准的具有法律效力的文件，是政府调控经济和社会发展的重要手段。个人利益和部门利益的小山头围不住流动的机会，反而会贻误时机。财力不雄厚的地区更要将"好钢用在刀刃上"，必须避免财政资金撒胡椒面，更不能搞面子工程，需要集中和发挥财政资金引导产业发展。

比如培育能在三亚上市的种业及生物技术企业，能在三亚设立区域性总部的种业及生物技术企业、创新创业的种业及生物技术企业、独立法人事业单位的科研教学机构等作为唯一的财政资金投入标准，以产业实体发展情况作为财政资金绩效考核的核心指标。政府投资项目和支出也同样要以此为标准。

5. 识别大"体"，做实支撑节"点"

大"体"即趋势。在趋势面前，个体显现得非常渺小。如果南辕北辙，再好的装备和投入也会付之东流。加快培育南繁直接产业、依存产业、关联产业、派生产业，加快规划各类南繁产业园区。重点打造三亚这个产业核心区，塑造南繁产业链和南繁产业集群，培育以南繁核心的特色产业增长极；培育乐东、陵水和东方等地的产业次中心，形成区域联动。

大"体"即实情，单纯地改变现状将困难重重，得不偿失。农业重要的实情：①传统农业是捆绑了土地和农民，产值产生的过程也是将土地和劳动变现的过程，企业介入传统农业的价值增值的空间小；② 2006 年 1 月 1 日起，我国全面废除了农业税，农业企业也免征增值税和企业所得税，种业企业税收对地方财政贡献有限。

6. 聚“点”成线，联通支撑轴“线”

政府需要在产业支撑设施、营商环境上进行创新，避免大三亚经济圈内的重复建设，聚力塑造南繁产业链和产业集群。

7. 联“线”顶层，设计支撑域“面”

现有的南繁行为更接近个体行为，未真正纳入国家权威体系。为此：①将大三亚南繁产业纳入全国种业规划和全国生物技术产业规划，不仅要实现域内协同发展，也要实现全国行业内协调发展。②南繁测试结果纳入国家和省的区试和生产试验，加快品种审认定，将南繁真正嵌入国家品种审（认）定的权威体系。③在三亚建中国南方 DUS 测试中心和国际 DUS 测试合作中心。④在三亚设立中国南方植物新品种登记中心和新品种登记国际合作中心。⑤依托南繁科技城新（已有众多国字头机构入驻）建立南繁行业体系，同时加快南繁行业体系建设。

参考文献

[1] 李仁贵．增长极理论的形成与演进评述［J］．经济思想史评论，2006（01）：209–234.

[2] 李仁贵．区域经济发展中的增长极理论与政策研究［J］．经济研究，1988（09）：63–70.

[3] 安虎森．增长极理论评述［J］．南开经济研究，1997（01）：31–37.

[4] 颜鹏飞，邵秋芬．经济增长极理论研究［J］．财经理论与实践，2001（02）：2–6.

[5] 朱旭．基于增长极理论的滨海新区发展战略研究［D］．天津：天津大学，2010.

[6] 任军．增长极理论的演进及其对我国区域经济协调发展的启示［J］．内蒙古民族大学学报（社会科学版），2005（02）：51–55.

[7] 林元旦．增长极理论及制约因素分析［J］．鲁东大学学报（哲学社会科学版），2007（03）：109–112.

[8] 吕守军，严成男．循环累积因果论与资本主义的不平等——从法国调节学派理论看皮凯蒂的《21 世纪资本论》［J］．河北经贸大学学报，2015，36（06）：9–13.

[9] 王冀平．从缪尔达尔“循环积累因果理论”看“环京津贫困带”问题［J］．经济

论坛，2012（02）：19–24.

［10］杨虎涛，徐慧敏．演化经济学的循环累积因果理论——凡勃伦、缪尔达尔和卡尔多［J］．福建论坛（人文社会科学版），2014（04）：28–32.

［11］娄晓黎．产业转移与欠发达区域经济现代化［D］．长春：东北师范大学，2004.

［12］潘国清．极化与涓滴：新型城镇化进程中农民教育实证研究［J］．职业技术教育，2017，38（13）：50–55.

［13］梁攀科．中心 – 外围理论的发展及其对中国的启示［J］．科技情报开发与经济，2007（29）：170–172.

［14］贾宝军．边缘区域主导产业选择与培育研究［D］．武汉：武汉理工大学，2007.

［15］劳尔普雷维什（著），苏振兴（译）．外围资本主义，危机与改造［M/OL］，商务出版社，北京：1999.

［16］舒建中．沃勒斯坦"中心 – 边缘"论述评［J］．学术论坛，2002（06）：47–50.

［17］陈佳．中心 – 外围理论的演进及比较研究［D］．福州：福建师范大学，2011.

［18］李君华，彭玉兰．中心 – 外围模型的错误和再求解——对克鲁格曼解法的质疑［J］．经济学（季刊），2011，10（03）：1105–1130.

［19］钱学锋，张艳君．克鲁格曼真的错了吗？——对《中心 – 外围模型的错误和再求解》的质疑［J］．经济学（季刊），2011，10（03）：1131–1144.

［20］包卿，陈雄．核心 – 边缘理论的应用和发展新范式［J］．经济论坛，2006（08）：8–9.

［21］张聚华．区域经济非均衡状态下的可持续发展研究［D］．天津：天津大学，2003.

［22］崔敬．宏观区位研究［D］．大连：东北财经大学，2012.

［23］王育宝，李国平．狭义梯度推移理论的局限及其创新［J］．西安交通大学学报（社会科学版），2006（05）：25–30.

［24］牛艳梅．我国反梯度推移理论研究综述［J］．时代金融，2012（08）：23–24.

［25］区域研究与区域规划复习整理完整版重点分析（EB/OL）．原创力文档，https://max.book118.com/html/2016/0607/45066302.shtm.

［26］李具恒．区域经济广义梯度理论内在的广义梯度推移机理研究［J］．西北人口，2006（06）：53–56.

[27] 陶一桃. 经济特区与中国制度变迁的路径选择 [J]. 中国经济特区研究，2018（00）：55-86.

[28] 汪德根，陆林，陈田，等. 基于点-轴理论的旅游地系统空间结构演变研究——以呼伦贝尔-阿尔山旅游区为例 [J]. 经济地理，2005（06）：904-909.

[29] 孙坤. 基于“点-轴”理论的滇西北旅游区空间组织研究 [D]. 芜湖：安徽师范大学，2007.

[30] 邵琪伟. 中国旅游大辞典 [M]，上海：上海辞书出版社，2012.

[31] 胡晓琪. 技术空间扩散理论的最新发展及启示 [J]. 科技创新与生产力，2014（04）：31-33.

[32] 李景满. 基于点轴理论的陇东南四市空间结构研究 [D]. 兰州：兰州大学，2015.

[33] 吴传清，李群峰. 陆大道的点轴系统理论及其拓展与应用研究：一个文献述评 [J]. 经济思想史评论，2009（01）：236-256.

[34] 张建军，李琳. 区域网络开发模式的理论研究与实践探索 [J]. 西安文理学院学报（社会科学版），2006（02）：50-54.

[35] 喻发美. 基于点-轴理论的伊朗旅游空间结构研究 [D]. 重庆：西南大学，2017.

[36] 郭烽丽. 基于点轴理论的福建省旅游空间结构研究 [D]. 福州：福建师范大学，2008.

[37] 赵改栋，赵花兰. 产业-空间结构：区域经济增长的结构因素 [J]. 财经科学，2002（02）：112-115.

[38] 王波涛. 济南城市产业空间结构演变与优化研究 [D]. 济南：山东师范大学，2017.

[39] 陈理志. 云南省旅游产业空间结构演化及其优化策略 [D]. 昆明：云南师范大学，2017.

[40] 黄利春. 要素集聚、产业体系与产业空间结构 [J]. 桂海论丛，2017，33（03）：55-61.

[41] 夏泽义. 广西北部湾经济区产业空间结构研究 [D]. 成都：西南财经大学，2011.

[42] 卢万国. 粤桂黔高铁开通对核心 – 边缘产业空间结构演化的影响 [D]. 南宁：广西大学，2018.

[43] 刘宇. 江西先进制造业优势产业选择实证研究——基于偏离份额分析法 [J]. 江西理工大学学报，2019，40 (02)：42–49.

[44] 方和远，孙启明，王大庆. 基于偏离 – 份额法的海南省农业产业结构优化研究 [J]. 农场经济管理，2019 (02)：8–13.

[45] 王育宝，李国平，胡芳肖. 偏离 – 份额法与西安高新技术优势产业及其竞争力分析 [J]. 当代经济科学，2003 (03)：13–16+93.

[46] 彭芳梅. 粤港澳大湾区城市群空间结构与优化路径研究 [N]. 深圳特区报，2019–07–23 (B06).

[47] 马恒新. 省域次中心城市发展战略研究 [D]. 芜湖：安徽工程大学，2013.

[48] 曾冰. 中心城市培育与我国省际交界区经济发展研究 [D]. 北京：中央财经大学，2016.

[49] 孟广文，杨开忠，朱福林，等. 中国海南：从经济特区到综合复合型自由贸易港的嬗变 [J]. 地理研究，2018，37 (12)：2363–2382.

第八章

产业结构演变与优化理论

一、产业结构演变规律

（一）配第－克拉克定律和收入影响论

英国经济学家威廉·配第（William Petty）和科林·克拉克（Colin Clark）通过研究发现，随着国民经济的发展和人均国民收入的提高，各产业间出现收入差异，使就业人口等生产要素从第一产业向第二产业和第三产业转移；当人均国民收入水平进一步提高时，就业人口等生产要素向第三产业转移，即就业人口趋于向高收入的产业转移。这一规律性理论即配第－克拉克定律[1]。配第－克拉克定律描述了产业结构变迁的一般规律，是资本运动的结果，而不是破解资本主义制度固有矛盾的路径[2]。

19 世纪 50 年代，诺贝尔经济学奖获得者西蒙·库兹涅茨（Simon Kuznets）在配第和克拉克等人研究的基础上，运用现代经济统计方法对各国的经济历史数据进行研究，分析产业结构的变动与经济发展的关系，发现产业结构的变动受到人均国民收入变动的影响。这一成果被称为库兹涅茨人均收入影响理论[3]。

配第－克拉克定律和收入影响论说明了第一产业比重下降，第二产业和第三产业比重上升是经济发展的大趋势，而国民收入水平显著影响产业结构。根据《2018 年海南省国民经济和社会发展统计公报》，三次产业增加值占地区生产总值的比重分别为 20.7 : 22.7 : 56.6，一产虽有下降但比重依然较高。南繁产业可以横跨一产（制种产业、精品农业生产）、三产（南繁科研和南繁服务业），甚至通过产城融合带动二产（建筑业），因此既可以优化调整一产的结构、丰富三产结构，又可以促进产城融合。

（二）罗斯托经济增长阶段论

华尔特·罗斯托（Walt Rostow）从世界经济发展史的角度和技术经济层面对人类社会进行了划分，试图分析阐明一个国家经济变化的阶段性和总体的趋势[4]。罗斯托虽然否定社会生产方式在社会发展中所起到的根本性作用，但所提出的主导产业概念具有较大的参考价值。罗斯托将经济成长的过程形而上学地划分为传统社会阶段、准备起飞阶段、"起飞"阶段、走向成熟阶段、大众消费阶段、追求生活质量阶段六个阶段[5-6]。

传统社会阶段：指牛顿之前的无现代科技的阶段。

准备起飞阶段：为起飞创造前提的阶段。此时的近代科技开始在工农业中发生作用，占人口 75% 以上的劳动力逐渐从农业转移到工业、交通、商业和服务业，投资率的提高明显超过人口增长的水平。

"起飞"阶段：相当于产业革命时期，积累率在国民收入中所占的比重由 5% 增加到 10% 以上，有一种或几种经济主导部门带动国民经济的增长。

向成熟挺进阶段：此时已把一系列现代科技有效地应用于大部分资源，投资率达到 10%~20%。受技术不断进步和新兴工业的迅速发展，经济结构发生了重大变化。

高额大众消费阶段：此时的工业已经高度发达，主导部门已经转移到耐用消费品和服务业部门。

"追求生活质量"阶段：在这个阶段，主导部门已经不再是耐用消费品工业，而是为提高生活质量的产业，包括教育、保健、医疗、社会福利、文娱、旅游等。

罗斯托经济增长阶段论对南繁产业规划也有一定的启示。南繁育种科研不仅要考虑产量性状，还要考虑品质性状。以瓜果蔬菜为例，瓜果蔬菜相对于粮棉油，产值更高。我国大多数省市区都将瓜果蔬菜作为重点发展，从而使总量供过于求将是一种常态。在此常态下，优质品种受到市场青睐。因此，南繁产业规划要将优质品种和特色品种的选育放在突出的位置，以优化瓜果蔬菜的种植结构，迎合市场对高品质农产品的需求。

（三）钱纳里标准结构模式

霍利斯·钱纳里（Hollis Chenery）等在著作《发展的形式 1950—1970》中，运用统一的回归方程对 101 个国家的数据进行处理，推导出每一结构变量随着人均收入增长而变化的逻辑曲线，提出经济发展的标准结构模式即钱纳里标准结构模式，以揭示经济结构转变的一般规律和基本趋势[7]。钱纳里认为，经济发展的根本推动力是产业结构、需求结构、资源配置结构、贸易结构、城镇化过程以及收入分配制度等结构性变化等全面的结构转变，即经济增长特别是收入水平的全面提高是经济结构调整的重要前提，经济结构的调整是为适应新的收入水平而产生的必然变化，同时经济结构的全面调整也为经济规模的发展提供动力和结构化的支持[8]。

钱纳里标准结构模式解释了经济发展程度或者人均收入水平的高低，与不同产业间份额的大小存在着密切的关系，揭示了产业间存在着产业关联效应，提出工业化取决于总需求的水平和要素供给结构的转变，将经济体分为均衡配置的大国、初级产品专业化的小国以及工业专业化的小国，并将工业化进程分为三大阶段、六个时期。即，第一时期为第一阶段，为准工业化阶段。这一阶段同时是钱纳里研究的重点阶段。第二至第四时期为工业化的第二阶段，为工业化阶段。第五、第六时期为工业化的第三阶段，为后工业化阶段[8-9]。

钱纳里模型认为伴随一国经济水平的提高和经济规模的扩大，经济的各个过程都将产生结构上的变化，产业结构调整的动力是各个过程结构变化的综合影响，而这些变化产生的根本原因是一国经济的发展（图 8-1）[8]。

钱纳里标准结构模式解释了产业结构调整机制，对海南如何发展南繁产业有一定的指导意义。南繁产业的发展需要有一定的资本、政府投入和教育等积累过程；需要深入研究消费等需求结构、面向“一带一路”的种业贸易结构；需要洞悉海南人口转移、城市化趋势，通过体制机制等制度创新突破南繁产业发展的瓶颈。

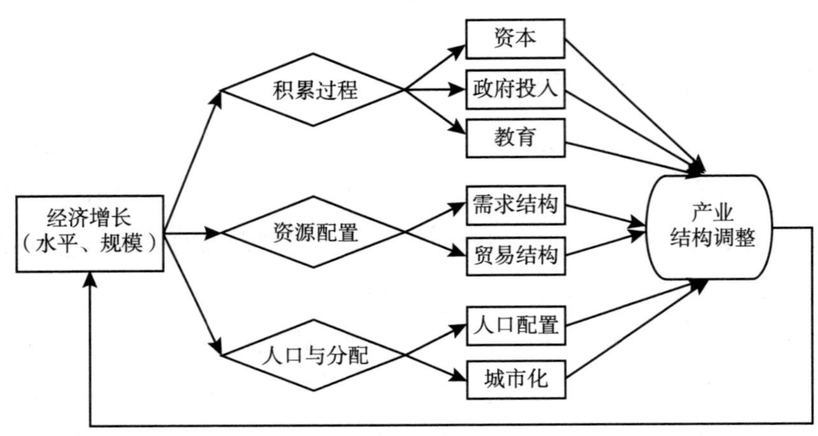

图 8-1 产业结构调整机制[8]

（四）霍夫曼工业化经验法则

德国经济学家 W·G·霍夫曼对工业化问题进行了许多富有开创性的研究。他通过总结欧美多个国家制造业部门不同历史阶段的数据，分析各国工业化过程中消费品和资本品工业部门的相对地位的变化，提出了一国的工业化是资本品工业部门比重不断增大的过程，被称为"霍夫曼工业化经验法则"的工业化阶段理论[10]。

霍夫曼工业化经验法则根据消费品工业净产值与资本品工业净产值的比例①，把工业化划分为四个发展阶段，把工业结构特征与工业化过程的阶段划分联系起来，发现霍夫曼比例呈现出不断下降的趋势[11]。

第一阶段：霍夫曼比例为（5±1），消费品工业占主导地位。

第二阶段：霍夫曼比例为（2.5±0.5），资本品工业快于消费品工业的增长，消费品工业降低到工业总产值的 50% 左右或以下。

第三阶段：霍夫曼比例为（1±0.5）。资本品工业继续快速增长，并已达到和消费品工业相平衡状态。

第四阶段：霍夫曼比例为 1 以下，资本品工业占主导地位，这一阶段被认为实现了工业化。

① 在实际应用中，霍夫曼比例往往用轻工业品净产值与重工业品净产值的比例来表示。

（五）赤松要雁行模式

20世纪30年代，日本经济学家赤松要在研究日本出口产品发展的生命周期之后，提出了一个著名的“赤松要雁行模式”。这一模式后经小岛清、大来佐武郎等日本学者继承、完善和发展，成为近代重要的国际贸易、对外投资与产业转移理论，为战后日本产业政策、对外投资政策、贸易政策等形成提供了重要的理论依据，对后进工业国家（发展中国家）推进工业化、扩大对外贸易和投资具有指导意义[12]。雁行模式的本质特征[13]包括：一是运用“进口替代”和“出口导向”的有机结合，实现后进国对先进国的“追赶型”发展；二是运用国际直接投资方式，实现先进国家（投资国）与后进国（被投资国）之间的动态产业转移；三是保持国际贸易和国际直接投资良性互动，实现不同层次产业循环正常运转。“雁阵”比喻这种传递方式，那么最上层的国家可称为“领头雁”，居中的国家可称为“雁身”，居后的国家可称为“雁尾”。

产业结构演进要与国际市场相适应。赤松要雁行模式提出日本某一产业的发展通常依次经过进口新产品、进口替代、出口替代和重新进口四个阶段，基本形式表现为“进口（导入阶段）→进口替代（国内生产阶段）→出口”。雁行模式提出后，发国首先实行“进口替代”，然后不失时机地向“出口导向”转换，形成国际垂直分工，雁行模式的过程用曲线呈倒“V”形，类似大雁列队飞行[14]。雁行模式要求将本国产业发展与国际市场紧密联系起来，使产业结构国际化，其中领头雁必须在生产和消费方面都处于雁群顶端，须有能力不断提供新技术，培育新产业，同时将比较劣势的技术和产业转移至“雁身”“雁尾”[15]。雁行模式分四个阶段[16]。

第一阶段：从研究开发新产品到国内市场形成。

第二阶段：从国内市场饱和到产品出口，开拓国际市场。

第三阶段：从国外市场形成到输出技术装备，就地生产和销售。

第四阶段：国外生产能力形成，产品以更低价格返销，迫使本国该产品减少生产，并促使新产品开发。

我国农业科技水平和种业科技水平在东南亚、南亚、非洲、南美洲等已具备一定的影响力，有成为“领头雁”的潜质。尤其是海南的自然气候条件与东南亚、南亚、非洲、南美洲等有类似之处，政府有条件引导激发出南繁育种科研创新能力，布局我国种业国际战略。但是，这些发展中国家在种业领域与我国类似，有一定的准入性的保护机制，发展种子贸易相对复杂，需要深入研究各国种子管理的相关法律和贸易规则，研究面向“一带一路”的种业贸易策略。

（六）我国产业结构优化升级实践

产业升级理论的雏形来源于雷蒙德·弗农（Raymond Vernon）于1966年发表的《产品周期中的国际投资和国际贸易》。雷蒙德·弗农在该文中提出了产品生命周期理论。他认为，产品从出现到被广泛地使用都要经过萌芽期（初创期）、成长期、成熟期和衰退期。

我国产业结构优化升级实践过程就是推进产业结构调整战略的过程。我国产业结构调整战略实践包括主动性、多维性、升级性和规则性调整，并且这种调整具有开放性、外向化和国际化的特点，突破了雁行模式的束缚以及中心–边缘的依附关系，实现了产业结构的跨越式发展[17]。

在宏观视角上，产业升级的核心是产业结构转换与增长关联理论；在中观视角上，产业升级的核心是全球价值链理论；在微观视角上，产业升级的核心是基于企业产品升级的理论，强调微观要素对产业升级的驱动作用[18]。

产业结构优化升级的实质就是原有主导产业逐步衰退和新的主导产业逐步成长的更替过程，且实现“三化”，即基础表现合理化、深度内涵高级化、实质特征高效化[19]。其中，产业合理化实质就是通过资源合理配置促进产业协调发展和聚合增长，高度契合地区发展的能力，达到供需相对平衡，从而实现社会经济平稳增长的过程；产业结构高级化（又称高度化，具有高附加值、高技术含量）就是增强发展潜力的能力，产业通过升级而达到新的层级、新的级别的过程，科技进步是产业结构高级化的直接动力；产业结构高效化就是在既定的技术条件下，低效率产业转化为高效率产业的过程，或者低效率产业比重逐渐降低和高效率产业比重逐渐增大的过程。

我国是从计划经济向市场经济逐步过渡的大体量经济体，制度与我国产业结构升级关联紧密，制度影响产业结构变迁，通过资源配置决定产业结构升级。马克思的产业结构理论以及新制度经济学中的产权理论、制度变迁理论等对我国产业结构升级有较大的影响[20]。其中，产权理论认为，产权安排直接影响了资源配置效率；制度变迁理论则认为产业革命是制度变迁的结果。制度变迁涉及财产制度、金融制度、投资制度、人口流迁制度等直接制度以及政府分权制度、汇率制度、租税制度、社会保障制度等间接制度[20]。

二、产业结构演变的影响因素

（一）科技进步

1. 科技进步催生了众多新兴产业部门[21]

提升科技水平是增强产业竞争力的关键。科技进步不仅提高了产业劳动生产率和降低了生产成本，而且科技水平决定了一个国家或地区经济发展的基本特征、产业结构的组织方式与内容以及产业竞争能力。科技孕育了新知识、新材料、新产品、新设备、新工艺和新能源，缩短新产品的开发周期，加速和扩大了社会分工的广度和深度。

2. 科技进步加快了产业结构调整的速度[21]

近代和现代世界科技与经济发展历史表明，技术发明和创新的周期与产业结构升级正相关，科技发展与进步对产业结构调整、优化和升级具有巨大的作用。在科技革命的巨大作用下，产业结构变化和改造的速度明显加快，“科学→技术→生产”的周期日益缩短。

3. 科技进步直接改变了产业分工的格局[21]

科技水平较高的国家一般在国际市场中也拥有较高的竞争能力、对外直接投资能力和市场渗透能力。这些国家极力发展高附加值的新兴产业，将劳动密集型产业向发展中国家转移，从而进一步加快国际产业分工格局发生变化。

（二）供给结构因素

1. 自然条件和资源禀赋[21]

一般而言，那些资源丰富的国家，其产业结构在一定程度上具备资源开发型的特性；而资源匮乏的国家不可能形成资源开发型的产业，如日本只能形成资源深加工型的产业结构。物以稀为贵，资源稀缺可以带来价格上涨，造成企业生产成本上升，供需平衡被打破，迫使产业结构调整。南繁产业是涉农产业，同样具有生物再生产的过程，光温、水土、地貌、灾害等自然条件和自然规律对农业影响显著。

2. 劳动力供给[21–22]

较高质量的劳动力供给有利于发展技术密集型产业，有助于产业结构升级。劳动力丰富但价格低廉、资金缺乏的国家多发展劳动密集型产业。劳动力不足而资金又比较充裕的国家多发展资本密集型产业。劳动力质量则依赖于政府对国民教育的财政投入以优化人力资本结构，大力培养创新型人才、高技能人才等高层次人才，最大限度地促进人力资源转化为人才资本。

3. 资本市场[23–25]

资本市场是现代金融体系的核心组成部分。资本市场通过融资、金融、保险等服务影响资源配置，使资本在不同产业间的投入比例发生变化，从而来影响产业结构。资本市场能明显地促进战略性新兴产业的创新性、成长性和营利性。目前，全国各地积极引导设立各类产业发展基金，引导和撬动社会资本流向区域内主导产业和新兴产业，以加速推动区域内的产业结构优化调整。

4. 制度创新

制度环境是指规范生产、交换、分配和影响国民经济产出的一系列经济、政治、社会和法律等基础规则以及行为规范，包括政府治理、产权制度、法律制度、政策体制、民俗习惯等。制度环境是区域经济社会发展的基础保障，是软环境的核心。制度约束着个人、企业的行为，对资源配置效率产生影响[26]。制度创新包括作用于微观经济主体之间的协同合作的自组织型经济制度创新和基于经济制度安排的政府层级型经济制度创新[27]。制度创新是海南全面深化改革，建设自贸区、自由港的核心任务和关键途径。也就是说，在经济层面重点减少对经济活动的垄断和管制，刺激个人、企业和市场等微观主体投资、创业与创新等。负面清单制度是近年来我国重视市场主导型诱导投资的一项政府层面的制度创新，能大幅减少政府干预经济活动，消除市场交易中的“潜规则”，创造更加公平、合理的竞争环境[28]。

（三）社会需求结构

1. 收入水平[21]

随着经济发展和收入水平的提高，需求层次也随之提高。可支配收入水平是决定一国消费的核心因素。收入的提高将会极大刺激消费需求的增加和消费结构的变化，进而带动产业结构的改变和升级。

2. 消费需求结构[22]

产业结构的变化与升级的最终目的是满足人类对生产与生活需求的不断升级。需求升级是产业升级的市场原动力。

3. 固定资产投资[22]

投资是三驾马车之一，其中固定资产投资是产业发展的重要推动力。固定资产投资结构决定了产业规模和产业调整的方向。固定资产投资的增大将推动各个产业以不同的速度扩大，从而影响原有产业结构。因此，优化投资结构是调整产业结构的重要路径。

（四）对外开放

1. 对外贸易

进口需求与出口需求同国内需求一样给产业结构升级提供了动力。资源、劳务、商品的出口对国内相关产业发挥推动作用，国内紧缺资源和劳务的进口则可弥补国内生产该类商品的产业不足[22]。贸易结构、货物贸易结构和服务贸易结构能对产业结构产生显著的正向影响[29]。一是要增加高附加值、高技术含量商品，尤其是我国短缺的此类商品的贸易比例，通过技术溢出效应加快技术进步速度；二是要通过培育高端服务业的内需市场，逐步扩大高端服务贸易。

2. 外商直接投资

外商直接投资（Foreign Direct Investment，FDI）可以引导国外相关产业的对内转移。FDI 可带来资金、技术、管理经验、就业甚至海外市场，对产业结构的影响一般是先抑制后促进。要通过政策引导优化 FDI 的流入领域和区域，使FDI朝着有利于区域产业结构优化调整的方向流入[30]。

（五）制度因素

制度因素是经济增长的重要因素。诺贝尔经济学奖获得者道格拉斯·诺思（Douglass North）提出的制度变迁（Institutional Change）理论认为，制度变迁决定技术变迁与经济增长。制度变迁是随着时间推移、环境变化，制度诸要素被替代、转换、交易的过程，是利益相关主体在收益和费用相比较发生变化时对制度的重新确定[22]。政府需要根据社会经济发展实际设计调整现有的制度安排和制度结构，为经济跨越提供便利，干预经济使市场能够正常运行，必须在产业结构演变和升级过程中发挥因势利导的作用[31]。制度变迁分为自下而上的诱致性制度变迁（或称需求主导型制度变迁，市场自发形成的打破旧的均衡状态）和自上而下的强制性制度变迁（或称供给主导型制度变迁，由政府命令和法律引入和实现）。

（六）其他软硬环境

从早期的"三通一平"，到现今的"五通一平"或"七通一平（通电、通路、通给水、通信、通排水、热力、燃气、土地平整）"，甚至引进优质教育、医疗、文化资源，为孵化产业创建良好的基础设施和生活服务设施。

三、主导产业的选择

（一）主导产业内涵

主导产业是现代产业体系的基础特征之一，是产业结构升级的动力，未来会成长为支柱产业。主导产业是指对其他产业的发展具有较大的带动作用，能够较多地吸纳先进技术，具有较高的生产率增长并决定产业结构特征及其演变趋势的产业或部门，是产业结构的核心和产业结构发展演化的关键[32]。主导产业具有增长率高、区位熵高、产业关联程度高（后向关联、前向关联、旁侧关联）、技术效应大、产业协调配套性强以及区域性明显、战略前瞻性重大等显著特征[33]。

选择并大力培育主导产业已成为区域经济发展的重要战略，是区域规划和产业规划的核心之一。选择主导产业时，既要全面考虑产业的区域“空间特性”、推动产业结构进化的产业关联“产业属性”和产业发展的动态演化“时间属性”，又要同时全面考虑选择的“必要性”和培育的“可能性”。

根据主导产业的内涵，不能将南繁产业局限于第一产业。南繁产业既是海南热带现代特色农业“王牌”的重要组成部分，又是我国现代种业的关键一环，具备成为主导产业的巨大潜力。一是种业领域的区位熵①较高，农作物种业可达到 1.15、水种种苗业可达 4.0 以上。种业种苗集中度相对较高，具有相对的比较优势。二是产业关联程度高，涵盖海南冬种瓜菜产业、水稻制种、玉米制种、瓜菜制种等高附加值种业，涉及生物育种产业、农业科技服务业等现代科技服务业，带动效应显著。三是技术效应大。全国 70% 以上的农作物育种需要通过南繁。南繁代表了我国育种科技水平。四是南繁是海南的专有名词，区域性强，较难替代。五是产业规模增长快。以水稻制种为例，从 2013 年 9.1 万亩发展到 2018 年 18 万亩（不含临高县的制种）。六是南繁已被列为海南“陆海空”未来产业之一。

（二）主导产业选择基准

1. 李嘉图比较优势基准

比较优势理论[34-35]出自大卫·李嘉图（David Ricardo）的专著《政治经济学及赋税原理》，是在亚当·斯密（Adam Smith）“绝对优势理论”的基础上拓展而来的，是基于要素禀赋的区域分工的重要思想。比较优势可源自影响供给面的要素和影响需求面要素[36]。相对优势是国际贸易利益和国际分工的基本准则，是比较优势理论发展成为主导产业的比较优势基准。比较优势基准包括静态比较优势基准和动态比较优势基准。静态比较优势基准是以当前产业结构的相对优势选择主导产业，优先发展具有相对优势的产业部门，根据其与周围产业部门的经济关系，带动周围产业部门的发展，进而形成地

① 区位熵 =（某地区某产业产值 / 该地区该类产业产值和）/（上一级该产业产值 / 该级同产业产值和）。

区经济共同体。动态比较优势基准是指当前处于比较劣势，但未来可形成比较优势，进而成为带动地区产业结构高级化演进的新兴产业作为主导产业。

例如，通过进行对农业生产进行比较优势分析，可帮助确定区域内的农产品生产和市场销售方向，优化和调整农产品内部的供给结构，扩大和增强区域农产品的影响力和竞争力。比较优势的决定因素是综合成本（生产成本、运输成本、经销成本、管理成本等）、综合收益（利润、就业、替代其他作物的增益）和品质竞争力。此外，作为农业还要具备社会经济生态效益，在特色（人无我有、人有我优、人优我新、人新我奇、人奇我精）、品质（精品和质量保证）、品牌（三标一品）上形成自身优势，并基于区域其他的优势如旅游优势、市场优势、资本优势，进行产业融合发展。

2. 赫希曼产业关联度基准

1958 年，阿尔伯特·赫希曼（Albert Hirschman）在《经济发展战略》一书中阐述了区域经济发展的非均衡现象，提出了产业关联度基准，产业关联度是指国民生产部门在产品供需关系上形成的相互依赖程度。赫希曼指出，在产业关联链中必然存在一个与前向产业（前身联系）和后向产业（后向联系）在投入产出关系中关联系数最高的产业。这个产业的发展对前向、后向产业的发展有较大的促进作用[37]。赫希曼认为，产业关联效应能够说明某一产业对其他产业的感应度强度（感应度系数）和影响力强度（影响力系数），能够为本生产部门积累资本和扩大对其他生产部门的影响。区域内感应度系数和影响力系数均较大的部门作为主导产业[38]。赫希曼基准的基本前提是基础产业完善、产业发展中没有技术约束、没有资金约束[38]。这四项前提较难同时具备，因此该基准应用面受到限制。

产业关联度基准包括罗斯托产业扩散效应基准、筱原两基准已成为主导产业选择的核心基准之一。南繁产业如何规划发展也要遵循这些基准。

3. 罗斯托产业扩散效应基准

华尔特·罗斯托（Walt Rostow）于 1960 年在《经济增长阶段》一书中提出了主导产业的概念。他认为，在任何时期，甚至在一个已经成熟并继续成长的经济体中，经济增长之所以能够保持，在于为数不多的主导部门迅速扩大，而且这种扩大又对其他产业部门产生了具有重要意义的作用，即产生了主导产业的扩散效应，包括回顾效应、旁侧效应和前向效应[39]，前向效应指主导产业部门的发展能够诱发出新的经济活动或产生新的经济部门，后向效应指主导产业部门的发展对向其提供投入品的产业部门的带动作用，旁侧效应指主导产业部门的发展对地区的影响，包括地区经济结构、基础设施、城镇建设以及人员素质等方面的影响。

罗斯托认为，应选择扩散效应最大的产业或产业群作为一国的主导产业，即罗斯托准则或扩散效应最大准则。该准则强调作为主导产业，政府要加以重点扶持，加速其发展，从而带动其他产业发展和社会进步[40]。但罗斯托产业扩散效应基准没明确指出具有可实际操作的基准判断方法。

4. 筱原两基准

明确而具体提出主导产业选择基准的是日本经济学家筱原三代平。他于20世纪50年代中期提出了收入弹性基准和生产率上升率基准。1971年，日本产业结构审议会在筱原两基准的基础上增加了“环境标准”和“劳动内容”等两条基准[41]。收入弹性系数反映某产品的市场需求对人均国民收入的依赖程度，计算公式为需求收入弹性系数 = 产品的需求增长率 / 人均国民收入增长率。系数越大说明该产品对国民收入的依赖程度越小，潜在市场份额也就越大。全要素生产率上升率 = 产出 / 全部投入要素，生产率上升率越大说明投入产出率越高，且随着科技的不断发展，生产成本会大幅下降[42]。

（三）区域主导产业的形成

1. 形成条件

根据主导产业选择基准，主导产业选择时，不仅要综合分析、考量国家产业政策、产业转移与产业演进趋势、市场需求变动趋势、科技进步因素、区域间合作与竞争能力、政治文化因素、国家安全因素和区位条件等外部条件，还要综合分析、考量区域发展阶段、区域产业基础、产业上下游合作与竞争、区域资源等要素禀赋、区域政府的政策空间、区域产业素质、区域资本存量与供给、区域制度环境和区域内的企业能力[43]。其中，资源禀赋等条件是基础条件，市场需求能力是先决条件，产业政策是必要条件，关联产业的发展是辅助条件[44]。农业主导产业的选择还需要综合考量自然资源禀赋。

欠发达区域等边缘地区主导产业的选择还要综合考量智力资源、区域创新环境等后天性资源的培育潜力。

2. 形成动因

主导产业的形成过程，实质是产业竞争力的培育过程。产业竞争力是一种综合竞争力，由生产竞争力、市场竞争力、技术竞争力和资本竞争力构成[45]。因此，主导产业的评价指标体系的构建需要综合主导产业选择基准和产业竞争力，构建符合区域主导产业评价指标。主导产业形成的动因包括[44]：产业结构升级动因，即由区域产业结构的变化而导致的，区域产业技术创新动因即通过技术创新扩散到主导产业的上下游产业推进主导产业及关系产业整体性提高，区域经济发展演进动因，即作为区域主导产业经济基础的区域经济发展方向限定的区域主导产业的方向和范围。

3. 形成路径

主导产业形成路径包括[44]：市场拉动模式、政府推动模式、混合发展模式和区域外因素诱发模式四条路径，其中市场拉动模式是指特定产业在不借助外力的前提下，依靠自身要素及优势，凭借市场对现有产业进行自然选择、培育，并在与其他产业竞争中获得生产要求、经济资源和市场份额，最终确立主导地位；政府推动模式是指特定产业在政府的扶持下获得优先发展权，在资源聚集条件下，最终成长为主导产业的过程；混合发展模式是指发挥政府和市场的双重作用，形成市场拉动和政府推动的合力，共同促进主导产业的形成与发展；区域外因素诱发模式是指利用区域外的资金、先进的技术和管理经验诱发区域内产业成长为主导产业的过程。

区域主导产业形成的实质是生产要素和资源在特定时空上的聚集与优化，从产业兴起的基础来看，可分为有基础的"现成选择"和无基础的"跨越发展"；从产业关键要素的来源看，可分为依靠自力更生形成培育优化的"自发形成"和依靠区外投资的"外力促成"[46]（表 8-1）。研究选择综合优势明显的现有产业加以巩固、优化，或者引入潜力巨大、区域匹配性强的产业尤其是战略性新兴产业进行培育，并依据区域承载能力确定主导产业数量规模。

表 8–1 区域主导产业选择模式

兴起基础＼关键要素	自发形成	外力促成
现成选择	现成选择 + 自发形成 （如海南热带特色农业）	现成选择 + 外力促成 （如南繁育制种）
跨越发展	跨越发展 + 自发形成 （如三亚旅游业）	跨越发展 + 外力促成 （如深圳高科技产业）

（四）边缘地区主导产业选择与路径

1. 边缘地区发展困境

海南属于边缘地区，经济不平衡发展是区位、历史、市场、政府、科技等多重影响的结果，经济发达地区与经济欠发达地区、核心区与边缘地区是难以避免的现实，核心区与边缘地区之间的关系不是如同太极图“此消彼长”或者零和博弈。但的确存在核心 – 边缘锁定困境，边缘地区的企业、人才、资金、技术等生产要素被核心区抽去。边缘地区要实现“蛙跳式发展”，存在众多约束因素和重重困难。主导产业的选择将是边缘地区突破核心 – 边缘困境，实现“蛙跳式发展”的核心途径。

2. 边缘地区主导产业选择基准

边缘地区主导产业的选择除遵照上述基准外，还有自身的特点。首先，要基于国家赋予区域发展的国家战略，选择能在国际国内分工中争取到有利地位的产业。其次，要考虑到现有的市场机制无法实现边缘地区的蛙跳式发展，因此需要选择政府能强力干预且能培育的产业。再次，选择对区位相对不敏感但对政策制度敏感的产业。最后，边缘地区要激活后发优势，走差异化发展的道路，明确区域优势互补、发挥区域分工协作作用，争取成为大城市高端服务业、高端制造业价值链的重要一环[47]。

3. 边缘地区主导产业形成路径[48]

市场需求能力（主导产业形成的内生动力）、经济持续快速发展（主导产业形成的原动力）、产业结构升级（主导产业形成的重要驱动力）、产业技术创新（主导产业形成的重要推动力）、政策与制度驱动（主导产业形成不可或缺的必要条件）这五类因素是边缘地区主导产业形成的主要动因。边缘地区主导产业形成的路径主要包括基于产品市场优势的中小企业发展、基于区域轮动和中国制造 2025 背景下的产业转移承接、基于科技创新能力的科技型企业快速发展这三种路径。边缘地区需要根据地区的资源禀赋、区域分工协作情况、产业机构升级要求进行制度体系建设，加快促进多路径的主导产业形成。

四、南繁主导产业的验证

（一）基于钻石理论的主导产业选择模型

区域内一般存在多种产业或者存在发展其他适合的产业，但是主导产业的选择与培育不是随机，而是经过综合评判之后有目的地筛选和重点培育，主导产业在不同时期也存在变化。南繁产业被确立为海南未来产业，这一未来产业能否成为海南的主导产业，可以通过相关的模型进行预测和验证。

区域主导产业选择的重点在于产业联系和产业链的增值，强调不同产业之间、同产业内部企业之间的产业联系，重视微观基础和产业实施主体的作用，有助于产业结构优化升级[47]。原则上区域主导产业选择的指标体系构建需要套用上节基准进行设计，指标一般原则为客观性、完备性、可行性、可比性和区域性[49]，同时还要考虑到南繁产业是海南的特色产业。特色产业是欠发达地区培育产业新动能重要选择，要将特色产业分析框架纳入主导产业分析。

但其数据获取性即可行性、可比性较难实现。鉴于数据获取难和海南省产业生产门类不全，可采用基于钻石理论的主导产业选择模型来验证南繁产业能否作为海南主导产业。即，先建立主导产业选择钻石模型[50–51]（图 8–2），然后根据模型构建指标体系（表 8–2），并匹配计算模型。

钻石模型所设定的变量组包括内生变量组和外生变量组。内生变量组有生产要素、企业战略、企业结构及同业竞争、需求条件、相关及支持产业，以及可持续发展。外生变量组为机会（主要指外部环境的重大改变，如科技进步、成本突变、经济危机等非连续性的能够解散或重塑产业结构的事件，是政府不能控制的变量）和政府。

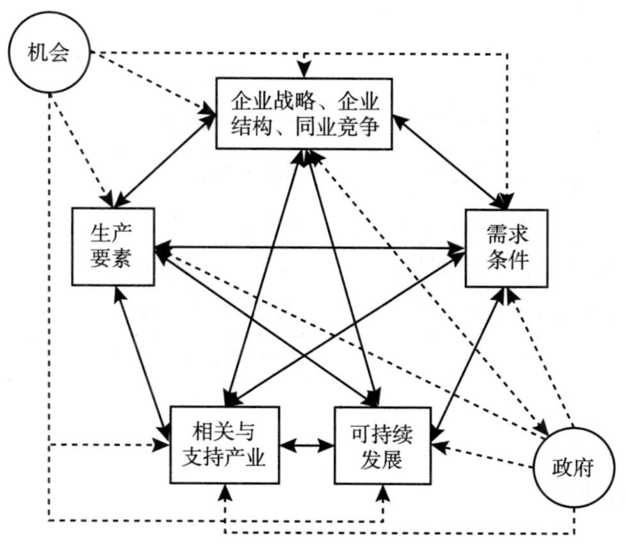

图 8-2 主导产业选择钻石模型

表 8-2 主导产业选择的指标体系

一级指标	二级指标	具体说明	产业 1、2、3……
生产要素	D1 产业资源的独特性	德尔菲专家赋值法	
	D2 产业对天然资源消耗	德尔菲专家赋值法	负面评价
	D3 产业地理位置	德尔菲专家赋值法	
需求条件	D4 可替代产品的数量	德尔菲专家赋值法	负面评价
	D5 外部市场规模	网络数据	
	D6 外部投资需求量	网络数据与专家赋值	
相关及支持产业	D7 金融业对产业支持	德尔菲专家赋值法	
	D8 产业能力的延展性	德尔菲专家赋值法	
	D9 产业链长短	德尔菲专家赋值法	
同业竞争	D10 产业间的合作竞争	德尔菲专家赋值法	
	D11 产业的总产值	统计年鉴等官方数据	
	D12 产业内企业间合作	德尔菲专家赋值法	
可持续发展	D13 产业对环境的压力	德尔菲专家赋值法	负面评价
	D14 对人才的吸引力	德尔菲专家赋值法	

续 表

一级指标	二级指标	具体说明	产业 1、2、3……
政府	D15 产业支持力度	德尔菲专家赋值法	
	D16 地区间竞争程度	德尔菲专家赋值法	负面评价
	D17 商业生态系统	网络数据和相关报告	
机会	D18 产业转移与演进趋势	德尔菲专家赋值法	
	D19 科技创新能力	德尔菲专家赋值法	
	D20 区域产业基础	网络数据，产业区位熵	

（二）构建指标体系

根据产业结构演变的影响因素和主导产业选择基准，依照基于钻石理论的主导产业选择模型，构建主导产业选择模型的指标体系[50–51]。

指标设计时，一定要选取涉及趋势性、带动性和基础性的指标。选择时还要考虑产业资源的独特性、产业能力的延展性和产业潜在能力价值[52]。资源的独特性可增大模仿难度；产业能力的延展性说明产业升级与对上下游产业的带动能力；产业潜在能力价值是产业培育新产品与服务的潜在价值。

以统计年鉴等官方统计数据等客观数据为主，或者尽量用相关近似数据替代，尽量减少专家的主观评判。南繁产业核心在三亚，因此应选择三亚的相关数据指标。但由于南繁相关数据未纳入有关统计，大部分数据同样需要参考采取费米预测法或者专家评价赋值法进行填补，因此在数据样本的选择有所缺陷（详见表 8–2）。

（三）匹配模型算法

不同的计算模型可能会产生不同的结果甚至结论，匹配何种模型算法对研究结论至关重要。参照引用不同国家竞争力的计算方法，对海南产业的竞争力进行评价，钻石模型将所有指标的权重平均化处理，引用线性加权法计算公式如下[51]：

$$ZDC_k=100\times\sum_{i=1}^{m}w_i\left(\sum_{j=1}^{l_i}w_{i,j}Y_{k\,i,j}\right)\qquad 8-1$$

式中，ZDC_k 表示海南 n 个产业中的第 k 个产业的竞争力指数。

其中，m 代表模型中不同要素的个数即一级指标的数量，此处 m 值为 7；l_i 代表第 i 个要素中的指标个数即第 i 个一级指标的二级指标数量；$Y_{ki,j}$ 为第 k 个产业的第 i 个要素的第 j 项指标无量纲处理标准化后的值；$w_i=1/m$，第 i 要素权重，取均值，此处为 1/7；$w_{i,j}$ 为第 i 个构成要素的第 j 个指标在其中的权重。$w_{i,j}$ 权重是关键性的数据，要基于 *SPSS* 软件，采用一种多元统计分析方法——主成分分析法①来综合确定权重[53-54]。

（四）参照产业选定

表 8-3 赋 值

二级指标	南繁产业	冬种瓜菜	芒果产业	橡胶产业	畜牧业	渔业	农产品加工业
D1 产业资源的独特性	1.0000	0.8000	0.6615	0.6154	0.1846	0.7231	0.0000
D2 产业对天然资源消耗	1.0000	0.4737	0.5965	0.6316	0.0000	0.2105	0.8070
D3 产业地理位置	1.0000	0.7442	0.4419	0.5116	0.0000	0.9302	0.2093
D4 可替代产品的数量	1.0000	0.8966	0.8966	0.9655	0.0000	0.6897	0.0000
D5 外部市场规模	0.0753	0.0251	0.0157	0.0000	1.0000	0.8077	0.6865
D6 外部投资需求量	1.0000	0.1023	0.0455	0.0000	0.0909	0.2955	0.0000
D7 金融业对产业支持	1.0000	0.4706	0.6618	0.0000	0.2794	0.6176	0.2059
D8 产业能力的延展性	1.0000	0.0000	0.1351	0.8378	0.0000	0.0811	0.7027
D9 产业链长短	1.0000	0.0000	0.1111	0.8333	0.0000	0.5833	0.8611
D10 产业间的合作竞争	1.0000	0.4474	0.5000	0.7632	0.2368	0.3158	0.0000
D11 产业的总产值	0.0334	0.2369	1.0000	0.0000	0.2258	0.5328	0.0486
D12 产业内企业间合作	1.0000	0.0500	0.0500	0.1000	0.1500	0.3000	0.0000
D13 产业对环境的压力	1.0000	0.6571	0.7143	0.9429	0.0000	0.2571	0.5429
D14 对人才的吸引力	1.0000	0.5625	0.6667	0.2292	0.1458	0.7708	0.0000
D15 产业支持力度	1.0000	0.6545	0.7273	0.1636	0.4909	0.5818	0.0000
D16 地区间竞争程度	1.0000	0.8864	0.7727	0.8864	0.5682	0.7045	0.0000
D17 商业生态系统	0.3571	0.4286	0.5476	1.0000	0.0000	0.7619	0.0476

① SPSS 主成分分析方法参见 https：//blog.csdn.net/qq_32925031/article/details/88540234。

续 表

二级指标	南繁产业	冬种瓜菜	芒果产业	橡胶产业	畜牧业	渔业	农产品加工业
D18 产业转移与演进趋势	1.0000	0.5000	0.7000	0.0000	0.0200	0.6000	0.2000
D19 科技创新能力	1.0000	0.5250	0.0250	0.8000	0.0000	0.3000	0.2500
D20 区域产业基础	0.0669	0.0102	0.2510	1.0000	0.0000	0.1530	0.0600

根据主导产业的内涵和海南产业发展规划要求①，将南繁产业、冬种瓜菜产业、热带果树产业、橡胶产业、畜牧养殖产业、水产养殖产业、农产品加工业等 7 个涉农产业作为分析对象，进行同类比较②。选定农业领域的产业作为对比对象之后，根据特色产业的实际，充分分析研究地方特色产业发展障碍[55]，包括生产要素障碍、需求条件障碍、相关与支持产业障碍、可持续发展面临的障碍以及企业战略、结构和同业竞争方面障碍，对 7 个涉农产业进行横向对比。根据专家赋值（邀请 3 名专家赋值，取均值）和相关的经济数据，统计相关数据经极差法处理后，见表 8–3。

（五）指标运算与分析

1. 主成分提取

通过 SPSS 运算后，可导出表 8–4 和表 8–5。

表 8–4 解释的总方差

成 分	初始特征值			提取平方和载入		
	合计	方差（%）	累积（%）	合计	方差（%）	累积（%）
*F*1	9.830	49.151	49.151	9.830	49.151	49.151
*F*2	4.397	21.985	71.137	4.397	21.985	71.137
*F*3	3.063	15.315	86.452	3.063	15.315	86.452

① 将热带农业打造成王牌是国家对海南的战略要求。

② 由于大部分数据来源于专家赋值，对比对象跨行业对专家的综合能力要求较高，跨度过大，专家赋值的准确度会降低，因此在产业选择上限定在涉农产业。

续 表

成 分	初始特征值			提取平方和载入		
	合计	方差（%）	累积（%）	合计	方差（%）	累积（%）
*F*4	1.290	6.448	92.900	1.290	6.448	92.900
*F*5	0.902	4.511	97.411			
*F*6	0.518	2.589	100.000			
*F*7	3.967E–16	1.983E–15	100.000			
*F*8	3.756E–16	1.878E–15	100.000			
*F*9	2.718E–16	1.359E–15	100.000			
*F*10	2.105E–16	1.053E–15	100.000			
*F*11	1.762E–16	8.808E–16	100.000			
*F*12	8.404E–17	4.202E–16	100.000			
*F*13	7.438E–17	3.719E–16	100.000			
*F*14	–1.502E–18	–7.510E–18	100.000			
*F*15	–1.625E–16	–8.126E–16	100.000			
*F*16	–1.702E–16	–8.509E–16	100.000			
*F*17	–2.119E–16	–1.060E–15	100.000			
*F*18	–3.279E–16	–1.640E–15	100.000			
*F*19	–4.288E–16	–2.144E–15	100.000			
*F*20	–5.181E–16	–2.591E–15	100.000			

表 8–5 成分矩阵

	主 成 分			
	*F*1	*F*2	*F*3	*F*4
D1 产业资源的独特性	0.924	–0.215	–0.271	0.113
D10 产业间的合作竞争	0.896	0.197	–0.135	0.165
D4 可替代产品的数量	0.865	0.039	–0.492	–0.059
D3 产业地理位置	0.860	–0.135	–0.026	0.123

续 表

	主成分			
	*F*1	*F*2	*F*3	*F*4
D14 对人才的吸引力	0.858	–0.484	–0.007	0.010
D6 外部投资需求量	0.783	–0.168	0.557	0.199
D18 产业转移与演进趋势	0.781	–0.480	0.215	–0.298
D16 地区间竞争程度	0.775	–0.166	–0.449	0.316
D19 科技创新能力	0.772	0.522	0.140	0.233
D12 产业内企业间合作	0.770	–0.097	0.539	0.266
D13 产业对环境的压力	0.738	0.530	–0.103	–0.380
D15 产业支持力度	0.708	–0.663	0.049	0.046
D7 金融业对产业支持	0.704	–0.609	0.317	–0.154
D5 外部市场规模	–0.691	–0.279	0.424	0.405
D2 产业对天然资源消耗	0.574	0.501	0.336	–0.552
D8 产业能力的延展性	0.446	0.763	0.419	–0.086
D20 区域产业基础	0.145	0.727	–0.583	0.145
D9 产业链长短	0.391	0.664	0.467	0.031
D11 产业的总产值	–0.018	–0.659	–0.473	–0.422
D17 商业生态系统	0.464	0.291	–0.706	0.177

注：已提取了 4 个成分。

2. 权重计算[①]

根据表 8–4 的特征值、方差以及表 8–5 提出的 4 个主成分，计算出二级指标的权重。首先，将成分矩阵的 *F*1、*F*2、*F*3 和 *F*4 系数化，见公式 8–2，得到二级指标 4 个主成分的主成分系数。其次，将成分矩阵各二级指标对应的 4 个主成分的系数综合化，见公式 8–3，得到二级指标的综合系数。最后，计算权重，将综合系数归一化即为各二级指标的权重，见表 8–6。

① https：//blog.csdn.net/qq_32925031/article/details/88562141。

主成分系数 = 二级指标对应的各主成分数值[①]/SQRT(所在主成分的特征值)　　8–2

如 D4 可替代产品的数量对应 $F3$ 的系数为：–0.492/SQRT（3.063）

二级指标综合系数 = ∑（二级指标对应的主成分系数 × 对应的主成分方差）/ ∑主成分方差　　8–3

表 8–6　二级指标权重

二级指标	权重	二级指标	权重
D1 产业资源的独特性	0.0621	D13 产业对环境的压力	0.0633
D10 产业间的合作竞争	0.0681	D15 产业支持力度	0.0391
D4 可替代产品的数量	0.0676	D7 金融业对产业支持	0.0330
D3 产业地理位置	0.0575	D5 外部市场规模	0.0000
D14 对人才的吸引力	0.0483	D2 产业对天然资源消耗	0.0476
D6 外部投资需求量	0.0448	D8 产业能力的延展性	0.0531
D18 产业转移与演进趋势	0.0384	D20 区域产业基础	0.0632
D16 地区间竞争程度	0.0639	D9 产业链长短	0.0497
D19 科技创新能力	0.0670	D11 产业的总产值	0.0198
D12 产业内企业间合作	0.0470	D17 商业生态系统	0.0667

3. 竞争力指数

根据公式 8–1，计算出各产业的竞争力指数（表 8–7）。

表 8–7　竞争力指数

产业	南繁产业	冬种瓜菜	芒果产业	橡胶产业	畜牧业	渔业	农产品加工业
竞争力指数	12.56	6.68	6.92	8.90	1.65	7.04	2.92
排名	1	5	4	2	7	3	6

① 本案例为 $F1$、$F2$、$F3$ 和 $F4$ 4 个成分，共计 20 个二级指标，即得到 4 × 20 个系数。

（六）分析与结论

通过计算，南繁产业在涉农产业中竞争力指数远远超过其他产业，故将南繁产业作为未来重点发展的产业符合海南实际。而橡胶产业、渔业、芒果产业、冬种瓜菜等作为海南特色产业，其规模有限，需要走精致路线，加快提质升级，在产业链上下功夫，否则将面临越来越巨大的竞争压力。

参考文献

[1] 刘凌霄. 农业产业结构调整的理论方法及应用研究［D］. 北京：北京交通大学，2015.

[2] 乔晓楠，张欣. 美国产业结构变迁及其启示——反思配第 - 克拉克定律［J］. 高校理论战线，2012（12）：32-42.

[3] 纪玉山，周英，吴勇民. 库兹涅茨人均收入决定论质疑——兼论我国产业结构升级的政策取向［J］. 经济经纬，2005（01）：58-61.

[4] 刘培. 罗斯托经济增长阶段论批判［D］. 北京：首都师范大学，2011.

[5] 黄景贵. 罗斯托经济起飞理论述评［J］. 石油大学学报（社会科学版），2000（02）：27-31.

[6] 魏志奇. 罗斯托的增长阶段理论及其对发展中国家转型的启示［J］. 理论月刊，2014（12）：113-115.

[7] 郭剑雄，曹昭义. 钱纳里结构转变理论中的农业发展观［J］. 山东工程学院学报，2000（01）：59-62+67.

[8] 高月. 基于钱纳里模型的中国产业结构实证分析［D］. 长春：东北师范大学，2016.

[9] 孙碧涵. 中国工业化进程及对钱纳里模型的批判［D］. 长春：吉林大学，2015.

[10] 纪玉山，代栓平. 霍夫曼理论适合中国的工业化模式吗？——兼议新型工业化道路中的重化工业发展路径［J］. 吉林大学社会科学学报，2007（02）：93-99.

[11] 杨海军，肖灵机，邹泽清. 工业化阶段的判断标准：霍夫曼系数法的缺陷及其修正——以江西、江苏为例的分析［J］. 财经论丛，2008（02）：7-14.

[12] 王乐平. 赤松要及其经济理论 [J]. 日本问题，1990 (03)：117-126.
[13] 胡俊文. "雁行模式" 理论与日本产业结构优化升级——对 "雁行模式" 走向衰落的再思考 [J]. 亚太经济，2003 (04)：23-26.
[14] 杨鸿. 雁行模式与东亚经济合作 [D]. 上海：复旦大学，2005.
[15] 唐志伟. 动态雁行形态理论与贸易政策的嬗变 [D]. 长沙：湖南大学，2011.
[16] 陈蕾. 安徽省承接农产品加工业转移研究 [D]. 合肥：安徽大学，2013.
[17] 阎晓东. 沿海地区产业结构升级研究 [D]. 福州：福建师范大学，2005.
[18] 张妍妍. 产品空间结构演化与产业升级研究 [D]. 长春：吉林大学，2014.
[19] 倪明明. 中国金融结构调整与产业结构优化研究 [D]. 西安：西北大学，2015.
[20] 姚德文. 产业结构优化升级的制度分析 [D]. 上海：复旦大学，2008.
[21] 张文忠. 产业发展和规划的理论与实践 [M]. 北京：科学出版社，2017.
[22] 曲翔宇. 中国产业结构演变、升级及其影响因素的实证分析 [J]. 中国市场，2012 (41)：102-105.
[23] 张朝. 中国资本市场发展对产业结构调整的影响研究 [D]. 北京：中央财经大学，2016.
[24] 吴剑雄. 资本市场与产业结构调整关系研究 [D]. 上海：上海社会科学院，2012.
[25] 齐兰，徐云松. 制度环境、区域金融化与产业结构升级——基于中国西部面板数据的动态关系研究 [J]. 中央财经大学学报，2017 (12)：22-33.
[26] 郑若谷，干春晖，余典范. 转型期中国经济增长的产业结构和制度效应——基于一个随机前沿模型的研究 [J]. 中国工业经济，2010 (02)：58-67.
[27] 陶新桂. 论产业结构演进中的制度创新 [J]. 商业时代，2008 (10)：84-85.
[28] 凌永辉. 负面清单制度对产业结构调整的影响研究 [D]. 南京：南京财经大学，2016.
[29] 邓平平. 对外贸易、贸易结构与产业结构优化 [J]. 工业技术经济，2018，37 (08)：27-34.
[30] 栾申洲. 对外贸易、外商直接投资与产业结构优化 [J]. 工业技术经济，2018，37 (01)：86-92.
[31] 刘颖. 产业转型升级与税制优化问题研究 [D]. 南昌：江西财经大学，2014.

[32] 冯江华，王峰. 主导产业、优势产业和支柱产业辨析 [J]. 生产力研究，2000（03）：72–73+92.

[33] 焦瑶. 安徽省主导产业的结构调整研究 [D]. 合肥：安徽大学，2018.

[34] 赵中秋. 全球价值链下我国制造业企业技术升级研究 [D]. 湘潭：湖南科技大学，2015.

[35] 罗其友，李建平，陶陶，等. 区域比较优势理论在农业布局中的应用 [J]. 中国农业资源与区划，2002（06）：27–33. [2017–08–15].

[36] 欧玉芳. 比较优势理论发展的文献综述 [J]. 特区经济，2007（09）：268–270.

[37] 林晖. 赫希曼基准下的投资分配次序 [J]. 合作经济与科技，2006（16）：36–37.

[38] 赖晓燕. 理论与现实的背离——小议“赫希曼基准”[J]. 商业文化（学术版），2007（06）：117.

[39] 林禧. 罗斯托的主导部门综合体系与我国跨世纪的经济发展规划 [J]. 山东大学学报（哲学社会科学版），1996（03）：117–120.

[40] 厉以宁. 罗斯托“主导部门分析法”的评论 [J]. 经济科学，1984（06）：55–61.

[41] 胡建绩，张锦. 基于产业发展的主导产业选择研究 [J]. 产业经济研究，2009（04）：38–43.

[42] 王东京. 筱原的基准 [J]. 安徽决策咨询，2000（07）：34–35.

[43] 宋继承. 区域主导产业选择的新思维 [J]. 审计与经济研究，2010，25（05）：104–111.

[44] 马利彪. 区域主导产业选择问题研究 [D]. 长春：吉林大学，2009.

[45] 朱春奎. 产业竞争力的理论研究 [J]. 生产力研究，2003（06）：182–183.

[46] 黄勤. 论区域主导产业 [D]. 成都：四川大学，2002.

[47] 宋继承. 边缘地区主导产业理论研究述评 [J]. 财经理论研究，2013（01）：1–9.

[48] 宋继承. 边缘地区主导产业形成动因与路径 [J]. 内蒙古大学学报（哲学社会科学版），2013，45（04）：54–59.

[49] 刘克利，彭水军，陈富华. 主导产业的评价选择模型及其应用 [J]. 系统工程，2003（03）：62–68.

[50] 万忠，周灿芳，柯清标，等. 基于“钻石模型”的广东区域农业特色产业发展战略研究 [J]. 中国农业资源与区划，2009，30（06）：51-55.
[51] 刘颖琦，李学伟，李雪梅. 基于钻石理论的主导产业选择模型的研究 [J]. 中国软科学，2006（01）：145-152.
[52] 张骏骏，邵建平. 基于修正钻石模型的甘肃品牌培育的主导产业选择 [J]. 科技管理研究，2008（02）：87-88+91.
[53] 陈红儿，陈刚. 区域产业竞争力评价模型与案例分析 [J]. 中国软科学，2002（01）：100-105.
[54] 张文霖. 主成分分析在 SPSS 中的操作应用 [J]. 市场研究，2005（12）：31-34.
[55] 杨惠芳. 基于钻石模型的地方特色产业发展研究——以浙江嘉兴蜗牛产业为例 [J]. 农业经济问题，2017，38（03）：96-101+112.

第九章

预见理论

预测是对未来事件进行趋势推断的重要思维过程。预测在经济、政治、社会活动中发挥关键性的作用。预测的精准性甚至决定了计划的生死成败。因此，预测得到了社会各界尤其是政界、商界及科技界的高度重视。

预测是决策的先决条件，已成为决策者实施高效治理的必备工具。在信息瞬息万变的时代，社会生活节奏飞快，会遇到大量的新情况、新形势，也会不断涌现新问题、新冲突，只有科学的富有远见的预见，才能规避与时代发展背道相驰的决策。

相对于自然科学，社会科学领域可预测性存在着难以逾越的局限性和不确定性。预测的难度大、精度小。因此，人们形成一种共识即“未来难以预测”。预见是根据事物的发展规律，预先推知事物可能发生的变化过程及将来的大致结果。某事件的可预测性不仅取决于要预测的具体内容、预测的时间远近和在什么情况下进行预测，还取决于预测者个人的思维方式和自身素养。99% 的人缺少预见未来的思维能力，仅少数人具备预见性思维[1, 2]。

未知性和确定性是未来的两面特性。一方面，未来存在众多的未知变量，充满了偶然性和随机性，因此未来难以预测。另一方面，未来是由现在交织在一起的无数条线索不断汇集而成[2]，存在一定程度的确定性和必然性，使预测成为可能。未来学认为，人类可以基于理性的分析来预见和预判未来，展望未来事物发展的概率或机遇，以指导现时的决策。过去、现在、未来不是割裂的，而是紧密联系的；过去、现在、未来存在连续性，演化过程中存在蛛丝马迹的暗示。

造成预测失准的原因很多，不仅因为我们处于贫信息的灰度空间①，而且我们的思维习惯制约着精准预测[2]。就预测者个体而言，制约预测因素包括心理定式、时尚效应、情绪效应等②诸多负面心理[3]和启动效应③、光环效应④、框架效应⑤、可得性偏差⑥、锚定效应⑦等诸多思维陷阱[4]。

总而言之，思维的偏执与成见会让预测者戴上有色眼镜，使预见失真，甚至“只见树木，不见森林”，失去多视角分析研判问题的能力，导致预测结果失真，为“未来无法预测”提供素材。因此，须冲出思维陷阱，敢于打破常规思维的框框，全方位、多层次、多角度、宽领域来观察和思考事件的未来，善于另辟蹊径，打开通向未来之门。

一、未来学

（一）概　念

20 世纪 40 年代，德国学者欧·费莱希泰姆（Ossip Flechtheim）首先提出并使用了未来学[5]一词。未来学是研究人类社会的经济、政治、科技、军事等未来的演进、趋势、前景及面临的挑战，以揭示人类各种选择走向未来的

---

① 参照任正非的《管理的灰度》、邓聚龙的《灰色控制系统》。

② 心理定式是一种先期的认识对后来工作影响的心理现象，会造成思维刻板化、模式化，妨碍思维的灵活性。时尚效应是指对当前社会事物的一种向往和崇拜的从众心理现象。情绪效应会扭曲信息，使思维失去冷静和判断力。

③ 启动效应是指由于之前受某一刺激的影响而使得之后，对同一刺激的知觉和加工变得容易的心理现象。

④ 光环效应是一种爱屋及乌，影响人际知觉的心理现象。

⑤ 框架效应指人们对同一个客观问题，因不同描述导致了不同决策判断的心理现象。

⑥ 可得性偏差指人们往往根据认知上的易得性来判断事件的可能性，忽视对其他信息深度发掘，从而造成判断的偏差。

⑦ 锚定效应是指人们在对某人某事做出判断时，易受第一印象或第一信息支配，就像沉入海底的锚一样把人们的思想固定在某处。

可能性，以及提出面向未来应当采取何种策略（创造未来）的综合学科。

《易经》作为群经之首，对中华文明产生深刻的影响。国人也将《易经》作为预测未来的经典。美国未来学家阿尔文·托夫勒（Alvin Toffler）在1970年、1980年、1990年分别出版的《未来的冲击》《第三次浪潮》和《权力的转移》[5]让全球深刻认识到预测未来的魅力，吸引了更多学者研究和完善未来学。

未来学存在一些争论，但瑕不掩瑜。未来是创造机会的未来。人们害怕未知的世界，未来需要被预测和感知。同样，人们也害怕按设计好的剧本生活，未来需要充满遐想。

（二）研究方法

未来学以如何预测未来和展望前景作为研究的中心，采取连续性原理、类推原理、期望原理去推测[6]。连续原理即过去和现在已存在的条件影响未来；类推原理即某些事件不时重现；期望原理即人们按一定的目标去预测未来和创造未来，并根据预测制定各类计划书和策划书。

未来学研究方法强调分析方法的综合性、开放性，涉及关联树法①、概率计算法、时序法、德尔菲法、系统分析法、类比分析、趋势外推法②、未来情景描述法③、计算机模拟法等近200种[7]，尤其是费米预测法、贝叶斯推理④、边缘概要图⑤和F. U. T. U. R. E测试等在预测领域应用较广的工具。

① 关联树法（树式图解法）是先采用图表的形式，明确排列可能的实现目标和解决问题的途径、方案，然后根据这种排列，通过搭配和选择，确定最佳途径和方案的预测方法。

② 趋势外推法（趋势延伸法）是根据预测变量的历史时间序列揭示出的变动趋势外推将来，以确定预测值的一种预测科技趋势的预测方法。

③ 未来情景描述法（前景描述法）是假定某种现象或某种趋势将持续到未来的前提下，对预测对象可能出现的情况或引起的后果做出预测的方法。

④ 贝叶斯推理也称贝叶斯定理，利用搜索到的信息对原有判断进行修正，是预见思维的理论基础之一。

⑤ 价值网络边缘概要图是未来学家艾米·韦布设计的类似思维导图和鱼刺图的工具，是基于价值网络绘制确定哪些组织、个人和关系会影响需要预测的未来。

美国未来学家约翰·奈斯比特（John Naisbitt）在所著的《定见》中提出了奈式定见：变化的事物大多有章可循、未来隐藏在现实之中、要关注统计数字、尽情想象错又何妨、未来不过是一幅拼图、愿景不要太超前于时代、要变革先让人们看到好处、改变是需要时间的、成功靠的不是解决问题而是利用机会、旧的不去新的不来和科技始终来源于人性[8]。

美国未来学家塞西莉·萨默斯（Cecily Sommers）提出了预测未来的认识模式：认识（深度了解资源、科技、人口以及管理的四要素模型，形成大局观）→ 创新（建立解决问题的策略——ZoD 探索区全脑思维，挖掘未来发展的线索）→ 行动（5% 法则，把对未来的思路融入标准的组织系统中，将 5% 的资源用于关注未来机遇与挑战）①，并提出未来学家的思维方式和如何克服改革的阻力[9]。

二、预见未来的思维

（一）唯物史观与辩证法

预见未来是一个过程，是一个思维过程，就是大胆假设与反复小心求证的过程。唯物史观告诉我们，未来不是命中注定的，是事物发展到一定阶段的产物。事物发展的客观规律规定了事物发展的方向和事物发展的趋势；人们不但可以认识、推测对象的过去，还可以对对象的未来进行科学的预测。同时，客观事物之间存在着普遍联系，具有前后相继的特点，人们可以由此及彼地、多角度、多维地看待问题，从而提出问题，分析问题，解决问题[10]。

① ZoD（Zone of Discovery）探索区思维训练的第一步是主要利用左脑来明确问题和目标，提出直击问题核心的“最佳问题，类似于哲学上我（们）是谁？我将去往何方？”；第二步是摆脱左脑思维的束缚发挥想象力进行大胆探索，基于四要素等分析，向大脑输入新信息，改变对“最佳问题”的思维方式，在嬉戏玩耍中创造，达到“惊奇 – 共鸣 – 原来如此”的境界，最后大胆想象制订计划包括逆向计划；第三步是重新回到左脑思维，集中精力提炼，分解计划和细化任务，仔细评估弹性、相关性、回报等创新回报率（R3OI），选择价值最大化方案（MVS，Maximum Value Scenario）。

王阳明"知行合一"的中国智慧，强调"于实处用力，从知行合一上下功夫""以知促行、以行促知"[11]。王阳明的知行观与未来学家强调的预见性思维有相通之处，适用于预见性思维。预见性思维也是探索真知的螺旋上升过程（图 9-1）。人与人之间的差异就在于如何实现知行合一过程时的差异，在于知行转化过程中的创造和创新差异。

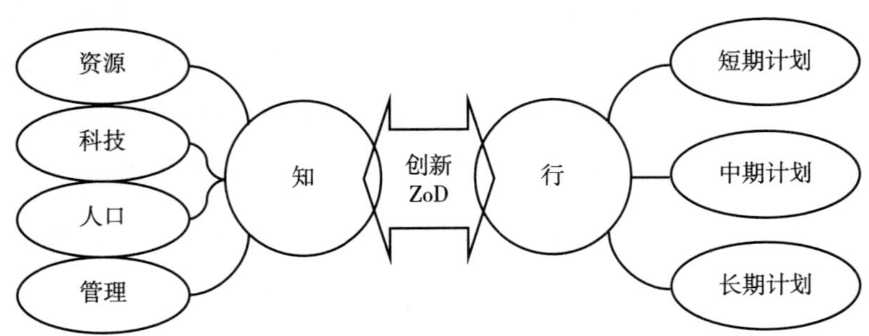

图 9-1　知行合一的 ZoD 预见模型

（二）概率思维

预见未来之于现实，是一种趋势或可能即或然性。这种或然性让预见有可能发生而成为现实，也可能不成为现实，是一种概率思想。决策需要根据不确定性信息做出推理和计算各种结论的概率。

费米预测法就是基于一种概率思维，是广泛应用的预测工具。当然，很多预测高手都是贝叶斯定理的簇拥者。贝叶斯定理广泛地应用于众多领域，如阳性检测、投资、刑侦推理、人工智能等。费米和贝叶斯均强调公众要重视事件的基础比率，提倡预测时既需要从内部视角又需要从外部视角分析事件，尤其强调多采取换位思考。预见是众多可能之一，强调在不确定的世界中，将精力投放到大概率事件之中。

（三）全脑思维

大脑有左、右之分。要充分调动和发挥左脑、右脑的全脑作用，交替采用广博的创造性思维和更加实际的分散性评估[2]。全脑思维是立体的、网状的、全息动态的思维模式。全脑思维训练正成为家庭教育的核心选项，是学习方法的重大调整。

全脑思维是人类重要的思考分析及表达输出的能力。全脑思维强调预见的多样性和思维的主动开放性，要求从多角度、多视野、不设限地去思考和联想；将解决问题的过程分解成若干部分，明确区分已知信息和未知信息，认真思考所有假设。

（四）系统思维

客观事物是多方面相互联系、发展变化的有机整体。系统思维就是强调客观事物的整体性，要求将对象互相联系的各个方面及其结构和功能进行系统认识的一种思维方法。系统思维要求将原则性与灵活性有机结合，强调整体观和全局观，以处理好局部与整体的关系。

系统思维要求系统分析与解决问题的四步法：发现问题——界定问题（定位最佳问题）→分析问题——构建框架及明晰关键（选取最优方法）→解决问题——高效执行及检查调整（寻找价值最大化方案）→假设思考——咨询顾问的问题分析与解决之道（实施压力测试）[12]。对事件（如产业规划）未来进行预测时，基本也遵循这种系统思维方式。

（五）进化思维

进化不仅存在于生物，也存在于人类社会。思维进化是人类社会不断发展的内在动力。进化思维即成长型思维，有两方面的含义：一是心理学和脑科学表明，预见性思维可以通过持续学习、反复实践而成长。二是决策者要懂得拥抱变化，做出的预测也要随着客观条件的变化而变化，并在变化中调整预测和做出相应的计划。

三、未来产业 - 预见南繁

（一）细品南繁——重新梳理和认知南繁

海南省将南繁定位为未来三大产业集群之一，正在积极推动国家南繁科研育种保护区、南繁科技城、全球动植物种质资源引进中转基地、国家热带农业科学中心等重大项目实施。要实现南繁产业化，首先需要更深层次地认识南繁。产业之于政府，类似品牌之于企业。一方面，除了农业科研育种对南繁有强依赖关系外，南繁现有承载的功能有限，尤其是产业功能不足；另一方面，从上到下对南繁有不同的功能诉求，南繁的愿景较为模糊。海南省正计划创造适宜的产业发展模式，重塑南繁为主题的产品与服务，满足不同诉求的同时，实现南繁产业价值的实现与升级再造。

重新认知南繁需要深刻理解政府战略规划，需要识别新增的与南繁相关的关键名称或项目，如"全球动植物种质资源引进中转基地""种业国际贸易中心""国家热带农业科学中心""国家南繁生物育种专区""南繁科研育种保护区""南繁科技城""中国饭碗的底部支撑"和南繁"硅谷"等，这是国家和地方政府再造南繁的利器。深刻理解上述项目，首先要吃透几个关键词，才能更好地理解它。

1. 全球动植物种质资源引进中转基地

（1）解　读

①由"全球"结合贸易引申出"国际贸易"这一概念。这一项目首先要解决提供什么样的用于交易的产品和服务，而且相较其他区域能提供更加方便快捷的产品与服务，以进出口创汇为目标。比如我国野生动植物年进出口贸易领达 300 亿元。

②产品和服务要与"动植物种质资源"有关。相较于现代南繁，传统南繁对象主要为作物以及近年发展起来的水产品。南繁的内容要得到极大拓展。一是需提供国际上的动物、植物、微生物（天上飞的、地上立的、水中潜的）种质资源，服务于科研、试（实）验、测试和生产。二是需实现种质资源向种子种苗跃变，逐步形成规模达到一定的产业领导能力。三是需服务于提供产品及服务的配套服务产业，让其更高效便利。

③"引进中转"即提供产品与服务的行动规范。一是重点强调引入种质资源和良种良苗，达成领域内的顶峰，要全球瞩目，做成产业集群，在全球产业链中不可或缺。二是类似保税区概念，组装创新达到中转出去的目标。

④"基地"即生产产品与提供服务的主要地理范围。海南省要在三亚特

定区域里建设一种海关特殊监管区域，区域内高度开放且行为可控。

（2）思 考

①全球动植物种质资源引进中转基地不是孤立项目，它与南繁科技城项目相关联，而且是个全新的项目，并无完全的模版可对标，需要全方位创新。

②在隔离区上，可以参考平潭[①]进出境动植物检疫隔离处理中心，该中心已于2018年8月22日正式启用。重点做好动植物快速检疫，做好科技支撑体系建设，研究透彻国际检疫互认机制。

2. 南繁科研育种保护区

（1）解 读

①根据《国家南繁规划》，海南已落实26.9万亩南繁试验用地，其中核心区5.3万亩，并已上图入库。

②“科研育种”指科学研究行为，尤其是育种活动。

③“保护区”说明这种设立带有一种立法或行政规范的行为，是得到公权力保护的。2018年11月1日起，正式实施《海南省农作物种子管理条例》，对南繁保护区进行立法保护。

④南繁保护区是在基本农田保护上进行二次保护，虽可预防其他项目挤占南繁用地，但因土地仍属农民，不能兼顾南繁机构的可入驻保护区。建议参考生态保护区的补偿模式，对供地给南繁机构的农户进行长效补助。

（2）思 考

①南繁科研育种保护区内设有一批核心区，作用是实现空间聚集，为日后打造南繁产业集群奠定基础。

②依据2019年中央一号文件提出跨省调整建设用地指标的要求，新增建设用地指标向南繁核心区倾斜。一方面，调配建设用地指标，采取“点状供地”模式，支持南繁基地田头适当小规模建设配套设施以及安保、工作配套用房，满足南繁分散的个性化需求；另一方面，全力支持海南省在崖州湾建设南繁科技城，实现产城融合，集中建成南繁“硅谷”。

---

① 福建省平潭县作为一个独立海岛，建设有平潭综合实验区。

3. 国家南繁生物育种专区[①]

（1）解　读

①规划 5000 亩，一期已落实 3200 亩，二期为 1800 亩。

②名称中有"国家"，同样表明了这一国家行为。

③"南繁"明确了特定范围。

④"生物育种"特指了专业性动作。

⑤"专区"指出了相关活动要在限定范围内执行，具有强制性。

（2）思考　该项目给海南融合传统育种与生物育种的大机遇，相关试验是强制性入园，聚集能量大，因此要做成先导项目中的先导项目。作为专业性强的项目，同样也要纳入南繁科学城进行统筹。

4. 南繁科技城

（1）解　读

①"科技城"类似园区的概念。目前三亚市已划定南繁科技城建设用地，同时农垦集团已计划落实约 5000 亩科技城用地，周近的农田可超过 3 万亩，项目实施有科研试验地支撑。

② 2018 年 9 月 30 日，由金茂投资管理（天津）有限公司[②]认缴 7 亿元、海南农垦南繁产业集团有限公司[③]认缴 2 亿元和三亚城市投资建设有限公司[④]认缴 1 亿元共同成立了"南繁科技城有限公司"，表明政府已落实了科技城运营管理的主体。

③作为农业类的科技城，能高效运转的农科城（园区）比例较低、产值低、创新能力低、带动能力低。而运营效果好的（城）区，重点以农业化工、生物技术、食品加工等为重点，并有一些龙头企业、科研院校入驻。南繁科技城能否鹤立鸡群、另辟蹊径？这是个大课题。

---

① 由橡胶林地改造而成，四面环山，封闭性好，环境安全，便于集中管理。目前由海南农垦南繁产业集团有限公司运营。

② 由金茂投资管理（上海）有限公司独资设立，其后是在香港上市的、中国中化集团有限公司旗下房地产和酒店板块的平台企业。

③ 由海南省农垦投资控股集团有限公司独资设立，为南滨农场转制而来。

④ 代表三亚市政府出资。

（2）思　考

①科技城建设要与三亚大学城①建设结合起来。一是务农技术员缺乏和老龄化已成为全国性问题，即农二代难题。二是涉农专业中专大专本科毕业生转行比例高，学农而不务农。根据农业部种子管理局《2017年中国种业发展报告》，近年种业从业人员不增反减，由2014年129978人减少到2016年的120538人[13]。因此，涉农人才将成为我国农业现代化发展。南繁在田间管理方面需要大量技术型人才，也需要专业型的研发人才。将涉农各类人才培养、就业高度聚集在南繁保护区内，是稳定涉农人才队伍的较好选项。借助琼州学院转型为海南热带海洋学院之际，将原涉农专业建成二级学院，并参考原海南大学三亚学院的办校形式，甚至在成熟后独立建校。一方面可以解决海南热带海洋学院专业分流问题，又可以做多做强海南高校群；另一方面南繁科技城建设时间紧，可就近快速解决大学等教科研机构支撑南繁科技城发展的人才问题、平台问题。

②杜绝“两张皮”管理，充分授权和调配资源。南繁科技城是承载南繁科研创新、种业开放的先行区和热带高效农业的示范区，是打造南繁“硅谷”的核心。规划建设的时间紧迫，时不我待。要在2020年初见成效，首先是土地资源和产业资本的快速获得，最佳方式是将海南农垦南繁产业集团有限公司直接划归三亚市，直接划归三亚市崖州湾科技城管理局管理。

③以更大的决心将三亚大学城打造成涉农涉海研究生院。中国科学院一些地方所委托所在地的大学培养研一的学生，研二后回归研究所做毕业论文方面的研究。中国科学院研究生的培养实践表明，学校（研究所）可分离。因此，依托南繁科技城、深海科技城，三亚大学科技城完全可以建设研究生院。建议既要亲“近”又要求“远”，亲“近”则将海南大学、海南师范大学等省内高校的涉农、涉海、涉生物技术的研究生培养转移到崖州湾科技城；求“远”则争取中国农业科学院、中国科学院等将部分涉农、涉海、涉生物

① 筹建3所高校（校区）、扩建5所大中专学校。筹建的3所高校（校区）是长江商学院三亚校区、三亚政法大学、三亚理工职业学院。扩建的5所大中专学校是三亚职业技术学校二期工程、琼州学院三亚校区、三亚航空旅游职业学院三期工程、三亚城市职业学院新校区、三亚学院三期工程。

技术的研究生培养转移到崖州湾科技城。从而将南繁科技城打造成国际农业科技创新高地。

5. 国家热带农业科学中心[①]

（1）解 读

①名称中有"国家"，说明该项目需要站在国家层面思考项目，落实国家重大战略需求。

②"热带农业"说明这是研究的范围，不是综合性科学中心[②]，而是专门性的即"热带""农业"，批复建设的国家主管部门为农业部等。

③"科学中心"即重点在基础研究领域，是国家重大创新的基础平台，是创新驱动的源头，为海南打造热带高效现代农业"王牌"提供科技支撑、人才支撑和平台支撑。

④国内现有的科学中心依托创新型城市以及大院大所高校。海南的起点不高，承建任务艰巨。

（2）思考 既然科学中心的目标是打造创新驱动的源头，而南繁又是我国科研育种的创新聚集区和关键源头，那么国家热带农业科学中心的建设也必须与南繁科技城相结合，与南繁科研育种基地相关结合，与大院大所落地南繁科技城相结合。

6. 种业国际贸易中心[③]

（1）解 读

①"种业"相较于"南繁"，内涵更丰富，操作空间更大。

②"国际贸易中心"，说明要立足全球种业。这将对知识产权的保护有更高的要求。

③以种业为内容的国际贸易中心，基本也是新鲜事物，因为国内现有的"中心"基本是有名无实，达不到预设的效果。

---

① 目前，由中国热带农业科学院牵头组建，海南大学等参与。

② 截至 2017 年 6 月，国家发展改革委和科技部联合批复了建设上海张江、安徽合肥、北京怀柔等 3 个综合性国家科学中心。

③ 海南乡村振兴战略提出建设三亚国际种业贸易中心，海南省农业农村厅已将规划建设种业国际贸易中心纳入部分行动计划。

（2）思　考

①借助中国（海南）国际热带农产品冬季交易会的人气，增加种业交易功能。既可以丰富冬交会的功能，又可以试探种业交易。建议将冬交会迁至大三亚地区。

②海南筹建国际知识产权交易中心是种业领域知识产权交易的机会，建议部分功能落户崖州湾科技城。

7. 中国饭碗的底部支撑

（1）解　读

①“中国饭碗”即国家粮食安全。

②“底部支撑”即国家粮食安全的基础。

③“中国饭碗的底部支撑”表明了支撑国家粮食安全是南繁的核心义务，即加大对南繁的投入即增强国家粮食安全，因为南繁是基础。“基础不牢，地动山摇”。

（2）思考　种业是国家基础性产业，海南是经济小省，需要国家主导加大对南繁基础设施、科研设施和人才的投入。

8. 南繁“硅谷”

（1）解　读

①建成南繁“硅谷”是南繁产业规划的核心目标。

②硅谷，位于美国加利福尼亚州旧金山湾区南面，是当今电子工业和计算机业的开创者和中心以及风投乐园。硅谷不仅有斯坦福大学、加州大学伯克利分校、圣塔克拉拉大学等美国顶尖大学作为依托，还拥有谷歌、脸书、惠普、英特尔、苹果、思科、英伟达、甲骨文、特斯拉、雅虎等大公司，融科学、技术、生产为一体。

（2）思　考

①参考硅谷，为南繁产业提供融资、投资的机会。海南省农业农村厅、海南省财政厅与中信农业产业基金管理有限公司于 2018 年 11 月 8 日签署了《南繁育种创投基金[①]合作框架协议》就是很好的发端。

① 首期计划 20 亿元人民币。该基金以推进南繁科技城建设和南繁高新技术产业发展为目标。

②对标硅谷，南繁产业也必须融科学、技术、生产为一体。中信农业科技股份有限公司[①]与海南省农业农村厅也达成合作意向，双方共同将生物种业作为战略性领域，致力于"科技为本，金融为用，打造民族种业航母"，在农作物、农业动物、微生物等种业领域重点发展，共投共建科技、产业、服务三大平台，涵盖南繁育种、南繁制种、产业延伸、金融与行业带动等领域。南繁未来初现端倪。

③对标硅谷，南繁"硅谷"还有漫漫长路。海南省本底弱，2016 年海南持证种企仅 7 家（其中上市种企 1 家），从业人员不足千人，国审品种为 0，省级审定品种仅 38 个（全国省审定品种 1375 个）。

④对标硅谷，加快国际化进程。接轨经济合作与发展组织（Organisation for Economic Co-operation and Development，OECD）和国际种子检验协会（International Seed Testing Association，ISTA）等国际机构的种子认证制度，加快种子质量认证的国际化，深化新品种 DUS 测试和区域试验国际合作。

重新认知南繁仅这些远远是不够的，还需要在相关领域进行探索，创新不是简单对标模范和重复别人走过的路。

（二）再造南繁——南繁功能定位与优化

识别南繁的现状以及谋划南繁的未来定位，可以帮助我们重新认知南繁，但是再造南繁并非易事。一方面，南繁经过 60 余年的发展，基本已成定式，会面临诸多的问题或冲突。另一方面，问题或冲突造成的痛点也意味着大机会，只要解决它，即可打开新天地。如何再造南繁需要在充分认识南繁的基础上完成，详见表 9-1。

① 隆平高科、普莱柯生物工程股份公司、中普生物制药有限公司等企业的大股东。

表 9–1　南繁发展定位

<table>
<tr><th>现状
（知基础）</th><th>参考
（知差距）</th><th>对标
（知重点）</th><th>未来
（知方向）</th><th>瓶颈
（知痛点）</th></tr>
<tr><td>租地模式 1：南繁机构租赁农地进行繁种加代观察——仅作为育种工作的延伸</td><td>①合肥种业（种业上市公司数量位居全国第二）
②深圳种业（生物育种）</td><td rowspan="5">①全球动植物种质资源引进中转基地
②国家热带农业科学中心
③国家南繁生物育种专区
④南繁科研育种保护区
⑤南繁科技城
⑥种业国际贸易中心
⑦南繁“硅谷”
⑧其他与种业、生物技术相关的行业
⑨平台企业
⑩DUS 中国北方测试中心
……</td><td rowspan="5">①科研育种主场，行业领导地位
②种业改革先行区
③种业国际贸易区，开辟新的市场领域
④国际农业人才创新创业区
⑤国际种质资源与种业大数据中心
⑥开放的制种产业基地
⑦种业风投示范区
⑧国际种业会展及国际种业论坛
⑨大学教育与继续教育实验区[1]
⑩种业知识产权立法试验区
……</td><td rowspan="5">①海南市场规模小，需走外向经济之路。
②岛内育种科研能力薄弱
③远离消费区
④育种家成果难找出路、成果交易无规则
⑤种业投资有较大风险，因为关系到农民
⑥农业人才流动大，不易传承和壮大
⑦品种（权）出口缺乏通联平台
⑧海南气候高温湿润不利于保存种质资源和种子，损耗严重
……</td></tr>
<tr><td>租地模式 2：种企委托外省制种队生产种子——仅作为制种产业的重要补充</td><td>①智利和阿根廷种业（国际路线）
②广东、湖南的种鱼产业</td></tr>
<tr><td>升值服务 1：专业农户接受南繁机构小面积的代繁代制代鉴定——形成不了产业规模</td><td>①科技服务业（DUS[2] 测试）
②荷兰科因公司（生物技术）和花卉种球拍卖模式</td></tr>
<tr><td>升值服务 2：种企委托海南制种队生产种子种苗——缺少人才</td><td>①甘肃种业
②海南罗非鱼种苗产业
③荆门全国特色水产种业中心</td></tr>
<tr><td>创新创业模式：带动成立种企——神农基因、农垦南繁集团、晨海水田、海亚南繁种业、春蕾南繁实业等</td><td>①种业上市公司
②甘肃和四川的种业公司[3]
③青岛水产业[4]
④北京交易中心</td></tr>
</table>

通过以上探究，南繁的内涵得到了丰富与延展。南繁的实质就是种业的

① 改革学分制，重室内教育、更重室外教育，实现教育就业一体化。

② Distinctness、Uniformity、Stability，特异性、一致性、稳定性。

③ 海南、甘肃、四川为三大国家级育种制种基地。

④ 水产南繁已提上日程，海南可对标青岛水产业。海南已汇集海南热带海洋学院、海南省海洋与渔业科学院、海南大学海洋学院、中国水产科学院南海所热带水产中心、中国科学院深海所等科研院所。

特殊形态、特殊的技术工具和特定时代的产物。随着中央全面支持海南深化改革开放政策落地，南繁再次被赋予了新的历史使命。新时代南繁必将承载更多的功能，未来南繁是一个综合体。

"升级传统南繁→种业与生物技术改革开放前沿＋种业 CBD＋生物技术产业 CDB＋涉农高等教育试验区"→南繁"硅谷"

（三）南繁趋势——探索未来的蛛丝马迹

基于资源、科技、人口和管理四要素模型，探索地平线下的未来趋势[10]。一是考察南繁产业发展环境状况即环境的驱动力。未来如何影响工作、生活、学习和社会环境？极端事件在哪里？二是关注组织和人的需求和欲望即行动的驱动力。所规划的南繁产业能否提供更方便快捷的服务和产品？能否向相关干系人和社会传递更美好的未来？能否解决甚至创建需求侧的痛点？通过天马行空综合多方面疑问和线索，找到影响南繁产业发展的因素（图 9–2），设定南繁产业的未来图景。

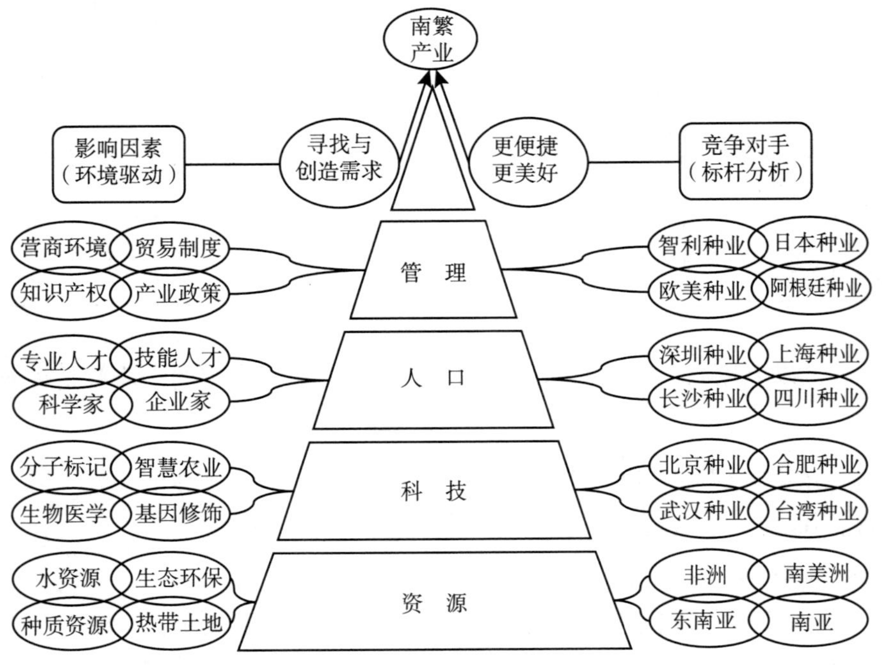

图 9–2　南繁产业的四要素分析模型——南繁未来种业的明珠

1. 资源层面

第一，南繁的优势之一：稀缺的热带土地资源以及形成的历史传统，且相关产品与服务可向全球热区转移。由于资源产出的价值低，因而对智利及其邻国阿根廷为代表的国际种业很具竞争力。

第二，南繁的优势之二：种质资源、育种材料资源和亲本资源等高度聚集，为知识产权交易及专利授权①、优质基因集成、大数据平台开发、学术交流与合作提供了便捷的条件。

2. 科技层面

第一，在国际上种业科技正在发生翻天覆地的革新。生物组学的研究加速揭示性状形成机理，正在孕育新的理论；人工智能在育种领域的应用加速，让选育种更精准、更节约；基因编辑则使定向育种更加精准便捷；而跨国公司育种体系和环环相扣的流水线式研发平台则高度集成了先进的传统育种、生物技术、智能数据、检测技术、作植保护、农田集成管理等科技，让种业创新跳跃式发展。

第二，南繁是我国农业科技成果形式上的集大成者，但不是研发（过程）的集大成者，前端技术均在岛外完成，其科技的高附加值在岛外实现。

第三，博鳌乐城国际医疗旅游先行区和文昌卫星发射中心为海南发展生物技术和太空育种打开了两扇窗，且基因修饰已然成为科技大事件，为个性化育种及个性化消费创造了技术条件，可以通过定向育种为不同人群提供品种，满足人们对美好生活的需求。

第四，海南在花卉、甜瓜、圣女果、珍稀药材等设施农业方面已有一定规模和基础，为发展高端农业、物联网农业、智慧农业等奠定了基础。

第五，当今种业的核心是生物育种（种业研发的前端），建设国家热带农业科学中心将为南繁生物育种提供基础科研平台，是解决育种前端技术集成的重大项目。目前，岛内科研力量支撑不起这一重大项目决策，需要引入中

---

① 手机产品就是各个企业知识产权（专利授权）的集成品，如 Android 系统需要 Google 授权，各类通信技术专利授权（如高通），芯片设计授权（如 ARM）。一个优质品种同样从不同的育种材料中获取了不同来源基因性状，为何不通过授权模式让技术开发者受益呢（专利使用费）？

国科学院、中国农业科学院和华大基因这类行业顶级机构参与建设。中国科学院深圳先进技术研究院①和中国科学院各类创新研究院②的建院模式和运营模式值得海南学习。目前，中国科学院种子研究院和国家耐盐碱水稻技术创新中心已确定落户三亚。

3. 人口层面

第一，海南已有 2 所涉农高校和 2 所农技校（中专），具备人才培养和储备的潜质。

第二，海南科研育种人才和田间技术员匮乏。

第三，海南人口规模小即消费群体小，自身消费拉动力小。

第四，三亚的游客资源丰富，是很好的产品与服务的展销平台。

4. 管理层面

第一，国家松绑了非主要农作物③外资投资管制，为引入外资降低了准入门槛，为种业强国如荷兰的蔬菜花卉等种企入驻中国创造了条件。

第二，海南的营商环境与发达地区仍存在较大差距，但在自贸区（港）建设的大时空背景下，将发生质的飞跃。

第三，种业知识产权保护备受诟病，为海南制定严格品种权保护相关法律预留大空间。

第四，海南的物价高、人力成本高和固定资产投资过大，导致公司运营成本高。

第五，海南全面深化改革开放和建设自贸区（港），最为关键的是公务员队伍的思想要解放以及重用、引入高素质人才。改革开放只有经过思维系统的构建才会卓有成效[9]。

---

① 中国科学院机制较为灵活。2006 年 2 月，中国科学院、深圳市人民政府及香港中文大学经友好协商，在深圳共同组建了中国科学院深圳先进技术研究院。

② 中国科学院建设创新研究院是研究所分类改革的重要组成部分。中国科学院已建药物、海洋信息技术、微小卫星、量子信息与量子科技等 8 个创新研究院，目前正在筹建种子、南海生态环境工程、深海技术、干细胞与再生医学等 10 个创新研究院。

③ 2016 年版《种子法》规定主要农作物为稻、小麦、玉米、棉花和大豆。其中稻和大豆是外资不能进入的领域。

第六，企业管理创新，如培育各式平台企业。

经过四模型分析后，再利用发散性思维寻找可能受到南繁产业发展的影响并决定未来的行业，将非同寻常的怀疑对象及行为囊括进来进行分析，绘制边缘概要图（图 9–3）[2]。

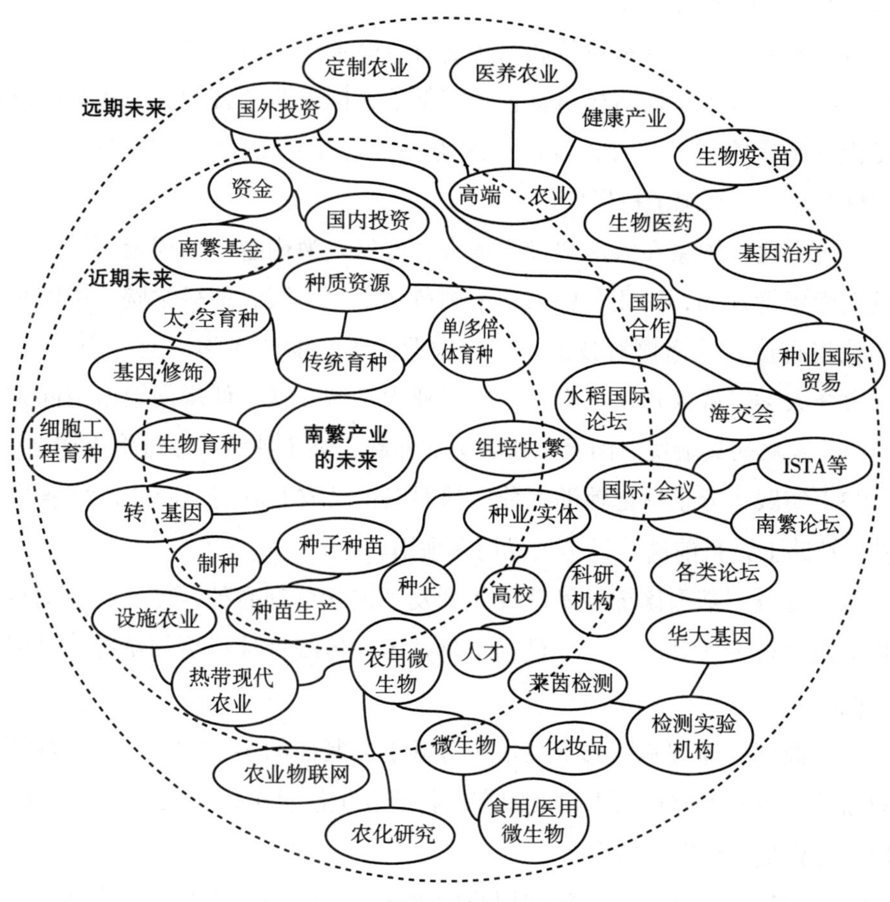

图 9–3　南繁产业的边缘概要图

边缘概要图要面向南繁产业的未来，一是分析南繁产业的相关干系人（除了国内科研院所校、企业、协会、学会的相关干系人，也包括联合国粮食及农业组织 FAO、国际种子检验协会 ISTA、国际种子联盟 ISF、UPOV 等与种业相关的国际性组织以及跨国相关企业），因为我们是被权力和利益的压力场所环绕。二是明确产业发展的资金来源，引不来资金则为无源之水、无本之木。三是研究会受到南繁产业发展影响的组织或个人。分析南繁产业发展会带来何种价值或损失，观察分析哪个组织或个人最关心南繁产业的发展，同时，南繁作为育种的技术手段，南繁的技术演变必然也会影响南繁产业的未来。可以通过“矛盾、变化、实践、修改、极端和例外”识别技术演变[2]。作为技术手段的南繁将如何演变?

（1）矛盾　市县育种单位和大多数育种企业仍停留在“一把尺子、一个口袋”的传统育种层面，科研育种效率低下；国家队的育种资源相对匮乏并重复投入到生物技术育种；仅极个别的大种企将传统育种与生物育种结合，育种材料和亲本来源于科研单位。

（2）变化　国家在海南建设生物育种专区，海南省立法规范南繁，省市县设立南繁管理局，中化、中信、中国科学院、中国农业科学院、中国热带科学院将直接入驻南繁科技城，中国农业大学、浙江大学、上海交通大学、中国海洋大学、武汉理工大学等入驻三亚大学城，这些使得南繁由空间聚集转向产业聚集初具端倪。南繁工作将更加便利，整个种业产业链将更加通畅。

（3）实践　分子标记辅助育种、基因编辑已成熟应用于产业，AI 辅助选育种已在路上，目前这些只是大机构在采用。

（4）修改　基因修饰技术已成功开发了抗除草剂品种，传统的检测技术已测不出是否为转基因产品。借助生物技术，传统育种将更加精准，效率将极大提高。

（5）极端　通过基因修饰技术完善甚至创制新的亲本材料，以获得更优秀的品种。南繁单位热衷于建设固定的科研及生活设施，很大一部分是违建。这种冲突算是一种极端事件。

（6）特例　中国农业科学院棉花所承接国内机构棉花的代繁代制自成体系，在行业内有非常大的影响力。国家队承接代繁代制任务仅此一例。

（四）南繁之路——未来战略与行动方案

规划作为一项面向未来系统性、长期性的研究与设计成果，必须要有科学的预见性，以及确保实施过程中坚持韧性。南繁产业规划就是南繁产业的未来蓝图和远景，同样是预见性的研究和设计成果。

通过重新认识、功能定位、趋势预见等环节之后，南繁未来之路逐步明晰起来。采取价值方案最大化原则，争取让相关干系人实现价值最大化。一是要确保核心竞争力要有足够的弹性，能够适应形势变化，让组织和人对所提供的产品和服务产生较强的依赖性；二是所创造的产品和服务与种业及生物技术产业有较强的相关性，与社会需求越来越紧密；三是能够产生有吸引力的回报，如能够帮助南繁机构和个人拓宽外部联系，降低成本、扩宽市场通路、打通研发与市场的渠道、保护知识产权（材料安全与品种权）。四是规划建设生态型产业城市新区——年轻人的城、创富者的城，实现产城融合发展，将新城打造成安居乐业的标杆、科教文卫的高地、休闲娱乐商贸的综合城。

根据以上目标，制定任务计划，见表 9–2。

表 9–2　任务计划

战略目标	任务计划	
	近期计划（0~5 年）	中期计划（6~10 年）
升级传统南繁，实现南繁产业化	1. 设立南繁保护区（已完成） 2. 建设南繁核心区（在建） 3. 种业管理地方立法（已完成） 4. 南繁管理与服务信息化（在建） 5. 与三亚大学城融合发展（在建） 6. 在三亚建中国（南方）DUS 测试中心和国际 DUS 测试合作中心 7. 在三亚设立中国（南方）植物新品种登记中心和中国新品种登记国际合作中心	1. 大数据化，种业大数据挖掘与利用 2. 将南繁科技城打造成国内国际新品种测试与登记中心 3. 将南繁保护区打造成为我国主要的智能化安全级别极高的繁种和制种基地
面向“一带一路”，建设种业改革开放最前沿	1. 落实面向海南的种业投资政策，定向招商引资跨国种企落户海南 2. 南繁测试结果纳入国家和省区市生产试验，将南繁科研嵌入国家权威体系，加快品种审认定 3. 依托南繁科技城，新设农业农村部南繁行业体系，加强南繁行业体系建议	1. 在海南全面解禁种业领域的投资限制 2. 涉农技术对外转移以及先进技术引进 3. 种出粮进，推进种业进出口贸易
面向未来，建设生物技术开放前沿	1. 生物技术科研论理审批权下放海南甚至南繁科技城，实现一个窗口审批 2. 招商引资跨国生物技术科研机构和企业落户三亚 3. 国家南繁生物育种专区（在建）	1. 全球生物技术制度创新与科技创新的双高地 2. 全球生物育种开放中心和联合研发中心

续 表

战略目标	任务计划	
	近期计划（0~5年）	中期计划（6~10年）
联通全球产业链，打造种业CBD	1. 建设南繁科技城（在建） 2. 依托南繁科技城筹备种业高新区 3. 南繁产业基金（已设） 4. 建设全球动植物种质资源引进和中转基地（在建） 5. 整合海南种业和水产种业聚集于南繁科技城 6. 野生动植物进出口交易中心① 7. 中国（南方）种子种苗质量检验中心	1. 打造立足国内、面向全球的南繁"硅谷" 2. 打造全球种质资源交流、合作、科研、交换、交易中心 3. 打造种业及知识产权国际贸易中心
跨界融合，建设生物技术产业CBD	1. 筹建国家热带农业科学中心，吸引更多国家队和行业顶级力量共同组织理事会制的科研新机构（筹划之中） 2. 中国科学院种子创新研究院落户三亚（在建） 3. 国家耐盐碱水稻技术创新中心落户三亚（筹备与立项之中） 4. 实验动物育种与医学实验（有基础）	1. 中国种业生物育种与传统育种融合创新高地 2. 农业生物技术向生物技术延伸，延长产业链 3. 打造国内生物技术产业CBD
涉农中职大专大学教育科研试验区	1. 完善三亚大学城，增加教育 2. 加速海南热带海洋学院转型，与国内知名院校共建海南热带海洋学院"农学与生命科学学院" 3. 支持中国热科院在三亚建设中国热科院大学	1. 农业教育变革中心 2. 国内农业科教中心 3. 对照双一流，升级改造本地院校
管理运营服务机构	1. 设立南繁管理委员会、平台企业和检疫机构，具体运营和服务以上项目（在建） 2. 培育各类专业孵化器 3. 打造极简易便捷的营商环境	基于大数据平台，南繁单位和个人免去烦琐的租地谈判，快速登入和登出南繁
产城融合	完善南繁科技城生活配套、教文卫配套、休闲度假配套，增强国际交往的便利性	建成为自成体系、科教文卫一流的新城

（五）评估反馈——大展宏图的压力测试

1. 逆向计划

以倒推的形式测试方案的流畅程度。

2. 创新回报率（R^3OI）

R^3OI是评估价值最大化方案（MVS）的工具，主要评估弹性、相关性和回报3个方面。

① 需要办理华盛顿公约（CITES）进出口证明书等，熟悉世界动物卫生组织（OIE）国际标准。

（1）弹性　研究趋势，测试保持核心竞争力的能力，考察相关项目的适应能力，从而引领变革。

（2）相关性　回应变革是如何影响人们的生活工作方式甚至价值观，思考交流与传播的方式，产品、服务能创新更便捷的"途径"，以帮助生活工作中的各个部分的联系越来越紧密。

（3）回报　社会效益、经济效益、生态效益和知识产权积累（科技效益）等回报。

3. F.U.T.U.R.E 测试[3]

一项新计划的实施必然会受到机制改革承受能力的制约。F.U.T.U.R.E 测试就是对预测结果进行压力测试评估的工具。

（1）F（Foundation）：支持的基础　本机构核心利益相关方支持你吗？他们认同这个趋势、情景，还有你对两者的把握？你的策略可以解决研究趋势时发现的问题吗？如果核心利益相关方离开你的组织，这些策略还能持续运行、不断改进吗？你有相当的时间、金钱和意愿去维护策略吗？

（2）U（Unique）：价值的独特性　你计划中的行动能给顾客带来独特且显而易见的价值吗？（记住，"顾客"是广义的。可以是个体消费者、消费者群体、业务伙伴、合作机构、选民等）你的策略难以复制吗？竞争者逐渐出现，你如何让顾客认识到甚至熟知你和竞争者的差异？

（3）T（Track）：追踪趋势的路径并能衡量结果　根据所在组织当前或计划的架构，你能设置有意义的标准，用来追踪趋势、衡量结果吗？你能使用得到的数据对当前和未来的留客、获客情况进行有效分析吗？

（4）U（Urgent）：能传递趋势的紧迫感　你的趋势策略向员工和目标客户传递了紧迫感吗？市场需求能持续吗？你能在现有客户群中挖掘需求吗？即便市场变化，竞争对手出现，客户还会离不开你的产品，始终看到其价值吗？

（5）R（Recalibrate）：可对策略进行改进调整　你所创造的策略可能需要改进。你会如何分配时间和金钱去追踪趋势及其影响？你的项目能跟上用户个人和公司技术的升级吗？你的趋势策略能随目标客户群一起变化吗？你有充足的预算继续发展产品吗？你和员工能每隔两三个月全面评估趋势策略并做相应调整吗？趋势策略推出后，你和员工有动力继续发展策略吗？

（6）E（Extensible）：适应未来的可拓展性　在工程学中，可拓展是一种考虑未来变化和潜在增长的设计原则。你的趋势策略拓展性有多好？它能轻松适应未来变化吗？你的趋势策略严重依赖你和员工无法轻松控制的第三方软件、工具、服务、设备、内容或代码吗？你能在内部校准策略吗？还是必须依赖另一家公司推动必要变革？你的趋势策略在运行中能不受设备、软件或网络升级影响吗？消费者的品位和偏好变化后，你能相应地调整策略，并保证不偏离最初构想吗？

参考文献

[1]［美］菲利普·泰洛克等著，熊祥译. 超预测［M］. 北京：中信出版社，2016.

[2]［美］艾米·韦布著，戴佳等译. 预见［M］. 北京：江苏凤凰文艺出版社，2017.

[3] 方环非，滕永春，叶春明，等. 决策者的预见性思维及其培养［J］. 决策借鉴，2000（02）：60-62.

[4]［美］丹尼尔·卡尼曼著，胡晓姣等译. 思考，快与慢［M］. 北京：中信出版社，2012.

[5] 韩静娴，徐云鹏. 托夫勒"未来学"三部曲述评［J］. 科技情报开发与经济，2009，19（32）：124-126.

[6] 赵仲牧.《易经》与未来学——对预测未来的哲学思考［J］. 思想战线，1993（06）：24-31.

[7] 卢丽娟. 未来学与企业预算管理研究［D］. 天津：天津财经大学，2003.

[8] 未来学家新书《定见》：教你用常识预测未来［J］. 未来与发展，2009，30（02）：25.

[9]［美］塞西莉·萨默斯著，张杲等译. 预见的力量［M］. 北京：中信出版社，2013.

[10] 方环非，滕永春，叶春明，等. 决策者的预见性思维及其培养［J］. 决策借鉴，2000（02）：60-62.

[11] 邢斯馨，王敬东. 学习他——"知行合一"的中国智慧［EB/OL］.（2017-04-09）［2017-04-09］. 央视网，http：//news.cctv.com/2017/04/09/

ARTIU3aU1FY4i8KW1bA1hbNe170409.shtml.

[12] 王世民. 思维力：高效的系统思维 [M]. 北京：电子工业出版社，2017.

[13] 农业部种子管理局等. 2017 年中国种业发展报告 [M]. 北京：中国农业出版社，2017.

第十章

产业集群理论

一、产业集群概述

（一）概念与内涵

1. 概　念[1]

产业集群（Industry Cluster）是指一群企事业单位、相关支撑机构和团体等通过联系和互动，在地理上相邻近和扎堆集聚，建立相互信任和交流合作的氛围，促进管理创新尤其是技术创新，产生了产业联系与相互影响以及外部经济与成本降低，克服或构筑市场壁垒，从而加速结成相对稳定而开放的柔性网络。

2. 内　涵

产业集群不是企业、机构等简单聚集。涉及关联的企业（还包括商会、协会、银行、中介机构等）、清晰的产业主题（特定产业）、稳定的网络特性（社会网络）和有竞争优势的组织形式等内容。

3. 类　型[2]

一是根据产业区结构特征，产业集群可分为马歇尔产业集群、轮轴式产业集群、卫星产业集群、政府定位型产业集群。二是从交易成本的视角，产业集群可分为纯粹集聚、产业共同体和社会网络。三是从价值链的治理结构角度，产业集群可分为标准型（模块型）产业集群、关联型产业集群和俘获型（被控制型）产业集群。四是依据集群形成方式，产业集群可分为原生型产业集群（如浙江专业化产业区）、嵌入型产业集群（如广东外向型产业集群）、衍生型产业集群（如中关村产业集群以及国有企业衍生形成的产业集群）。

（二）思想渊源

产业集群是产业经济和产业组织等研究的热点。通过CNKI文献检索，截至2019年9月25日，题名含“产业集群”的文献达25168篇，主流经济学家纷纷涉足产业集群理论。各种集群理论间有着一定的关联，既存在继承和被继承的关系，又存在相互影响的关系，其关联和演进脉络（图10-1）[3]中，其中波特和克鲁格曼关于产业集群的理论影响最广，而近年网络理论进一步推动了产业集群理论的发展。

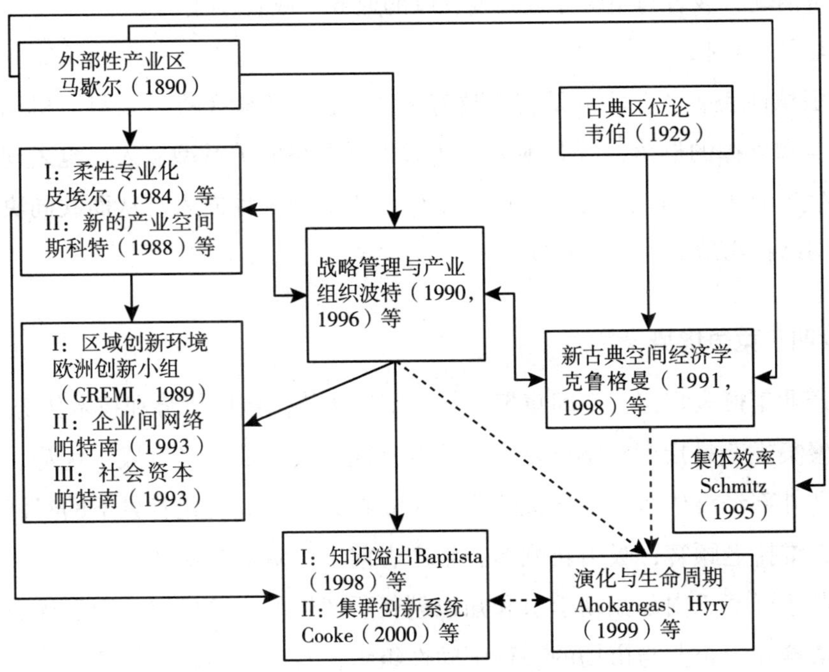

图10-1　产业集群理论关联和演进脉络

（三）结构特征

1. 网络特性[4]

产业集群的网络特征包括网络分工、网络协作互动和网络创新。网络分工是指集群内部形成较为稳定的上下游企业关系以及相关的配套产业，即实现专业化分工。网络协作互动是指集群的自组织、自增强效应，基于不同规模的企业对生产技术、管理、资金和营销贸易等进行不同能力层次搭配，从而形成高度分解的柔性组织结构。网络创新是指网络促进了知识的外溢，产业集群具有很强的学习和创新能力。

2. 地理邻近

地理邻近是产业集群的基本特征。集群内部的企业、机构、平台等产业实体相对集中，形成规模效应，促进集群内部的交流、学习、合作。

3. 同质性和关联性

产业集群的主营业务高度一致。集群内部的企业基本从事相同的、类似的经济活动，或者与主营业务高度关联的业务，或者存在上下关系。

4. 根 植 性[4]

根植性表明产业集群是官（政府）产（企业）学（高校及科研机构）共同参与和支撑的群落，既表现为企业对集群网络的关系型嵌入，也表现为企业与生产有关的当地文化、制度和基础设施等结构性嵌入，从而共同决定了集群网络在当地的根植性程度。

（四）竞争优势

产业集群表现出：空间集聚优势、市场优势、制度优势和技术优势[5-6]。空间聚集优势是指产业集群基于产业的空间集聚形成，具有成本优势、资源优势和外部经济优势。市场优势是指建立在共同产业文化背景下的经济网络关系，维持老顾客，吸引新顾客和生产者前来，降低交易费用。动态优势是指产业集群基于内部互动学习和知识创新所产生的竞争优势。制度优势是指产业集群介于企业与市场的一种中间性组织，有独特的制度优势。技术优势是指产业集群促进知识和技术的创新和扩散，实现产业、产品创新以及产品差异化发展。

（五）动态核心能力

产业集群动态核心能力是由吸收力（集群对内部学习和外部学习的整合能力）、创新力（集群将知识转化为专用知识从而获取竞争力的潜力）、市场力（集群吸引和服务特定顾客的能力）、资本力（集群通过社会网络攫取有价值的稀缺资源从而获得经济利益的能力）、文化力（对集群各行为主体的行为起支配作用的一种行为方式和共同的理念）五个方面共同动态整合而成的（图10–2）[7]。

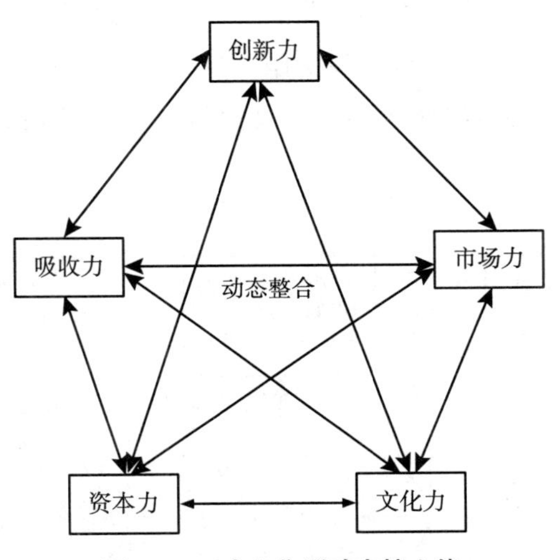

图 10–2 产业集群动态核心能

（六）成长动力机制与升级逻辑

1. 成长动力机制

产业集群成长动力方面的理论有马歇尔的外部经济理论、韦伯的工业区位理论、佩鲁的增长极理论、科斯的交易费用理论等。产业集群成长动力分为内源动力和外源动力[1]。内源动力主要有以专业化分工为核心的集群内部合作，以建立竞合关系的集群内部竞争和以创新驱动的集群内部创新（技术进步）。外源动力主要有以政策扶持为核心的政府行为，包含产业环境、市场环境、制度和文化等外部环境。

2. 升级演进逻辑

产业集群的升级理论研究基本是“产业集群外部视角（宏观）→产业集群整体视角（中观）→产业集群内异质主体视角（微观）”的逻辑演进（图10–3）[8]。宏观视角重点研究国际分工及如何突破锁定和占据产业链的有利位置，强调政府引导。中观视角就集群的整体层面，强调集体行动，包括因素、结构和演化三个方面。因素方面强调知识要素和制度要素的核心作用，以引导产业集群升级。结构方面强调产业集群的网络特性，通过优化网络结构促进产业集群升级。演化方面强调以动态化视角研究环境变化对产业集群的经济、文化、社会结构和集群功能演变作用。微观视角基于集群企业的异质性差距，强调不同企业和机构的作用，强调龙头企业等骨干企业通过自身的核心能力建设、知识创造与应用、技术创新、品牌运营等引领产业集群升级。

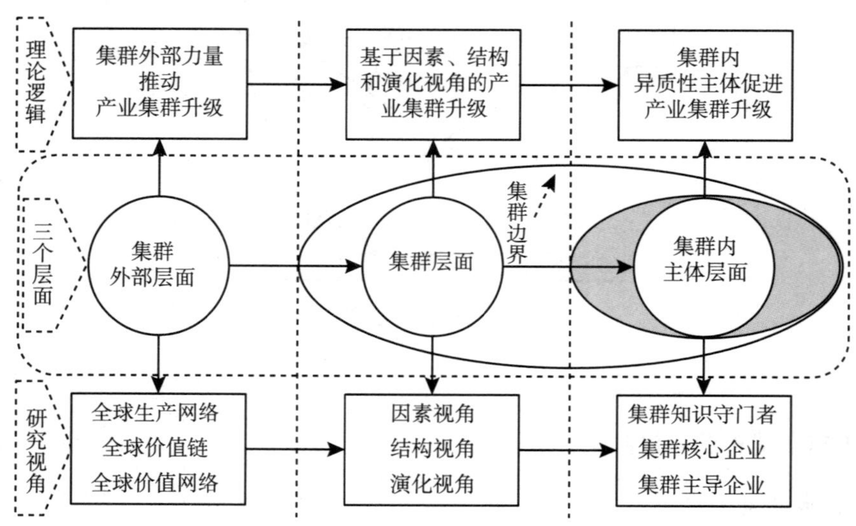

图 10-3 产业集群升级的宏观、中观和微观分析框架

（七）识别与判断

产业集群的识别方法众多，常见的是模型方法，如区位熵、市场集中度、空间聚集指数、图论分析、Hotelling 模型和 GEM 模型等[9]。这一点与主导产业选择有相通之处。也可通过产业集群的生命周期进行判断，即根据产业生命周期理论与产业集群内涵特性，识别和判断产业链成长情况与所处阶段（表 10-1）[10-11]。

表 10-1 产业链生命周期与产业链识别

要素 \ 阶段	萌芽期	成长期	成熟期	衰退期
企事业机构数量与质量	企业和机构简单地空间聚集、缺乏核心企业	由空间聚集转向关系聚集，核心企业聚集	组成稳定的集群网络，达到最佳规模	产业组织松散化，企业迁出或倒闭
产业特色	有特色，无品牌，不成气候	产业特色被认可，品牌快速成长，产业链延伸	特色显著，成为重要的品牌行业，产业链自成体系	品牌吸引力减弱，特色逐步丧失，消亡或转型
产业链及产业配套	产业配套差，对相关产业链影响作用有限	对相关产业链造成影响，配套产业发展迅速	成为相关产业链的重要一环节，产业配套齐全	对相关产业链影响减弱，产业配套被破坏
企事业机构合作与联系	缺乏网络互动协作，缺乏联系	网络互动协作开始活跃，企业间交易不断增加	网络互动协作密切，交易频繁，专业化分工较为普遍	网络互动协作开始减弱和被破坏
集群创新网络	创新网络未形成，但已为组网聚集了力量	创新网络正在形成，有影响行业的创新能力	创新网络已形成，创新能力强，创新优势显著	创新能力下降，跟不上科技发展
组织化与标准化程度	组织化程度不高，缺少标准化支撑，资源未合理配置	资源得到合理配置，生产要素得到了整合，开始形成行业标准	资源配置和生产要素整合均达最佳状态，行业标准成熟	组织化程度下降和产业组织被破坏
嵌入地方的程度	不能影响地方的社会经济	开始逐步影响社会经济发展，产业逐步融入地方	与地方社会经济文化系统深入融合，具有良好的根植性	集群衰退，对社会经济影响减弱
竞争优势和竞争能力	集群竞争优势不明显，竞争能力较差	开始显现竞争优势，竞争能力增强	显现明显的竞争优势，竞争能力强	竞争优势丧失，竞争能力下降
产业结构与经济规模	产业结构不合理，规模有限，经济效益不高	产业结构逐渐优化，逐步成为区域的主导产业	产业结构高级化，成为当地的主导产业或支柱产业	产业结构不能与时俱进，经济规模下降
产业链生命周期曲线	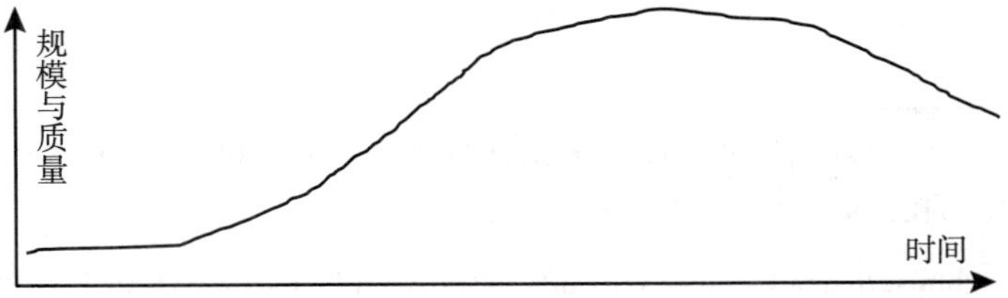			

二、理论基础

（一）马歇尔的外部经济理论

阿弗里德·马歇尔（Alfred Marshall）在1890年出版的著作《经济学原理》中提出了“内部（规模）经济”和“外部（规模）经济”两个重要概念。他认为，外部规模经济是导致产业集群现象产生的主要诱因，将相关部门的企业在某一特定的区域内形成的集聚称为“产业区”[12]。内部经济是指有赖于从事工业的个别企业的资源、组织和经营效率的经济，而外部经济则是指有赖于这类产业的一般发达经济。

（二）古典区位论的集聚经济性

1. 韦伯的集聚理论①

阿尔弗雷德·韦伯于1909在《工业区位论》一书中首次提出了聚集的概念。韦伯从微观企业的区位选择角度，抽象掉社会文化因素对产业聚集的影响，将影响工业分布的区位因素分为区位因子。区位因子包括运费与工资因子、集聚因子和分散因子。其中，集聚因子是指一定量的生产集中在特定场所带来的生产或销售成本的降低。分散因子是指随着消除这种集中而带来的生产成本降低。

2. 胡佛的产业聚集最佳规模论②

埃德加·胡佛（Edgar Hoover）在1948年出版的《经济活动区位中心》中将集聚经济视为生产区位的一个变量，指出产业集聚存在一个最佳的规模，若集聚企业太少，集聚规模太小的话，则达不到集聚能产生的最佳效果；同时，若集聚企业太多，则可能由于某些方面的原因使集聚区的整体效应反而下降。

---

① https://baike.baidu.com/item/%E5%B7%A5%E4%B8%9A%E5%8C%BA%E4%BD%8D%E8%AE%BA/493434? fr=aladdin。

② https://baike.baidu.com/item/%E4%BA%A7%E4%B8%9A%E9%9B%86%E8%81%9A%E6%9C%80%E4%BD%B3%E8%A7%84%E6%A8%A1%E8%AE%BA/4281808。

（三）克鲁格曼的地理集聚理论

20世纪90年代以来，区域经济学家保罗·克鲁格曼（Paul Krugman）等利用“核心－外围”理论对产业集聚进行了研究。克鲁格曼等新经济地理学者从微观企业选择、中观产业集群网络、宏观产业布局系统三个层面，探讨地理第一性差异和地理第二性差异对产业空间分布的影响①，认为产业空间结构是集聚力与扩散力共同作用的结果[13-14]。克鲁格曼以传统的收益递增理论为基础，借用报酬递增的正式分析工具，引入地理区位等因素，研究指出一个经济规模较大的区域，因为前向关联和后向关联激发出一种自我持续的制造业集中现象，经济规模越大，则集中越明显、运输成本越低，制造业在经济中所占的份额越大，在厂商水平上的规模经济越明显，越有利于集聚[15]。

而且，克鲁格曼首次将外部经济及区域产业聚集和贸易联系起来，指出通过贸易活动总会使某些产品的生产集中于某些工业区。各国的贸易优势来自各国内部的地区产业分工和在此基础上所能达到的规模经济的程度[16]。

但是，新经济地理学关注的焦点主要是规模经济与运输成本的相互作用，对制度差异重视不够。而且，提出降低贸易成本促进区域一体化也受到落后地区政府的反对，因为落后地区被锁定于传统产业[15]中。

（四）波特的竞争优势理论

产业集群的概念是在迈克尔·波特（Michale Porter）1990年出版的著作《国家竞争优势》中提出的。1998年，波特发表了论文《集群与新竞争经济学》，进一步对产业集群的含义进行了系统的阐述。一个国家的特定产业要取得国际竞争优势关键在于生产要素、需求因素、相关与支持产业因素和企业战略、组织与竞争状态因素四种决定因素以及机遇和政府两个辅助要素的整合作用，提出了钻石模型[17]，见图10-4。波特从企业竞争力角度说明产业集群现象，指出评价一个国家产业竞争力的关键是能否有效地形成竞争性环

① 地理第一性差异即要素、地理环境等差异。地理第二性差异即市场需求及偏好、政策环境、城市结构等方面的差异。

境和创新，提出国家竞争优势往往取决于国内若干区域内形成的有竞争力的若干产业集群[18]。波特指出，政府应当是市场竞争的催化剂与挑战者，要促进公司间的竞争达到较高的水平；指出机会源自企业外部，包括发明、基础技术突破、国外市场的转变，甚至战争和外部政治变化[19]。

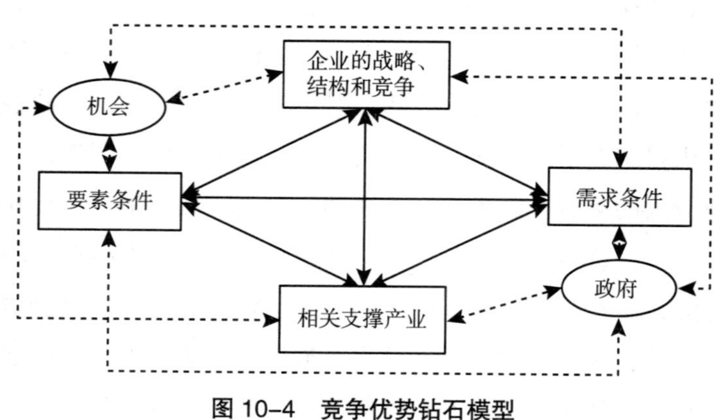

图 10-4　竞争优势钻石模型

波特的竞争优势理论贡献[17]在于：一是区分了竞争优势和比较优势。竞争优势不仅限于资源禀赋，还在于四种决定因素和两个辅助要素。二是强调了动态的竞争优势。三是强调了国内需求的重要性；四是强调了国家在决定竞争优势方面的能动作用。四是划分了国际竞争的发展阶段。

波特的竞争优势理论的缺陷[17, 19]在于：一是忽视了规模收益的作用。二是解决不了如何有效地对市场结构进行干预。三是"资本是充裕的，企业可以轻易获得先进的技术和管理经验"这一隐含前提与现实不符。四是忽视了宏观经济环境、政治体制、社会文化等外部因素对企业竞争环境的影响，否定政策扶持创建出竞争性产业。五是一些结论解释不了发展中国家的情况。

（五）新产业区理论

20 世纪 70 年代，在全球经济衰退的背景下，意大利东北部以及中部却出现了快速的产业增长。迈克尔·皮埃尔（Michael Piore）和查尔斯·赛伯（CharlesF Sabel）对意大利这些区域出现的产业聚集增长现象进行了研究，并于 1984 年出版了《第二次产业分工》。《第二次产业分工》指出标准化的工业化取代了传统的手工业，工业化生产达到极致，国内外市场出现激烈竞争和各种不确定性，导致在制造业中出现以过去手工业生产方式为原理的“柔性专业化”的新的产业组织形式，以及一种既竞争又联合的新型产业区即新产业区（New Industrial District）[20]。斯科特（Scott）将新产业区定义为基于合理劳动分工的生产商在地域上结成的网络。这些网络与本地的劳动力市场密切相连[21]。

新产业区理论更关注弹性专业化生产、区域创新环境与网络，提出新产业区是在高度专业化分工基础上，由中小型企业在一定的空间内共享经济资源，并集聚而形成的区域经济社会文化综合体。在这个综合体中，各个企业不但有共同的价值观、文化氛围，而且形成竞合关系①。

（六）区域创新环境理论

奥地利经济学家约瑟夫·熊比特（Joseph Schumpeter）在1912年出版的《经济发展理论》一书中最早提出“创新”概念，并随后进行了系统地论述[22]。熊比特提出创新是企业家的创造性活动，本质是一个创造性破坏的过程。专利权保护制度是创新机制实现的重要制度基础，通过创新实现垄断地位（暂时）。因此，熊比特创新对应着垄断竞争的市场结构，成功的创新在带来垄断利润的同时也会产生创新传播[23]。

但直到20世纪50年代，学术界才开始关注熊比特的创新理论。欧洲创新研究小组（GREMI）于1989年在巴塞罗那会议上由将区域创新环境定义为在有限区域内，主要的行为主体通过相互之间的协同作用和集体学习过程而建立的非正式的复杂的社会网络[24]。20世纪90年代以来，随着新熊彼特主义和新制度主义对制度和演化经济问题研究的深化，新经济地理学初步形成了“区位学习创新－地方环境－区域增长的研究框架”[25]。产业集群作为推动区域经济增长的网络，产业集群－区域创新环境互动关系得到了学术界的重视。区域创新环境中包含的技术创新、制度创新、管理体制创新、文化创新等因素是营造整个区域创新环境的关键。这四大创新因素又分别直接与产业集群发生互动关系，从而产生相互作用，以增强企业的学习和创新能力（图10–5）[26]。

① https://wiki.mbalib.com/wiki/%E6%96%B0%E4%BA%A7%E4%B8%9A%E5%8C%BA。

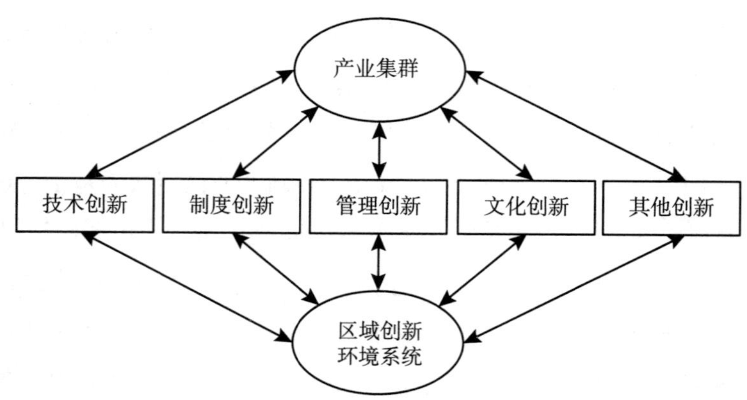

图 10-5　产业集群与区域创新环境互动关系

（七）网络理论

1. 行动者网络理论①

行动者网络理论（ANT，Actor Network Theory）是由布鲁诺·拉图尔（Bruno Latour）和米歇尔·卡隆（Michel Callon）等为代表的巴黎学派于20世纪80年代中期提出来的理论[27]。巴黎学派对实验室研究遇到的"宏观"与"微观"，"内部"与"外部"，"认识"与"社会"等问题进行了系统地分析，同时结合实验室人类学研究方法以及法国后结构主义②，提出了行动者网络理论，指出科学技术实践乃由多种异质行动者相互建构而成的动态网络[28-29]。拉图尔以行动者③、转义者④、网络⑤三个概念为核心提出了行动者网络理论，以

① 行动者网络理论不是本章的重点。

② 后结构主义，或称后现代主义，认为社会结构由"形构"走向了"解构"。结构被看作是社会关系的网络模式，功能则表明了这些内在网络模式的实际运行，但在后结构主义中结构成了束缚人并导致"人消亡""社会性消失"的元凶。

③ 行动者不仅指行为人，还包括观念、技术、生物等非人的物体。任何通过制造差别而改变了事物状态的东西都可以被称为"行动者"。任何行动者都是转义者，而不是中介者。任何信息、条件在行动者这里都会发生转化。

④ 转义者是对立于中介者提出的，与其说是一个概念，不如说是一种对待行动者的态度。转义者会改变、转译、扭曲和修改它们本应表达的意义或元素。

⑤ 此处的"网络"是一种描述连接的方法，它强调工作、互动、流动、变化的过程。

实现“展开（如何通过追踪生活世界中的各种不确定性来展现社会世界）”“稳定（如何跟随行动者去解决由不确定性造成的争论，并将处理办法承继下来）”“合成（如何将社会重组为一个共同世界）”的三个社会科学任务[30]。

行动者网络理论消解了主体和客体的二元认识模式，强调行动主体、关注物这一客体、确立以联结作为社会学研究的核心和构造一个既公正又有政治参与的学科[30-31]。行动者之间的联结“网络”是透过“转译”来进行建构的。转译的过程即网络构建的过程[32]。

2. 社会网络理论

社会网络理论（SNT，Social Network Theory）是成熟于20世纪70年代的一种社会学研究范式，其中巴里·威尔曼（Barry Wellman）提出社会网络是由某些个体间的社会关系构成的相对稳定的系统[33]。社会网络理论有两大分析要素即关系要素和结构要素。这两大要素对知识和信息的流动均有重要影响，其中关系要素关注行动者之间的社会性黏着关系，结构要素关注网络参与者在网络中所处的位置①。支撑社会网络理论的主要有马克·格兰诺维特（Mark Granovetter）的弱关系理论、哈里森·怀特（Harrison White）的市场网络理论、皮埃尔·布迪厄（Pierre Bourdieu）与罗伯特·帕特南（Robert Putnam）等的社会资本论、罗纳德·伯特（Ronald Burt）的结构洞理论。

格兰诺维特于1973年发表的论文《弱关系的力量》首次提出弱关系理论。他在1985年发表的论文《经济行动与社会结构：嵌入问题》中用嵌入理论②分析社会关系网络。格兰诺维特的研究指出弱关系能使多样化的信息流通更通畅，且能联通社会的宏观和微观两个层面[34]。

怀特于1981年第一次从社会学的视角对微观经济学的基础领地——市场进行了结构主义的重新构建。他用结构主义的市场定义替代了功能主义的市场定义，将市场定义为一种可持续再生的社会结构的社会网络[35]。

布迪厄于1985年率先提出了“场域”和“资本”概念，其认为场域是各

① https://wiki.mbalib.com/wiki/社会网络理论。

② 格兰诺维特将嵌入划分为关系嵌入和结构嵌入。关系嵌入是指行动者可以直接通过关系网络中相互联系来获取信息等资源从而受益。结构嵌入是指行动者处在关系网络中不同位置、位置结构、网络规模、网络密度时，获得资源的模式和分配是不同的。

种要素形成的动态关系网；场域变化的动力是社会资本①，而社会资本是指与人们公认的制度化关系的持久网络的占有联系在一起的一类资源的总和[34]。詹姆斯·科尔曼（James Coleman）从微观和宏观的联结为切入点，对社会资本做了较系统的研究，认为社会资本是社会结构资源作为个人拥有的资本财产。罗伯特·帕特南（Robert Putnam）在科尔曼的基础上，将社会资本从个人层面上升到集体层面，认为社会资本是一种团体的甚至国家的财产，要关注社群发展，并为各种社会组织的存在留下空间②。

伯特于1992年出版的著作《结构洞：竞争的社会结构》中提出了结构洞理论，研究人际网络的结构形态，研究网络行动主体通过何种网络结构可以获得更多的回报或者利益。结构洞存在于社会网络、创新网络、知识网络、企业集群等各种网络中。伯特提出结构洞是指具有互补资源和知识的两个群体之间的空白，当第三方中介能够将这两个群体连接起来时，空白被填充，并因此带来竞争优势，即竞争优势在于接近市场交易网络的结构洞[36]。以结构洞为中心展开的分析涵盖网络参与者——个体、团队、公司和产业等多个层次，通过网络约束系数计算自我与他人相连所受到的约束程度，系数越高则结构洞越少[37]。

3. 政策网络理论

政策网络理论（Policy Network Theory，PNT）是公共政策研究的重要范本，受益于社会网络理论的发展。政策网络理论尚无统一的定义，主要有四类定义，一是倾向从政策主体或主体关系视角来定义政策网络，政策网络是指决策过程中包括来自不同层次与功能领域的政府、社会行动者；二是倾向从资源依赖的角度来界定政策网络，政策网络是指一群或复杂的组织因资源（包括权威、资金、合法性、信息与组织）依赖而彼此结盟，又因资源依赖结构的中断而相互区别；三是倾向从国家自主性的角度来界定政策网络；倾向从治理的视角来界定政策网络，政策网络是指由一群具有自主性，且彼此之

① 布迪厄把资本划分为三种类型：经济资本、文化资本和社会资本。其中，社会资本是指网络（Networks）、规范（Norms）、信念（Beliefs）、规则（Rules）及文化制度（Cultural institutions）的总称。

② https://baike.baidu.com/item/社会资本理论/1465610。

间有共同利益的相互依赖行动者所组成的关系[38]。政策网络是国家、社会、团体等不同行动者之间在政策过程中形成的关系模式与类型，并且关系主体多元、关系联结复杂、行动者之间相互依赖与影响[39]。

4. 复杂网络理论

复杂网络（Complex Network）是对复杂系统的抽象和描述方式，强调了系统结构的拓扑特征。图论（Graph Theory）是研究复杂网络的主要研究方法①。复杂网络理论（Complex Network Theory，CNT）研究网络结构的演化、网络结构与网络行为的互动规律[40]。

20 世纪 50 年代，匈牙利数学家 Erdos 和 Renyi 建立了随机图理论，开创了复杂网络理论的系统性研究，想出一种新的构造网络的方法，生成了一种随机网络（Random Networks）（图 10-6）[41-42]。

1998 年，邓肯·瓦茨（Duncan Watts）和史蒂文·斯特罗加兹（Steven Strogatz）提出了小世界网络，说明社会中普遍存在一些发挥着非常强大作用的“弱链接”关系[42]。社交网络、互联网的底层架构、基因网络等经验网络图都展示出了小世界现象。1999 年，物理学家艾 – 拉·巴拉巴西（A-L Barabasi）及其学生雷卡·阿尔伯（Reka Albert）提出了复杂网络的连接度分布具有幂律函数形式的无标度网络，无标度网络本质上属于小世界网络[42]。

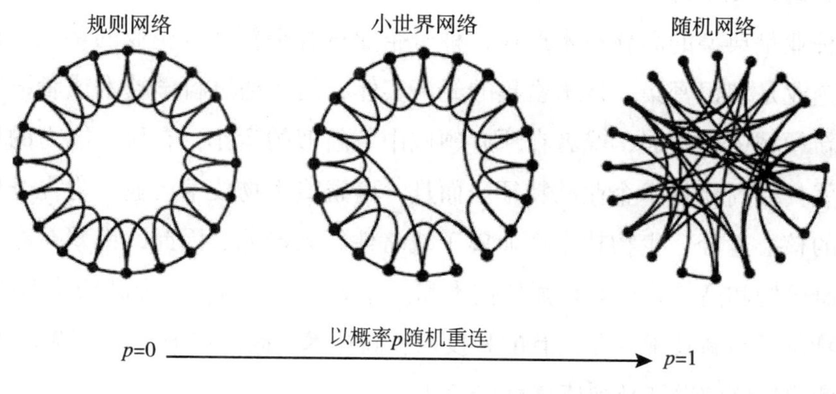

图 10-6 规则网络、小世界网络和随机网络间的演化

① https://blog.csdn.net/qq997843911/article/details/80162157。

三、南繁产业集群的强化

（一）南繁产业集群的定义与内涵

根据生物技术产业集群的概念[43]和农业产业集群的概念[44]，南繁产业集群是基于国家南繁，将传统种业和生物技术产业融合，在空间上高度聚集大量企业以及科研院所、组织、制种专业户、协会等相关支撑机构，发挥组织协同效应和产业协同效应，通过利益机制形成紧密合作、共同发展的具有强劲、持续竞争优势的经济群落。

产业集群是促进区域经济发展的重要途径[44]。产业集群内的企业相互临近、信息交换便捷，业务关联频繁，有助于各种新思想、新观念、新技术、新知识的传播，集群学习效应和溢出效应显著，从而能增强南繁产业的竞争能力。南繁已实现了简单的空间聚集，机构之间在种质资源、亲本、组合（品种）、人员、交易等方面存在广泛的关联，通过转化南繁科技资源为地方科技资源，可以促进南繁空间聚集向产业聚集和产业集群方向发展。

（二）南繁产业集群的基本特征

1. 高新技术属性

种业是典型的高新技术产业，种子企业符合高新技术企业的特征。高新技术企业是知识密集、技术密集的经济实体，是指通过科学技术或者科学发明在新领域中的发展，或者在原有领域中革新似的运作。有研发能力的种子企业就具备高新技术企业的特征。而且，南繁将生物技术产业作为提升传统育种的核心途径。生物技术产业属于战略性新兴产业。因此，南繁对高水平的科研机构和高等院校有较强的技术和人才依赖性。南繁作为高新技术产业，也就具备了高新技术产业具有的高投入、高技术、高附加值、高风险等特征。南繁产业集群的发展必须依靠科技带动。

2. 中间性组织属性

1975 年，奥利弗 · 威廉姆森（Oliver Williamson）从不确定性、交易频率和资产专用性程度三个维度研究交易的组织形式，诱发了中间性组织的研究[45]。

后来，拉森（Larson）用特定资源依赖代替资产专用性，提出中间性组织就是“看不见的手”和“看得见的手”相互之间的握手[46]。产业集群就属于中间性组织，是“企业外部化”和“市场内部化”的产物[47]，具有网络结构特征。中间性组织主要有以地理空间、产权和契约关系等为纽带形成的中间性组织[45]。南繁产业集群的发展需要立足国家南繁基地，创新种业领域中创业的股权设计和优化知识产权的“权”与“利”关系。创新契约关系通过南北合作打造全面性新品种测试网络和推广网络。

3. 根植性特征

产业集群是在特定的区域内聚集的群落，在经济、社会、政治、文化、认识上具有很强的本地联系，必须高度嵌入本地社会文化和经济发展等社会关系之中[46]，为结构内的行动者提供便利，包括规范、信任、隐含知识和企业家网络等。集群根植性分为认知根植性（Cognitive Embeddedness）①、组织根植性（Organizational Embeddedness）②、社会根植性（Social Embeddedness）③、制度根植性（Institutional Embeddedness）④和地理根植性（Geographical Embeddedness）⑤[48]。

4. 契约协调特征[46]

产业集群是不具备权威性的组织。企业机构或个人等行为人要以市场交易为联系的纽带。产业集群的组织协调需要通过各种正式和非正式的市场契约来进行。产业集群内企业、机构在地域上聚集后，形成产业关联和关系性

---

① 认知根植于本地人们的经验之中。集群中的认知是指有效的、有价值的和结构性的意识形态。

② 集群组织根植是指本地集群的组织性质、形式和结构。集群的产业性质不同，将有不同的道路选择。

③ 集群丰富的社会资本（Social Capital，指布迪厄所定义的社会资本）使集群的经济关系具有较强的“社会根植性”。

④ 集群的制度分正式制度和非正式制度。正式制度由法律规定形成（包括法律、产权、权威等），而非正式制度则由社会习俗、默认的交易“游戏”规则和集体行为惯例等构成（包括以信任、声誉、规范等为主要内容的社会资本，企业家精神和区域文化）。

⑤ 集群的主要特征之一就是地理集中。

资产，促使集群内企业的利益一致。

5. 自组织性特征

产业集群的发展是一个渐进累积和自我增强的系统演化过程。自我增强特征即为自组织性[46]。自组织现象是自然界中自发形成的宏观有序现象。自组织具有信息共享、单元自律、短程通讯、微观决策、并行操作、整体协调和迭代趋优等特征[49]。产业集群的自组织性使微观要素协同进化而产生出新的有序结构，进而不断强化自我聚集经济优势、品牌优势和网络创新优势[46]。

6. 劳动密集属性

南繁的基础是农业，在育种、制种过程中，需要占用大量的土地和大量的熟练工人，具有农业劳动密集的属性。在新品种入市前需要通过覆盖面广的试验示范基地进行测试，同样需要大量的人力资源进行支撑。依据 2019 年 3 月 31 日的中国种子大会资料，全国共有种子站 2733 个、区试站 7374 个、测试中心 28 个、检验机构 338 个。

（三）南繁产业集群现状与问题

1. 南繁产业已实现空间上的聚集

一是南繁杂交水稻制种面积超 20 万亩，已占全国制种面积的 14.49%，在行业内已形成影响力。二是冬春季节，全国的育种力量基本上聚集性南繁，区域优势不可替代。南繁已成为我国种业领域的创新通道、信息中心、流动人才中心、种质资源中心。通过南繁可以获取种业乃至生物技术领域的最新信息包括品种信息、人才信息、市场信息等。三是国家南繁基地规划进入落地期，南繁产业发展态势良好。海南省正聚力建设南繁科技城，全力打造南繁"硅谷"，公共平台建设紧锣密鼓。四是南繁产业内容更加丰富。水产南繁、中草药南繁、林木花卉南繁正蓬勃发展。南繁的产业基础进一步夯实。

2. 南繁产业集群尚处于萌芽期

现有的南繁机构并未嵌入地方的社会经济系统，如同匆匆来客。南繁机构极少在南繁区设立实体机构，无法形成集约化产业优势。无机构则无社会经济发展的组织载体。缺乏实质性的组织网络支撑，南繁产业集群将无所依。目前，南繁科技城尚处于规划建设期，落户的机构数量有限，且以原有南繁机构进行变“客”为“主”的实体化而来。对照中国科学院深海研究所的创建模式，其未来产业效果难以预估。

3. 南繁产业集群发展方向受限

第一，在制种产业方面，海南难有颠覆性作为。目前，我国的制种基地分布相对固化，已经形成优势区域。例如，2019 年杂交水稻制种面积 9.2 万公顷，主要分布在湖南、四川、海南、江苏、福建、贵州省等大南方地区；2019 年杂交玉米制种面积 17.07 万公顷，主要分布在大西北、东北和华北地区；冬小麦制种面积约 80 万公顷，主要分布在东北、华北、华中及西北地区；杂交棉花制种约 0.63 万公顷，主要分布在山东、江苏、新疆、甘肃、内蒙古、湖北等地；杂交冬油菜制种面积约 0.73 万公顷，主要分布在湖南、云南、青海、甘肃、江西、四川、湖北、安徽、陕西省及新疆自治区；蔬菜、花卉制种较为分散，相对集中在山东、河西走廊等地，作为特色作物，各省均有制种分布[50]。

海南若大力发展南繁制种产业不仅面临传统制种区的优势压力，还会受到生产销售成本和人力匮乏的制约。海南发展制种产业的优势不在成本，而在创新管理模式，严密保护亲本。

第二，在育种和市场方面，知识产权和市场两头在外。根据克鲁格曼本地市场效应和种子区域栽培特性，南繁最大的困局将是远离最终的消费市场。海南作为岛屿省份，农业面积有限，支撑不起内销型庞大产业集群。海南若要发展育种产业，就需要创新管理模式，吸引创业、吸引投资，面向岛外市场，面向“一带一路”市场。

4. 南繁产业集群发展规模受限

第一，种业规模有限且分割严重。我国农作物种业产值约 1400 亿元、水产种业产值约 700 亿元，还不及小米公司营收（小米 2018 年营收 1749.15 亿元），即一个国民经济领域的基础行业总体营收比不上一家新上市公司的营收。这说明种业领域市场规模有限，并正被 5663 家种企分食。

第二，生物育种商业化应用受限。现有的基因组测序技术主要应用于基因选择，以对目标性状进行高效快速的精准选育。但商业化前景广阔的转基因技术、基因编辑技术目前基本局限在非商用阶段，仅部分转基因品种，如玉米、番茄、土豆、棉花、大豆、番木瓜等被批准入市。无商业用途，企业无法介入，制约了农业生物技术产业的高速高质量发展。

第三，种业领域的惯性思维制约。我国种业一直采取粗放式经营，科学计划能力弱，培育市场的能力更弱，大多被动跟随甚至投机取巧。种业作为涉农的产业，很多种企的创始人和经营者甚至存在小农意识，缺乏开放心态，采取家族式管理，无现代化企业运营的心理素养、战略格局。种业领域的从业人员的整体综合素质有待进一步提升，否则较难吸引国际视野的高层人才。种业企业尤其是小企业普遍存在不良竞争，不尊重游戏规则。

（四）南繁产业集群的培育条件

1. 战略条件

一是国家和海南省对南繁的发展提出了新的要求，国家战略与地方战略目标一致，实现南繁创新高度聚集。二是现有的南繁影响力仅限于反季节育种的气候条件依赖，对种业具有关键性的影响力。三是我国种业链已进入横向整合和纵向整合阶段，种业集中度将进一步提高，研发投入也将进一步集中，南繁将成为种业领域集中投入的热点区域。

2. 现实条件

一是产业集群同样是高效的社会网络之一，通过强化产业集群，提高产业集中度和吸引力，可以极大地提升南繁产业整体竞争力。二是我国种业需要利用南繁空间聚集和协同创新的传统，优化我国现代种业的产业布局，尤其是对外布局。三是现有的南繁影响力仅限于反季节育种和穿梭育种的气候与地理条件依赖，对种业并无关键性的影响力，通过强化南繁产业集群，真正参与种业的价值分配，实现南繁对我国种业产业的关键性影响。四是种业和生物技术产业是高投入、高风险的行业，需要抱团取暖，基于产业集群搭建公共服务平台。

（五）南繁产业集群的强化策略

1. 升级传统产业

传统产业多以传统技术为基础，是依靠自然资源、劳动力、资本等大量投入，实现逐渐积累并以外延的方式来促进经济增长的产业[51]。南繁产业就属于传统产业。升级传统产业就是要不断提高传统产业生产效率和质量、提升产品附加值、优化产业结构。产业组织环境、产业组织资源、产业组织能力、产业组织结构是传统产业的升级因素[51]，其中，制度、经济和政策等产业组织环境的改变是传统产业升级的前提，其完善程度既直接影响产业组织资源的禀赋程度，又直接影响产业组织能力的提升。技术能力、动态能力和管理能力等产业组织能力是产业组织结构优化的基础，是形成传统产业升级技术与制度路径依赖的关键环节。

作为传统产业的南繁产业，升级也需要改变产业组织环境，进行制度创新和制定产业发展的前沿政策；需要以技术进步为导向，借助生物技术产业、“互联网 +”“大数据 +”等战略性新兴产业，实现传统种业与战略性新兴产业深度融合发展，加深南繁与其他产业的纵横向的关联，以更加靠近产业网络的内核①；需要提升产业管理服务能力，鼓励新组织形态的出现，为企业组织创新（工商注册时的股权结构创新）、商业模式创新进行松绑。

2. 打造种业 CBD

产业集群的关键在于群内企业的成长数量及其质量。以优惠的政策和创新制度，打造种业种苗领域的专业市场（包括作物种子产业、南繁制种产业、水产南繁产业、组培快繁种苗产业等），以南繁种业引领海南热带高效农业的发展。一是引导和鼓励海南本土的种子种苗等各类种业企业在空间上的聚集，增强产业关系性；二是引导和激励南繁专家创新创业，加速南繁嵌入地方，使南繁产业深度嵌入国内相关产业链；三是招商引资，吸引国内和国际种业企业将总部或区域性总部迁至三亚，促进南繁产业嵌入全球价值链；四是打造南繁制种产业，则以水稻制种和水产种苗生产为主，瓜菜制种、玉米制种、组培种苗等为辅，加速形成规模效应以提高经济影响力。

3. 打造生物技术产业 CBD

生物技术产业与种业同根同源，从学科发展上看，其基础如生物技术、

① 产业网络中心是高级产品（高级工业品），而边缘是农产品和原材料。产业网络中心产业关联紧密，网络边缘则关联少甚至孤立。

生理生化、细胞学、生物化学等学科一致。种业的升级与进步需要生物技术的支撑。打造生物技术产业对海南热带高效农业和南繁育种升级有重要的意义，可打破规模瓶颈（以科技服务业推动产业跨界发展），即以农业生物技术产业为切入口，发展市场空间巨大生物技术产业。一是招商引资，吸引生物技术研发机构和企业落户三亚；二是通过省部会商机制，加速中国科学院、中国农业科学院、中国热带农业科学院等顶级研发团队入驻三亚。

4. 形成集群的品牌效应

波特强调，集群总是在持续不断地提高某地在特定领域的声望[52-53]，提高市场聚集度。南繁产业同样需要培育区域品牌，打造无形资产，借助已形成的坚实的育种科研社会网络，让种业企业和生物技术企业落户三亚成为行业共识，解决两头在外的困境，实现南繁一头在内（研发设计）、一头在外（市场营销）的目标。通过地理标志产品、龙头企业核心品牌、行业自律性协会、中介平台、孵化器平台、产业联盟等形式，进一步强化南繁产业内部和外部的经济技术联系和供需关系，以提高南繁产业集群的品牌效应。

5. 打通面向“一带一路”的通道

南繁产业集群的市场在外，需要促进跨区域经济合作，既面向国内，又面向国外。南繁的核心产业——种业，也是受保护的行业，要走出去就需要与国际接轨。一是通过“双边”或“多边”协商机制，围绕种子检验检疫、知识产权保护、新品种本地化筛选试验、非疫区认定、企业税收征缴等议题，与目标国家开展协商协调，签订双边或多边协定，为“走出去”种业企业创造环境和提供支持。二是知识产权对接 UPOV（1991 版），以取得合作国及其机构的信任。三是建成完善的检验检疫技术支撑体系，促使种质资源和种子种苗高效便捷通关。四是建设匹配欧美种业贸易的缓冲政策区，探索建立“海南研发－境外制种－境外销售”的种业“走出去”模式、“海外研发－海南集成组装－境内销售”的种业“引进来”模式以及“海南研发－境外制种－境内销售”“海南研发－境外售种－粮食内运”的模式。五是支持引导形成一批专业化、社会化、全程化的服务机构、团队与平台，动态跟踪研究国内种业市场动态、目标国相关制度政策和具体操作流程等，建立形成中国种业“走出去”的信息服务平台。六是支持建立种业“走出去”海外预警与维权救助平台。

参考文献

[1] 钱曼曼. 欠发达地区产业集群成长潜力评价研究[D]. 合肥：合肥工业大学，2012.

[2] 贾盈盈. 产业集群理论综述[J]. 合作经济与科技，2016（18）：39-41.

[3] 魏剑锋. 国外产业集群理论：基于经典和多视角研究的一个综述[J]. 研究与发展管理，2010，22（03）：9-18.

[4] 张宇，蔡秀玲. 产业集群的网络特性与地方产业网络升级[J]. 科技与经济，2006（04）：33-37.

[5] 周林. 我国橡胶产业集群化成长路径研究[D]. 青岛：青岛科技大学，2014.

[6] 马利彪. 区域主导产业选择问题研究[D]. 长春：吉林大学，2009.

[7] 牟绍波. 产业集群持续成长机制研究[D]. 成都：西南交通大学，2007.

[8] 张凡. 产业集群升级研究的演进逻辑与趋势展望——从宏观到微观的三层次分析框架[J]. 财经理论与实践，2016，37（06）：114-118.

[9] 孙慧，李小双，李苑. 产业集群识别方法综合使用及其实证分析[J]. 科技进步与对策，2011，28（21）：60-63.

[10] 吴维海. 全流程规划[M]. 北京：中国计划出版社，2016.

[11] 孙剑，孙文建，龚自立. 产业集群成长的三维结构分析[J]. 商业研究，2010（05）：44-48.

[12] 滕祖华. 地方特色产业集群形成机制研究[D]. 曲阜：曲阜师范大学，2012.

[13] 夏泽义. 广西北部湾经济区产业空间结构研究[D]. 成都：西南财经大学，2011.

[14] 卢万国. 粤桂黔高铁开通对核心-边缘产业空间结构演化的影响[D]. 南宁：广西大学，2018.

[15] 何雄浪. 专业化产业集聚、要素流动与区域工业化——克鲁格曼中心-外围模型新发展[J]. 财经研究，2007（02）：16-25+89.

[16] 何德旭，王朝阳，吴伯磊. 国际贸易与经济地理的融合——2008 年诺贝尔经济学奖评介[EB/OL].（2008-10-20）[2008-10-20]. https：//finance.sina.com.cn/

g/20081020/00275406050.shtml.
[17] 杨丹萍. 对波特国家竞争优势理论的评析[J]. 技术经济与管理研究，2004(03)：30-32.
[18] 陈柳钦. 波特产业集群竞争优势理论述评[J]. 北华大学学报(社会科学版)，2008(01)：94-99.
[19] 张金昌. 波特的国家竞争优势理论剖析[J]. 中国工业经济，2001(09)：53-58.
[20] 安虎森. 新产业区理论与区域经济发展[J]. 北方论丛，1998(02)：21-26.
[21] 杨蕙馨，李宁. 基于内部协调机制的新产业区理论评述[J]. 学术研究，2006(02)：52-55.
[22] 营正刚. 技术创新经济学的发展历程与趋势——从熊比特到现代技术创新经济学[J]. 内蒙古统计，2002(03)：10-11.
[23] 李学林，陈晓一，刘碧辉. 熊比特创新与创新驱动型经济增长方式的运行机制研究[J]. 商业经济研究，2017(21)：176-178.
[24] 郑波. 区域创新环境管理理论框架研究[J]. 科学与管理，2009，29(06)：17-21.
[25] 苗长虹. 区域发展理论：回顾与展望[J]. 地理科学进展，1999(04)：296-305.
[26] 杭雪花，施琴芬，闻曙明. 产业集群与区域创新环境互动关系研究——以苏州为例[J]. 研究与发展管理，2005(06)：101-105+128.
[27] 孙恩慧，王伯鲁. 科技与社会杂合体中的合作与博弈——行动者网络理论视野中的转基因作物产业化过程[J]. 佛山科学技术学院学报(社会科学版)，2017，35(06)：1-9+28.
[28] 郭俊立. 巴黎学派的行动者网络理论及其哲学意蕴评析[J]. 自然辩证法研究，2007(02)：104-108.
[29] 周怡. 社会结构：由"形构"到"解构"——结构功能主义、结构主义和后结构主义理论之走向[J]. 社会学研究，2000(03)：55-66.
[30] 吴莹，卢雨霞，陈家建，等. 跟随行动者重组社会——读拉图尔的《重组社会：行动者网络理论》[J]. 社会学研究，2008(02)：218-234.

［31］郭明哲．行动者网络理论（ANT）［D］．上海：复旦大学，2008．
［32］赵毅．商业模式价值重塑效应分析——基于行动者网络理论［J］．价值工程，2015，34（18）：251–253．
［33］王夏洁，刘红丽．基于社会网络理论的知识链分析［J］．情报杂志，2007（02）：18–21．
［34］张秀娥，张皓宣．社会网络理论研究回顾与展望［J］．现代商业，2018（20）：154–157．
［35］蒋海曦，蒋瑛．新经济社会学的社会关系网络理论述评［J］．河北经贸大学学报，2014，35（06）：150–158．
［36］严亚兰，张勇，查先进．国外结构洞理论应用研究进展［J］．图书情报知识，2019（04）：104–112．
［37］梁鲁晋．结构洞理论综述及应用研究探析［J］．管理学家（学术版），2011（04）：52–62．
［38］石凯，胡伟．政策网络理论：政策过程的新范式［J］．国外社会科学，2006（03）：28–35．
［39］侯云．政策网络理论的回顾与反思［J］．河南社会科学，2012，20（02）：75–78+107．
［40］李金华．网络研究三部曲：图论、社会网络分析与复杂网络理论［J］．华南师范大学学报（社会科学版），2009（02）：136–138．
［41］张明君．分形理论在复杂网络研究中的应用［D］．青岛：青岛大学，2008．
［42］刘晓庆，陈仕鸿．复杂网络理论研究状况综述［J］．现代管理科学，2010（09）：99–101．
［43］李天柱，银路，程跃，等．生物技术产业集群的动力机制及其演进——基于国外典型集群的多案例研究［J］．技术经济，2009，28（12）：4–11．
［44］刘君．农业产业化与农业产业集群发展的互动关系研究［J］．农业经济，2009（08）：38–40．
［45］陈红儿，刘斯敖．中间性组织理论评析［J］．经济学动态，2003（07）：80–82．
［46］郑耀群．产业集群发展的制度因素研究［D］．西安：西北大学，2009．
［47］陈赤平，丁建军．基于中间性组织视角的产业集群三层次治理模式［J］．产业经

济研究，2009（02）：33-40.

[48] 陈继祥．产业集群与复杂性［M］．上海：上海财经大学出版社，2005

[49] 王静华．产业集群演进的理论与案例分析［D］．上海：复旦大学，2007.

[50] 李波．我国制种基地建设探析［J］．中国种业，2014（12）：9-12.

[51] 李娜．传统产业升级技术与制度的路径依赖及其作用机理研究［D］．长春：吉林大学，2018.

[52] 李军，阚双，郭伏．产业集群品牌建设策略研究［J］．冶金经济与管理，2015（02）：53-56.

[53] 王光远．产业集群品牌建设策略研究［D］．济南：山东大学，2009.

第十一章

产业链理论①

一、产业链概述

（一）概　念

国际上越来越多的企业放弃自建、控股或兼并的“纵向一体化”运营模式，而把主要精力聚焦在提升市场快速响应能力和增强核心竞争力等上面。其他非核心业务则采取外包的形式，重点利用企业外部资源，聚力打造一条从供应商到制造商再到分销商和零售商“横向一体化”相关联的“产业链”[1]。

产业链指各相关企业基于产品或服务创新设计、生产加工、营销服务等价值创造等全过程，按照一定的时空关系、利益关系和逻辑关系进行分工和协作，进行价值创造与交换，从而形成具有价值增值功能的纵向关联的战略联盟。

产业链具有价值属性、结构属性、空间属性和动态属性等基本属性。一是表明上下游之间存在产品与服务的价值交换关系，要达到一定的规模，才能在链条上发挥影响力。二是表明产业链存在上下游之间关联的结构关系，包括上下游之间的利益分配关系，要体现一种利益联结机制。三是表明产业链各个环节不一定聚集在同一区域，一般按国际分工、区域分工相对聚集地分布于不同的区域。四是表明产业链是动态发展演化的。

① 产业链理论与产业集群理论一样，与前述章节的部分理论重合。由于产业链是重要的产业组织的方式，且更能直观表达产业规划的意图，实践意义重大，所以单列章节。

（二）内　涵

产业链是我国特有的热点词汇，国外则侧重于研究价值链和供应链。海南大学傅国华在20世纪90年代首次给出了产业链的定义，提出了产业链所依据的理论，指出产业链发展的关键是科技进步[2]。傅国华所指"产业"是按三次产业分类法的产业，但产业链这一提法后来得到广泛应用并已经延展到行业部门甚至具体产品类别，内涵也得到不断丰富和发展。

产业链有五大内涵[3]：满足需求程度的表达、资源加工深度的表达、产品价值传递的表达、主导核心技术的表达、产业地理空间布局的表达。产业链包含价值链、企业链、供需链和空间链4个内涵维度。4个维度在相互对接的均衡过程中产生整合效应、竞合效应和协同效应，并最终形成产业链[4]。

（三）基本特性

1. 产业链的静态特性[5]

一是产业链组成特性，即产业链是以经济实体（龙头企业引领下的研发设计单位、企业等）之间跨组织的物流、知识流、信息流、资金流，甚至人才流为关联组成的空间链。二是时间特性，即产业链的链环之间有时序性。三是地域空间特性，即产业链上的经济实体要分布在特定区域。

2. 产业链的运动特性[5]

一是产业链的稳定性，即产业链是基本共同的最终产品而形成的一种利益共享、风险共担的稳定而开放的联盟关系。二是产业链的学习创新性，即产业链内部各经济实体之间存在知识共享和知识创造。三是产业链的优区位指向性，即经济实体有明显的对自然资源、劳动力、信息、资金、技术、人才、政策和地理位置的偏好，导致产业链环存在动态转移调整。

3. 产业链的动力特性[5]

一是产业链自组织特性产生的内生动力，表现为自创生、自生长、自适应、自发展，不断迭代优化。二是市场导向性，即要求产业链上各个产业部门要适应和创造市场需求，表现为链环的粗与细、链条的长与短、空间布局的优化与调整。三是政策诱导性，即政府的政策会加速产业链调整与优化。

（四）层次结构

产业链不仅对资源进行控制和依赖，而且也受到资本和技术的影响，同时也受到政策的牵引。产业链分为以分工和协作为基础的产业链一级结构，受资本和技术驱动为主的产业链二级结构，以及政策引导下的产业链三级结构（图 11–1）[6]。

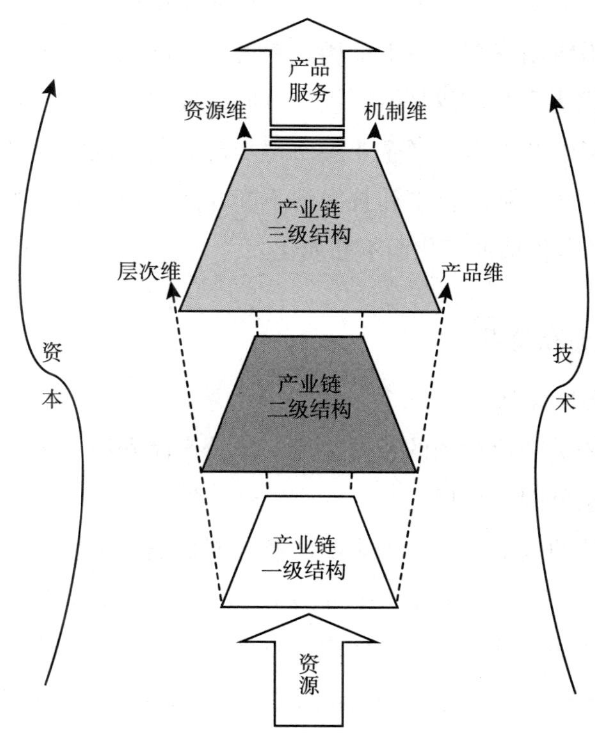

图 11–1 产业链结构层次及演化

产业链的一级结构是基于分工和协作的初级产业链，是一条从原材料采购到产品生产加工再到销售的链条。产业链的二级结构是在一级结构的基础上，通过资本的投入和技术研发应用，实现规模经济和增加各环节的增加值，从而提升整个行业或产业的竞争力的产业链结构。产业链的三级结构是通过政府的政策调控，更加合理地配置资源、资本和技术，从而推动产业结构优化升级的产业结构。

（五）层次结构演化

产业链的三个层级结构是互相联系、互相嵌套的，并沿着资源维、产品维、机制维和层级维进行演化（图 11-1）[6]。一是沿资源维方向，由自然资源主导转向资本和技术主导，产业链的发展空间越来越大。二是沿产品维方向，由简单生产转向复杂生产，对资本和技术的要求越来越高，技术领先性成为产品成功的关键，产品由最初的物质形式逐步扩展到包含服务等无形产品形态。三是沿机制维方向，由市场主导形成的产业链初步形态，在政府政策引导下进行优化升级。四是沿层级维方向，表现为从微观到宏观的层级变化，产业链的影响范围由微观企业层面逐步转向宏观国家经济的层面。产业链是一个价值系统，随着资本和技术的不断介入，围绕着资源加工，不断增值，产业链也随着价值的变化而不断演化。

（六）空间分布特点

1. 完整性与断续性[6-8]

产业链是相关产业活动的系统集成，涉及产品和服务的全过程，在全球范围内甚至国家范围内表现出明显的完整性，但在市县范围甚至省域范围内很难包括产业链的全部环节，则表明产业链明显的断续性。产业链空间分布的完整性和断续性与经济区划①（Economic Regionalization）紧密相关。因为从事相似或相同经济活动的企业为实现自身利益最大化，必然努力探寻自身经济活动的最优区位②（Optimum Location）。产业链系统内企业和部门循"优"推移的结果是，产业链的各环节可能会分别布局或配置到适合其经济活动特征的特定地点。

---

① 经济区划是根据社会劳动地域分工的规律、区域经济发展的水平和特征的相似性、经济联系的密切程度，或者依据国家经济社会的发展目标与任务分工，对国土进行的战略性区划。

② 最优区位是指按一定目标选择的能达到最佳效果的人类活动空间位置，经济活动大多要寻求费用最小或利润最大的最优区位。

2. 传递性与层次性[6-8]

产业链的贯通需要价值交换与传递。因此，从起点开始，产业链某一链环的累加是对上一环节追加劳动力投入、技术投入、资金投入，以获取附加值。各环节的附加值有高低之分，故存在层次性。1992年，宏碁集团创办人施振荣提出了著名的产业微笑曲线，非常直观地表明了产业链的层次性。一般而言，产业链的上游链环布局于欠发达区域，而下游链环则布局于发达区域。

3. 分散性与指向性[6-8]

企业在追求最优区位时，产业链的各个环节集中或分散在不同的经济区位①，表现为产业链环具有明显的空间指向性，而产业链则表现出明显的空间非集中分布特征。产业链环指向性包括资源禀赋指向性、劳动地域分工指向性和区域传统经济活动指向性。有指向性经济活动通常资源地指向型、交通指向型、劳动力指向型、资本技术知识信息指向型、消费地指向型、燃料动力地指向型等。

（七）演进动力机制

产业链演进的动力机制包括内部机制和外部机制[9]，即基于价值动因②、自组织理论（Self-organizing Theory）③、组织惯性（Organizational Inertia）④和创新等内机制，以及市场引导机制、政策引导机制、组织间网络（Interorganizational Network）机制⑤等基于外部环境的外部机制。

---

① 经济区位是指地理范畴的经济增长带或经济增长点及其辐射范围。

② 对产业链终端产品的价值增值的追求促成产业相关各个主体聚集在一起，形成相互协作构成一个整体。

③ 自组织理论是关于在没有外部指令条件下，系统内部各子系统之间能自行按照某种规则形成一定的结构或功能的自组织现象的一种理论。

④ 组织惯性是指一种组织系统运行一段期间后，除去外部力量的作用，而偏好沿着原有路径继续运作的属性，并可能形成路径依赖。

⑤ 组织间网络是指一些相关的组织之间由于长期的相互联系和相互作用而形成的一种相对比较稳定的合作结构形态。

产业链演进动力因素也分为内部动力因素和外部动力因素。内部因素包括交易费用、风险规避、社会资本有效利用、专业化分工和技术创新。外部因素包括产业链主体分布、产业链技术进步、产业政策（图 11–2）[9]。

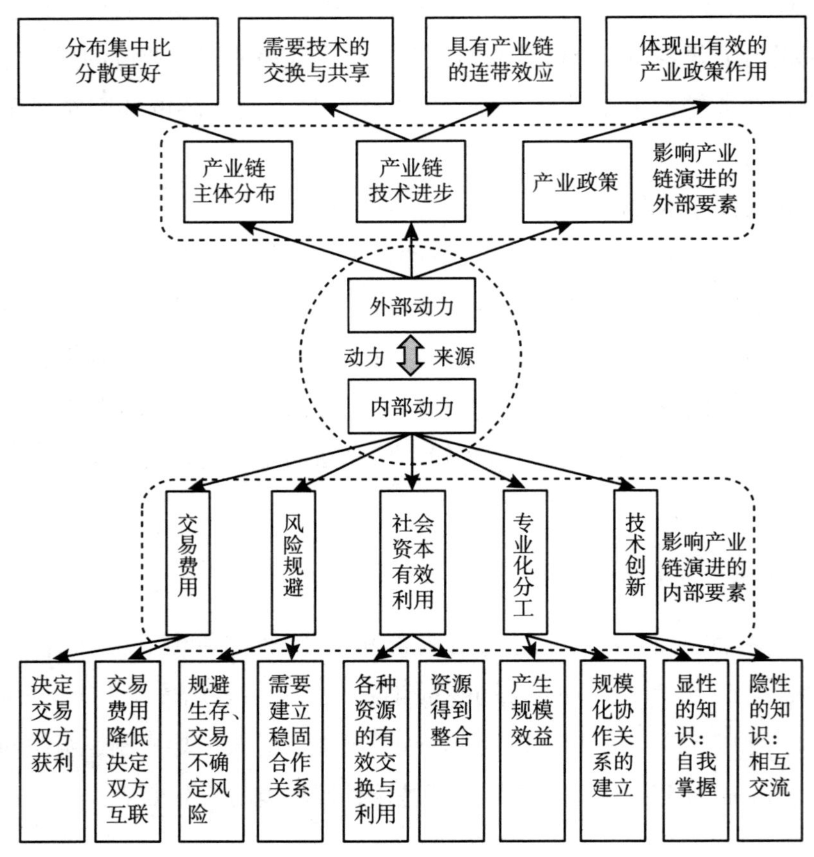

图 11–2 产业链演进的动力因素

（八）识别与判断

根据产业生命周期理论与产业链内涵特性，识别和判断产业链成长情况与所处阶段（表 11–1）。

表 11–1 产业链生命周期与产业链识别

阶段 要素	萌芽期	成长期	成熟期	衰退期
企事业机构数量与质量	已有一定数量的企事业机构，但质量不佳，影响力弱	企业快速聚集和增加，龙头企业出现	企业数量稳定、质量提升，龙头聚集	企业迁出或倒闭
企事业机构之间的关联	机构间的关联弱，产供销分离	产供销服逐步一体化	产供销服一体化且关联状态最佳	企业间的关联减弱
产业链节点与配套	缺少节点企业，缺少产业平台配套，价值链未形成	节点企业关键节点增多，关键平台建成，价值链开始形成	平台运作成熟，关键节点稳固，价值链成熟	平台服务能力减弱，关键节点松动，价值链出现断链
组织化与标准化程度	组织化程度不高，缺少标准化支撑，资源未合理配置	资源得到合理配置，生产要素得到了整合	资源配置和生产要素整合均达最佳状态	组织化程度下降
产业链的链主权力	规划区域内无影响行业的链主企业	规划区域内已有企业能影响行业	产业链利益分配达最佳状态	链主权利逐步消解
嵌入地方的程度	不能影响地方的社会经济	逐步成为特色产业，能影响社会经济发展，表现一定的根植性	成为区域特色产业，品牌知名度高，具有良好的根植性	产业链开始解体，对社会经济影响减弱
创新网络	未形成创新链，创新网络未形成	创新网络正在形成，有影响行业的创新能力	创新网络已形成，创新能力强，价值链完善	创新能力下降，跟不上科技发展
经济规模	产业链经济规模有限，经济效益不高	产业链经济规模迅速扩大，规模报酬递增	产业链经济规模维持在较高水平，规模报酬不变	产业链衰退，经济规模下降
产业链生命周期曲线	规模与质量 时间			

二、理论基础

（一）产业关联理论

产业关联理论又称投入产出理论，是产业链理论的基础之一。阿尔弗雷德·马歇尔（Alfred Marshall）在1890年出版的著作《经济学原理》中，把分工扩展到企业与企业之间，强调企业间的分工协作的重要性。这一思想是产业链理论的起源。1958年，阿尔伯特·赫希曼（Albert Hirschman）在《经济发展战略》中，从产业前向联系和产业后向联系的角度论述了产业链的概念。第五届诺贝尔经济学奖的获得者华西里·里昂惕夫（Wassily Leontief）在《美国的经济结构1919—1929》中，首次将投入产出分析方法应用于研究社会生产各部门之间的相互依赖关系，设计了投入产出模型，系统地分析了经济内部各产业间错综复杂的交易，确立了产业关联理论[10]。

里昂惕夫的投入产出模型得到了不断的完善与发展，尤其是引入运筹学的线性规划①（Linear Programming）之后。1958年，保罗·萨缪尔森（Paul Samuelson）、罗伯特·多夫曼（Robert Dorfman）和罗伯特·索洛（Robert Solow）② 合著了《线性规划与经济分析》，结合线性规划对投入产出模型进行动态分析，提出了大道理论（Turnpike Theorem）。

之所以称为"大道理论"，是因为《线性规划与经济分析》中有一比喻：当目的地十分遥远时，从起点至终点的最快路径往往不是需要穿大街和走小巷的最短路线，而是先绕到起点附近的大道上，并沿大道一直走到目的地附近再转向目的地的路线，即便这样的路径可能会增加两头的路程[11]。一个多部门的经济体系可能有许多均衡的平衡成长路径，其中成长速度最快的称为成长大道，而解释最优成长路径与成长大道关系的理论即为大道理论[12]。

① 线性规划是研究线性约束条件下线性目标函数的极值问题的数学理论和方法。

② 萨缪尔森、索洛均为诺贝尔经济学奖的获得者。

（二）交易费用理论

1937年，诺贝尔经济学奖得主罗纳德·科斯（Ronald Coase）在论文《企业的性质》中研究了企业存在和扩张的根本原因，创立了交易费用理论；1960年发表论文《社会成本问题》以契约流程为立足点，指出在交易过程中，存在大量的不确定性支付且不能避免，从而将交易费用理论引入到社会成本的问题中，深化了交易费用的内涵[13-14]。科斯指出，企业产生的原因在于企业组织劳动分工的交易费用①（又称交易成本，Transaction Costs）低于市场组织劳动分工的费用[9]。

诺贝尔经济学奖得主奥利弗·威廉姆森（Oliver Williamson）进一步完善和推广了交易费用理论，从交易维度与机会主义行为、契约形式选择和成本补偿的关系出发，分析了交易维度和交易费用的关系，并用"契约人"的假设代替了"理性人"的假设，从资产专用性②（Asset Specificity）、交易不确定性和交易频率三个方面分析不同交易存在的原因[14-15]。

产业链是以契约关系为纽带的，因此交易费用理论为解释产业链的存在提供了一些理论依据。交易费用理论指出在组织制度谱系中，市场与企业位于这个谱系的两极，两极之间存在一系列连接无数个市场与组织相混合的准市场组织，产业链就是一种具有"有组织的市场"和"有市场的组织"双重属性的合作竞争型准市场组织[10]。从交易成本理论角度看，产业链可以通过建立稳固的伙伴关系，提高交易效率，降低履约风险、信息费用等，从而降低了交易成本[10]。

---

① 交易费用是指企业用于寻找交易对象、订立合同、执行交易、洽谈交易、监督交易等方面的费用与支出，主要由搜索成本、谈判成本、签约成本与监督成本构成，是非生产性有偿支付。

② 资产专用性是指在不牺牲生产价值的条件下，资产可用于不同用途和由不同使用者利用的程度。而专用性资产是为支撑某种交易而进行的耐久性投资，它一旦形成，投资于某一领域，就会锁定在一种特定形态上，若再作它用，其价值就会贬值。

（三）价值链理论

1. 价 值 链

1985年，迈克尔·波特（Michael Porter）在著作《竞争优势》中提出了价值链（Value Chain）的概念。波特认为，公司的价值创造过程主要由基本活动（包括生产经营、市场营销、内部与外部物流和售后服务等）和支持性辅助活动（包括原材料采购供应、技术开发、人力资源管理、企业基础设施和财务等）两部分完成。这些活动在公司价值创造过程中是相互联系的。由此，构成公司价值创造的行为链条。这一链条就称之为价值链（图11–3）[16]。

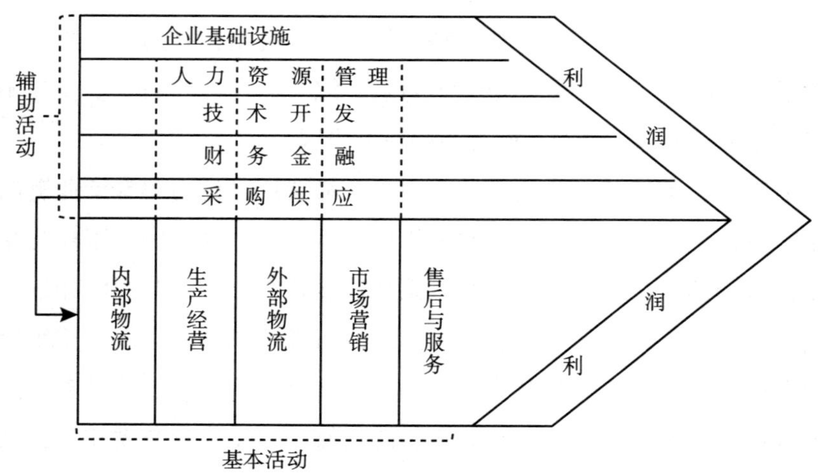

图 11–3　波特价值链结构模式

波特指出，每个企业都是在设计、生产、销售、发送和辅助产品的过程中进行各种活动的集合体。价值链即企业通过系列互不相同但又相互关联的生产经营活动，形成的不断实现价值增值或价值创造的动态过程[17]。一般认为，企业链、产品链、供应链、技术链、知识链、物流链、信息链、资金链是价值链的具体表达和外延。波特提出，价值链是一系列相互联系、连续完成的活动包括基本活动（含生产、营销、运输和售后服务等）和支持性活动（含原材料供应、技术、人力资源和财务等），是原材料转换成一系列最终产品并不断实现价值增值的过程[10]。

随后，众多学者对价值链理论进行了完善。1995 年，保罗·克鲁格曼研究了企业价值链内部各个价值环节的片断化及其在不同空间进行重组的问题；1998 年，彼得·海恩斯（Peter Hines）将顾客纳入价值链当中，把顾客对产品的需求作为生产过程的终点，强调企业间的协同，从价值实现的最终目标出发，重新定义价值链为“集成物料价值的运输线”[18]。

2. 价 值 网

产业链各要素之间、各主体之间相互协作，呈现为一种网状结构。1998 年，亚德里安·斯莱沃斯基（Adrian Slywotzky）在出版的著作《发现利润区》中首次提出了价值网（Value Nets）。随后，大卫·波维特（David Bovet）于 2000 年出版了《价值网：打破供应链、挖掘隐利润》。价值网是在全球化与互联网经济背景下提出的，是由客户、供应商、合作企业等利益相关者之间相互影响而形成的价值生成、分配、转移和使用的关系及其结构，是利益相关者信息流构成的动态网络[19]。

价值网是一种以顾客为核心的价值创造体系和战略思维组合，结合了策略思考和进步的供应链管理，以满足顾客所要求的便利、速度、可靠与定制服务。价值网涉及优越的顾客价值（以顾客为核心的需求拉动网络）、核心能力（以塑造核心能力为主要手段的成员公司成长途径）和相互关系（以紧密合作为基础的双赢竞争策略）3 个重要概念（图 11–4）[20]。

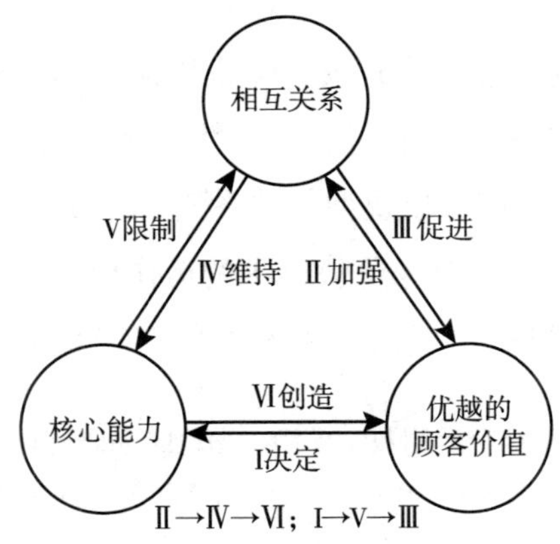

图 11–4 Kothandaraman 和 Wilson 的价值网模型

价值网应用了社会网络分析①（SNA，Social Network Analysis）和产业网络模型②（Model of Industrial Networks）。价值网将价值链进行了拓展和提升，由线性思维向网络思维扩展升级，应对客户多样化和个性化的需求，将供应商、制造商、合作伙伴、客户等利益相关者赋予企业资源的共享权，多个参与方之间通过相互合作、不断提高核心能力，从而实现整个价值网的增值来获得更多的价值[16, 21]。

（四）全球价值链理论

1. 概　念

美国杜克大学教授加里·格里菲（Garry Gereffi）于1999年基于价值链提出了全球商品链（Global Commodity Chain）的概念，关注投入－产出结构、地域性、治理结构和制度框架，并将全球商品链分为以生产领域产业资本为动力的生产者驱动和以流通领域商业资本为动力的消费者驱动两种类型[22]。2001年，格里菲基于全球商品链正式提出了全球价值链（Global Value Chain，GVC）的概念[23]。

联合国工业发展组织（UNIDI）于2002年提出，全球价值链是指在全球范围内为实现商品或服务的价值而联通生产、销售、回收处理等全过程的全球性跨企业网络组织，涉及从原料采集和运输、半成品和成品的生产和分销，直至最终消费和回收处理的过程[22-23]。

2. 治理模式

格里菲侧重于探讨工艺流程升级、产品升级、功能升级、链条升级以及全球价值链治理模式。格里菲根据交易复杂性、交易编码能力和供应商能力这3种基本变量提出了市场型、模块型、关系型、俘获型（领导型）和层级型5种治理模式，阐明了权力在全球价值链中的运作模式（图11-5）[23]。全球价值链治理模式既不是静态的，也不是严格与特定行业相关联的。

---

① 社会网络分析法是综合运用数学模型、图论等来研究行动者与行动者、行动者与其所处社会网络以及一个社会网络与另一社会网络之间关系的一种结构分析方法。

② 1984年Hakansson H. 和Johanson J. 提出了产业网络模型，指出产业网络由参与人、行动和资源三大要素构成。

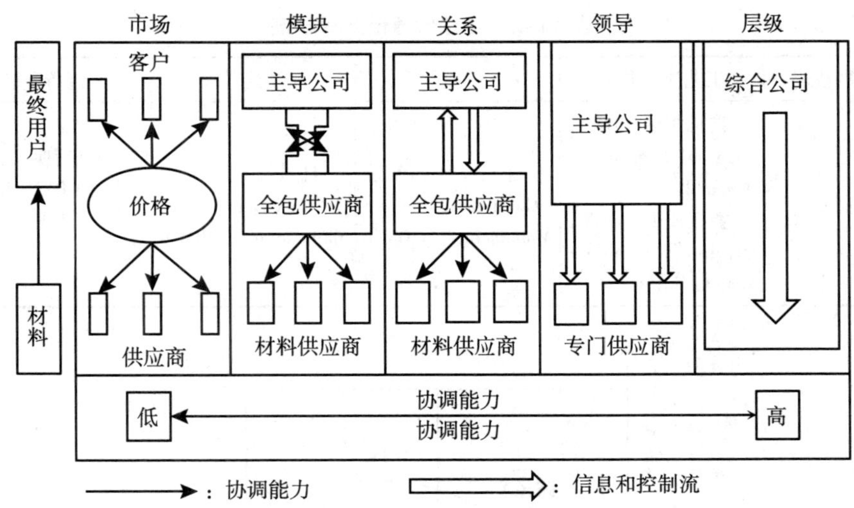

图 11-5 全球价值链治理模式

一般认为，大型采购商和跨国公司通过俘获型治理模式将低端制造业“锁定”或“俘获”在价值链低端，阻断了其转型升级的路径[24]。全球价值链融合了微观和宏观两个视角，但格里菲全球价值链忽视了国家治理和国家战略的影响，暗含着发达国家对落后国家的控制与剥削，不仅解决不了“升级悖论”或“制造悖论”的困境，也有可能掉进“效率陷阱”[25]。因为市场机制无法推动治理模式由层级型向市场型方向过渡，发达国家的企业会利用技术与资本优势强化对全球价值链的领导，发展中国家的企业很难从工艺流程升级攀升为跨向功能升级[26]。

3. 升级轨迹

格里菲（Gereffi）、拉斐尔·卡普林斯克（Raphael Kaplinsky）等认为，全球价值链一般会遵循工艺流程升级→产品升级→功能升级→链条升级（表 11-2）的轨迹。

全球价值链中的企业升级主要沿着技术能力和市场开拓两条路径（图 11-6）[27]，实际上转换过程会有很多障碍[27]。自主品牌生产（OBM）是嵌链厂商获利最丰厚的阶段，但需要厂商具有较强的市场开拓能力和技术能力。

表 11-2 全球价值链升级轨迹

发展轨迹	工艺流程升级	→产品升级	→功能升级	→链条升级
实证	委托组装（OEA, Original Equipment Assembly） 委托加工（OEM, Original Equipment Manufacture）	自主设计和制造（Original Design Manufacture，ODM）	自主品牌生产（Original Brand Manufacture，OBM）	链条转换（如 BYD 由汽车生产转向手机生产）

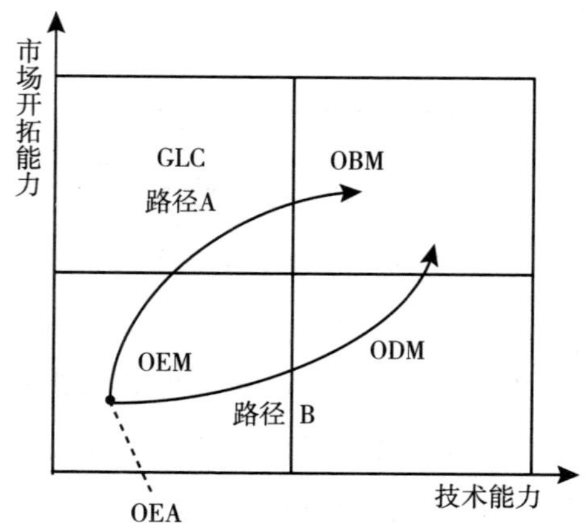

图 11-6 全球价值链中的产业升级轨道

路径 A 从由 OEA 专注市场开拓能力提升，通过 GLC（全球物流合同 Global Logistics Contract）途径 OEM，最终达到 OBM；而路径 B 从由 OEA 专注技术能力的升级，途经 ODM，最终达到 OBM[27]。

4. 全球价值链产业驱动模式

格里菲根据生产者驱动和购买者驱动提出全球价值链产业驱动模式的界定因素[28]。这些因素包括动力根源（产业资本、商业资本）、核心能力（技术研究、市场营销）、进入门槛（规模经济、范围经济）、产业分类（耐用消费品、非耐用消费品）、制造产业业主（关键部件在发达国家大型跨国企业、发展中国家的地方企业）、主要产业联系（以投资为主线、以贸易为主线）和辅助体系（相对软件，硬件更重要；相对于硬件，软件更重要）。

5. 全球产业循环

全球价值链的形成是分工进一步深化和产品价值创造体系中不同价值环

节片断化并重组到不同空间的结果[29]。全球价值链各个价值环节之间存在着价值等级体系、不同的价值分配，以及由此在全球形成的空间等级体系[30]。全球价值链反映了全球的价值循环。在国家治理和国家战略支撑下，我国在全球产业转移和升级过程中，积极参与国际分工，成功地嵌入了全球价值链，并处于重要枢纽位置，发挥了重要作用（图 11–7）。

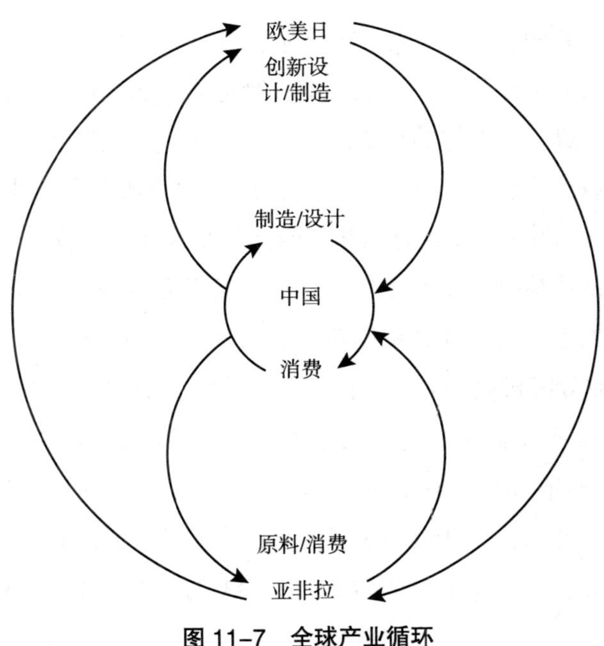

图 11–7　全球产业循环

国际上，中国制造 2025 和产业链升级的阻力和背景噪音会越来越大。随着以美国为首的贸易保护主义抬头，全球产业价值链循环正遭受破坏，迫使我国加快全球价值链由中低端环节向中高端环节升级，迫使我国加快创新设计与制造升级，实现产业链升级，并建立跨区域价值链，如“一带一路”倡议。美国的战略意图非常清晰，刀光剑影直指中国制造 2025，企图削弱中国经济全球影响力以及在区域经济合作中的号召力，企图打击中国产业链迫使我国从全球产业循环的重要位置跌入全球产业循环的底部即消费端。毫无疑问，实现制造业回流已是美国全球战略的重要组成部分。

（五）供应链管理理论

供应链（Supply Chain）是管理学概念，最早由博思艾伦咨询公司（BAH）创始人博思（Booz）、汉密尔顿（Hamilton）在1982年提出[31]，并得到波特的价值链理论扩展，形成供应链管理（Supply Chain Management）理论。供应链是指通过对物流、资金流、信息流、业务流的控制，系统性地掌控采购原材料（物料）、加工成中间产品、组装成最终产品、销售网络销售、消费者完成购买的全过程，并将供应商、制造商、运输商、分销商、零售商，直到最终用户连成一个整体的功能网链结构模式[32]。供应链管理是指通过高效整合供应链各个主体的行为，实现对供应链中物流、资金流、信息流、业务流的有效控制和管理，最终达成供应链运行最优化的目标[33]。

供应链是从供应角度解析上、下游企业之间的关系，侧重供应链上的企业在特定合作关系与合作模式的基础上，实现供应链整体效益的最大化，并根据约定的利益分配机制共同分享供应链的整体盈余[10]。

目前，广泛应用的ERP（企业资源计划，Enterprise Resource Planning）就是美国Gartner Group公司在1990年基于供应链管理理论而开发的大型软件。现有的供应链管理软件（SCM）众多，SAP的集成业务规划（IBP，Integrated Business Planning）、Oracle的SCM Cloud、JDA的云端供应链管理系统等。

（六）产品差异化理论

产品差异化（Product Differentiation）是指同一产业内不同企业的同类产品由于质量、性能、式样、销售服务、信息提供和消费者偏好等方面存在的差异导致的产品间替代关系不完全性的状况[34]。1929年，哈罗德·霍特林（Harold Hotelling）建立了空间差异化模型来研究消费者对不同产品的偏好；1933年，爱德华·张伯伦（Edward Chamberlain）指出了产品差异化的存在；1976年，迈克尔·斯宾塞①（Michael Spence）以及1977年迪克西特和斯蒂格里兹等提出了垄断竞争经济中产品差异性的分析模型[35]。

① 2001年诺贝尔奖得主。

横向差异化和纵向差异化是产品差异化的重要形式。企业通过产品差异化策略既可培育市场力量和获得非价格竞争优势，又可切入细分市场以实现有效的市场定位。产品差异化程度越高市场势力越大[36]。产品差异化策略主要包括产品定位、产品研发、品牌建设、渠道建设和个性服务，实现产品的独特性、可识别性、优越性、可接近性、不易模仿性和营利性。

（七）创新链理论

格里菲等提出了创新价值链细分结构。这一结构将创新价值链划分为3个阶段、9个环节：产品生产阶段（商品设计改进、生产技术优化和商品化生产3个环节）、产品研发阶段（技术设计、技术改进、技术实现3个环节）、企业设计阶段（原理设计、原理具体开发和原理可实现技术转化3个环节）（图11–8）[37]。创新链的要素主要有知识、人才、信息及资金等，除了资金是单向流动外，知识、人才和信息均是双向流动。通过创新链要素的有序流动，保障创新价值链有效运作。

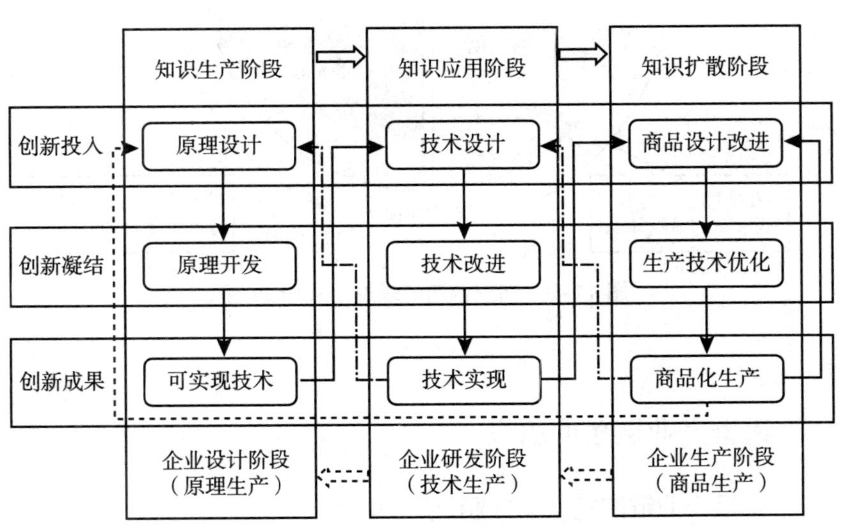

图 11–8 创新价值链细分结构

知识创新包括技术创新、组织创新和管理创新。创新链是指围绕某一个创新的核心主体，以满足市场需求为导向，通过知识创新活动将相关的创新参与主体连接起来，以实现知识的经济化过程与创新系统优化目标的功能链节结构模式[38]。现有的创新链理论的焦点是技术创新链。2007 年，Morten Hansen、Julian Birkinshaw 和 Stephen Roper 融合技术创新理论和价值链理论等，提出了创新价值链，提出创新价值链是从知识产生到转化为商品以提高企业绩效的完整活动流[39]。

创新过程也是知识创造的过程。日本学者竹内弘高是国际上知名的知识管理专家，提出了创造知识的企业和知识创造的螺旋（图 11-9），指出了知识创造的过程[40]。作为产业链关键主体的企业在创新链的竞争过程中，需要不断进化、螺旋上升，才能适应时代发展。

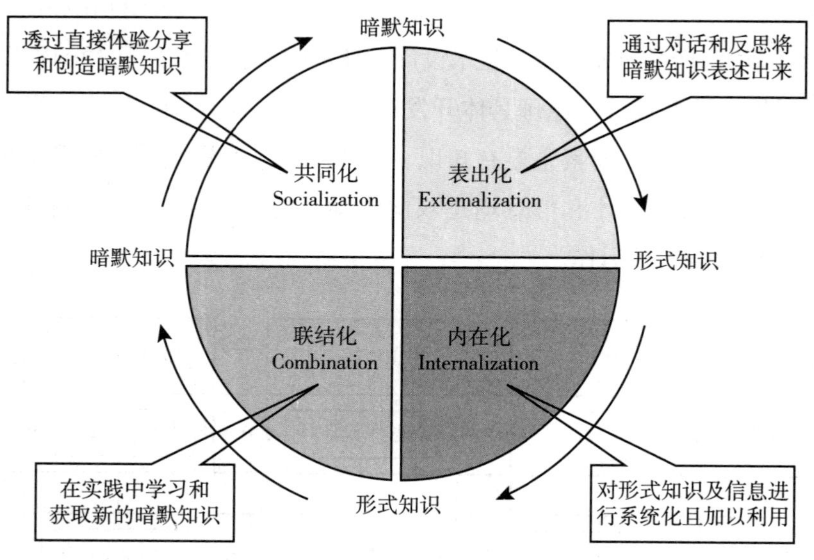

图 11-9 知识创造的螺旋（SECI 模型）

三、南繁产业链条的培育

（一）南繁产业链的定义与内涵

南繁产业与种业、生物技术产业息息相关。现代种业全产业链在生物技术和互联网技术的支撑下，将发生重大演变以适应新时代的发展。现代种业全产业链主要包涵种子生产经营管理服务的标准和规范层、产业育繁推服一体化层、产业链主体层三层结构（图 11-10）[41]。

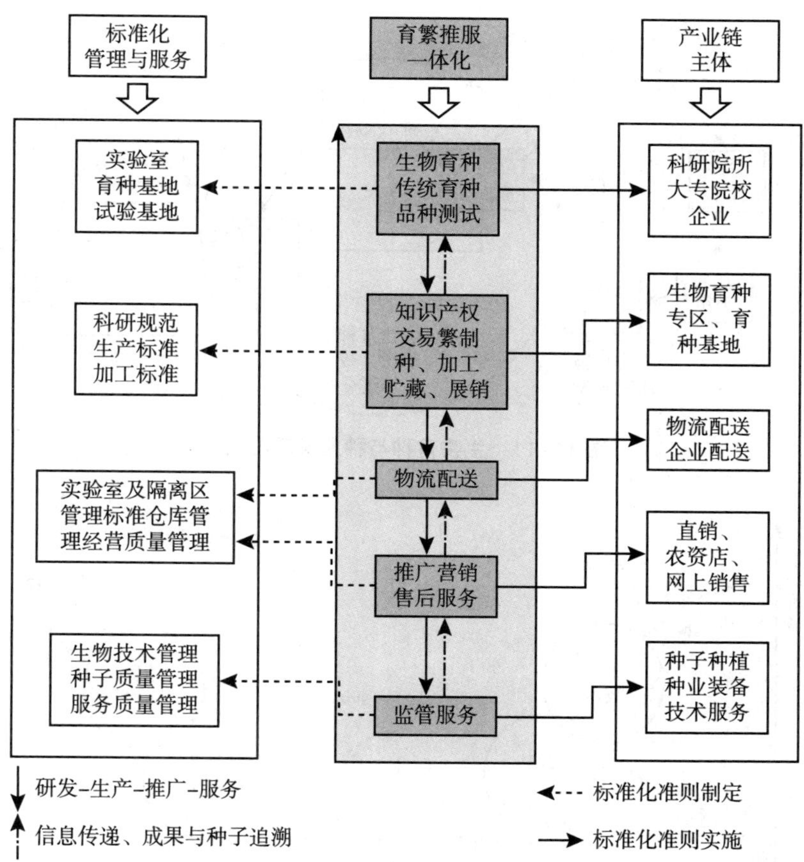

图 11–10 基于生物技术和互联网技术的现代种业全产业链发展模式

生物技术在现代种业中发挥越来越重要的关键性作用。生物技术研究应用水平将决定种业创新能力和市场竞争能力。要积极将生物育种纳入种业价值链循环之中，加强知识产权的研发、保护、孵化和产业化（图 11–11）[42]。

参照农业产业链理论，产业链的内涵[43]以及现代种业全产业链发展模式和生物育种与种业链匹配模式，南繁产业链是以培育良好的市场环境为基础，以价值传递、价值创造和价值增值为导向，以贯通资源市场和需求市场、打造种子产业和生物技术产业为目标，催生孵化出为南繁上游（创新）、中游（生产）、下游（品牌网络）提供不同功能或服务的企业、各类机构、制种专业户等组成的利益关联、动态的战略网络结构（图 11–12）。

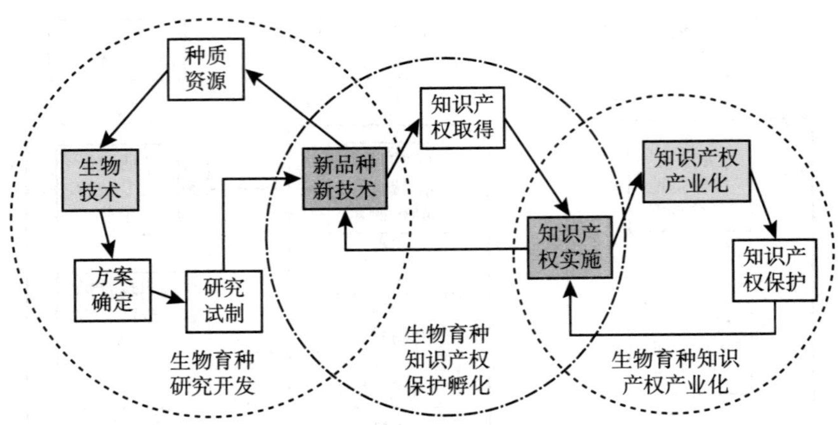

图 11–11　生物育种与种业链匹配模式

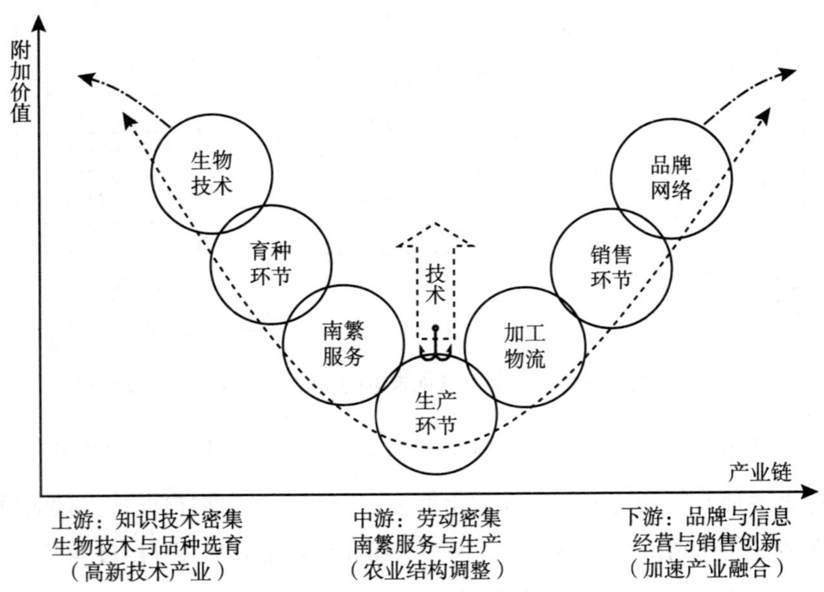

图 11–12　南繁产业链微笑曲线

种子产业是个比较特殊的产业。种子是农业的重要生产资料。种业后面还有种植产业链，而种植产业链后面还可以有食品棉纺等轻工业类的加工产业链。因此，可以以种业为统领，强化种业对社会经济更为广泛的影响，延长产业链。

通过技术创新实现产业链价值整体提升或减少产业链曲率（图 11–12）。

南繁产业作为种业和生物技术产业的重要组成部分，政府要全流程监管服务，为产业发展提供诸如品种权保护、品种审定认定、种子质量监督、科学论理监管①、市场执法，甚至提供必要的公共实验服务平台。

南繁产业链的核心是南繁育（品种研发、生物技术创新服务）、繁（种子生产加工与贮藏）、推（市场销售网络）、服（售后服务网络）一体化。南繁产业可分为直接产业、依存产业、关联产业、派生产业。这些产业均将分布在南繁产业链之中。

（二）南繁产业链的基本特征

1. 价值链属性[44]

侧重于种子和生物科技产业链的环节构成以及其价值形成、价值增加、价值传递、价值留存和价值减损。

2. 产品链属性

侧重于种子及生物科技产业链各环节具有物质特性的育种材料、亲本、商品种子以及科技服务的形成、流通[44]。种子种苗尤其是植物类的种子种苗种类繁杂，可细分为水稻种业、玉米种业、棉花种业、蔬菜种业、林木种业、花卉种业、瓜类种业等。种子种苗属于个性化产品。一般情况下，它们不仅有特定的适宜区域，还有特定的消费市场。种子种苗受地理环境、气候条件、水土质量等自然因素的影响较大，最终的产品质量很难标准化，即可控性较差。

3. 知识链属性[44]

侧重于关注种子及生物科技产业链各环节相关主体的非物质特性的技术方法、产品、知识产权（如专利、品种权）等暗默知识和形式知识的形成（创造）、流动、共享、转移等。种业属于高新技术行业，创新主导了行业的发展。因此，种业链知识网络构建与创新模式演进密切相关（图 11-13）。

① 避免出现类似的基因编辑婴儿事件。

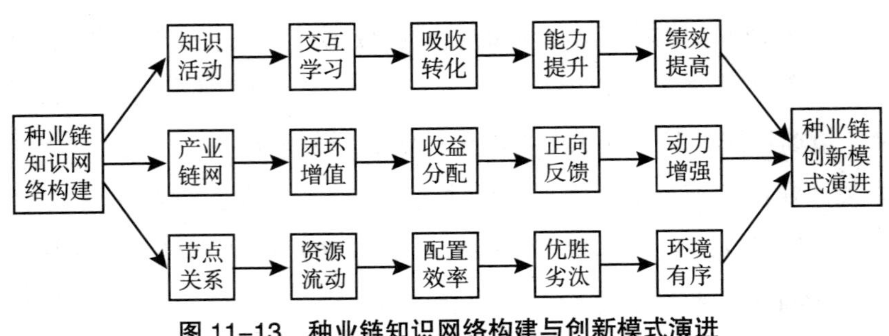

图 11–13　种业链知识网络构建与创新模式演进

4. 政策链属性

2016 年，全国科技创新大会、两院院士大会及中国科协第九次全国代表大会首次提出了创新链、产业链、资金链和政策链的"四链融合"概念。政策链是由各项政策基于彼此相关性，依据特定的层次结构和政策作用机制，客观形成的政策影响链[45]。

中国种业发展历史与许可经营立法的现实以及南繁发展史①与生物技术监管的现实，表明南繁产业具备将明显的政策主导和引导的特征。政策链分析框架见图 11–14[6]，强调政府政策的战略性和引导性作用。

（三）南繁产业链的现状与问题

1. 南繁产业链尚未成型

根据南繁产业链的定义与内涵，南繁产业链仍处于培育阶段，并未真正成型：一是没有领军企业或企业联盟，未形成规模效益。二是南繁产业链条缺少重点环节、环节与环节之间并未联通。南繁育种科研并未根植于海南，缺少研发环节的产业化能力、产学研没有基础。三是没有形成产业整合能力。主要表现为：①制种产业属于买方市场，市场未能整合；②缺少南繁产业实体，没有基于南繁的产业品牌，企业缺乏整合基础；③涉种企业全岛散落，种植类种业、水产类种业等行业间分割，且相关协会的协调能力有限；④产业空间结构较为模糊。按南繁产业细分，南繁产业链也未成型。主要体现在以下方面。

① 南繁是计划经济的产物，详见陈冠铭等编著的《中国南繁发展与产业化研究》。

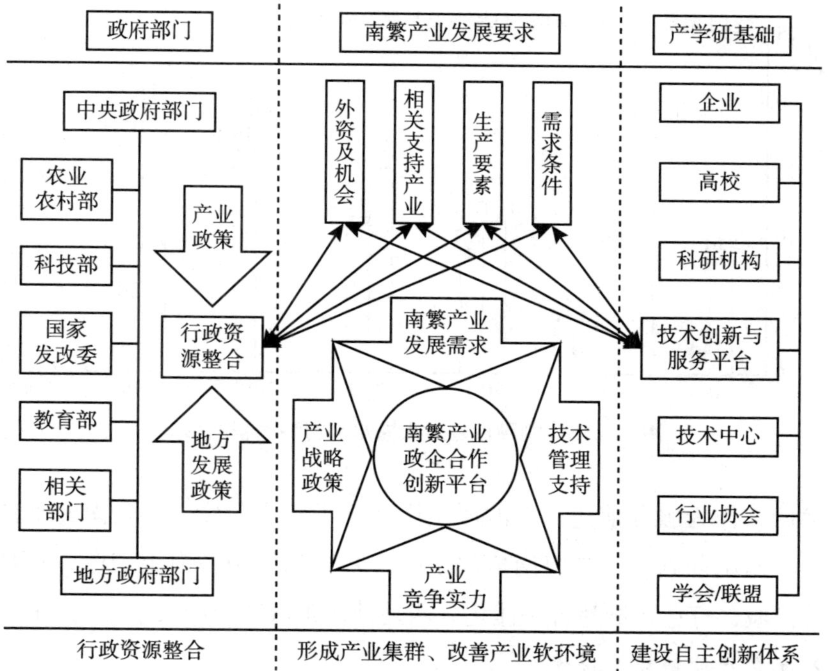

图 11-14 政府主导的产业发展政策框架

第一，作为基础产业的直接产业发育不充分、不系统。一是近年来受南繁制种保险政策的激励，南繁水稻制种面积快速扩大到 18 万亩以上（图 11-15），在制种行业内产生了深远的影响，但南繁水稻制种仅占全国水稻制种面积的 14.49%。而且，现有的制种产业与地方的嵌入度不高，仅小部分制种队在海南联合成立了实体制种公司，没有形成规模效益。二是南繁育种产业正处于从幼稚期（初创期）跨向成长期的关键时期，具备育种能力的种业企业仅 5 家。

第二，作为极强带动性产业的依存产业仍处于萌芽培育之中。一是种业类生物技术研发机构仍处于意向或建设之中，尚无影响力。二是 2018 年 9 月海南省农业厅为海南 6 家农药生产企业颁发《农药生产许可证》，农药研制产业仅有一定的基础。

第三，作为与育种制种产业前后关联的关联产业规模小、档次低、缺特色。一是种子加工业零星分布，且以种子初加工处理为主。二是承接南繁成果转化的种子推广企业规模小，以个人推广为主。三是定向选育服务生产的仅限于甜瓜。

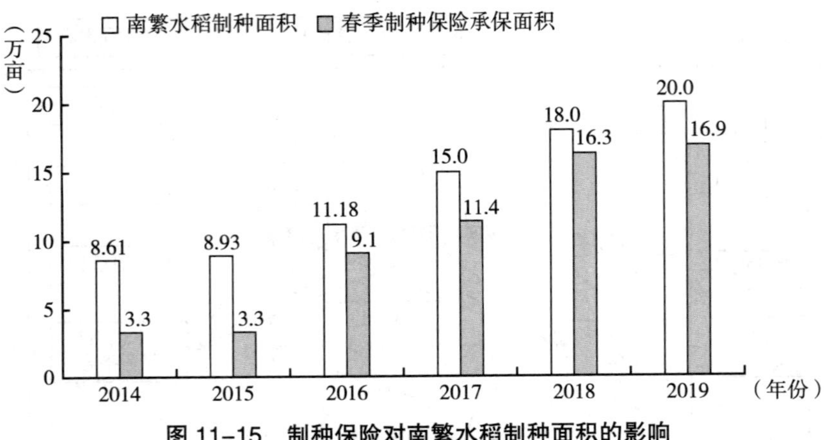

图 11-15　制种保险对南繁水稻制种面积的影响

第四，作为服务前述产业的派生产业处于起步阶段。一是南繁水稻制种保险走在全国前列。二是海南成立了南繁基金部门服务南繁产业。三是设立南繁科技城，打造产城整合一体化。四是种业领域知识产权服务列入试点。

2. 南繁产业链培育提速

通过南繁产业园区的建设，南繁产业将进一步在一定的空间内聚集，成长为区域的新增长极。南繁产业成为海南的主导产业将有助于海南现代农业的优化升级，南繁向产业化方向发展是社会经济发展的必然选择。

第一，内部机制正在孕育力量，南繁产业链的关键环节有望联通。一是中国科学院种子创新研究院、国家耐盐碱水稻技术创新中心等国家顶级技术创新平台正在孕育成形，其他的国家级科研机构也在准备进入。二是南繁科技城相关项目已开工建设，对企业的吸引力开始显现。三是行业体系正在发挥作用。中国种子协会南繁分会、海南省南繁协会、海南省果蔬种苗协会成立，有了自组织的行业基础。四是海南种子种苗产业正在加速整合、融合，尤其是水产南繁正在加速融入南繁产业。海南种子种苗产业将成为南繁产业的重要组成部分，可以帮助南繁产业实现跨越发展：2018 海南水产种苗产业产值达 254.32 亿元产值，产值在全国排 11 名，远超传统的南繁制种产业，海南水产种苗产业在国内已有一定影响力。

第二，外部机制正在发挥作用。一是政策引导机制对南繁产业的形成发挥了关键性作用，如设立南繁育种创投基金，出资重点建设了种业众创中心等若干重点重大项目。二是市场引导机制初现端倪。南繁面向“一带一路”的意向正成为行业的共识，部分企业在三亚设立了海外研发中心。三是各南繁省份加大了南繁基地的投入。

第三，内部机制和外部机制正在形成合力，政府主导建设的南繁产业载体——南繁科技城正积极吸纳南繁产业链各个环节。

（四）南繁产业链的培育条件

1. 战略条件

一是国家对南繁的发展提出了新的要求。建设南繁“硅谷”的愿景，其实质上就是打造南繁产业链，从低端的“代孕者”成长为我国种业链的“链主”或者“链主”之一，成为我国生物技术产业链的重要分支或环节。二是海南省对南繁定位有了更高的要求，将其列为海南的三大未来产业。三是种业领域的存在竞争越来越激烈，企业需要基于海南自贸区（港）的政策，培育区域优势和增强种业的竞争力，打造面向国际市场尤其是面向“一带一路”沿线国家和地区的种业和生物技术“出海口”。

2. 现实条件

一是产业链作为一种高效的社会网络之一，通过培育产业链，可以极大地提升南繁产业整体效率和质量，增强海南对企业的吸引力。二是南繁占用琼南地区大量的优质农业用地资源，但对地方的经济带动能力有限，即南繁根植性差，需要通过培育产业链来彻底改变这一现状。三是种业作为特许经营的产业，有大量程序性障碍，需要通过优化产业链环节，增强产业链环的衔接性。南繁作为育种业的前端优势并未完全发挥出来，完全可以用南繁数据替代区试数据，为植物新品种打造一站式 DUS 测试服务、品种实际商业化种植替代品种认定等。四是种业产业链整合的现实需要。南繁位于种业的前端，打造南繁产业链有助于种业产业链的整合。

（五）南繁产业链的培育策略

1. 建设南繁产业链配套体系

产业链配套体系包括产业链自身配套、生产服务配套、非生产服务配套和基础设施配套四个层次[46]。一是紧紧围绕南繁产业链自身建设，在育种科研平台方面加大投入，在企业培育上大胆创新。二是在南繁生产服务配套上，努力构建产－学－研－政－金－介大体系。三是为推进产业可持续发展，力促产城融合式发展，让产业更具生命力。四是为产业发展配套良好的交通、水电通信等基础设施。

2. 嵌入和联通相关产业链

打造南繁产业链不仅是从根本上优化海南农业结构的重要举措，还是让海南分享种业科技和生物科技带来的高收益。因此，要积极构建内联外通的南繁产业链，嵌入全球种业产业链、水产和生物技术产业链，实现纵横向的互通、互补、互融，实现建链、强链、补链，构筑良好的南繁产业生态。

3. 培育新兴市场做大蛋糕

南繁产业链的打造要尽量避开激烈的存量竞争（红海战略），以增量竞争（蓝海战略）为主。要在存量竞争中实现突围，就要重点在增量竞争中实现嵌入，最关键的是创造引领。利用南繁育种的优势，开展个性育种、委托选育、基因改良等定向选育。利用品种研发优势与电商平台合作，建设种业链。

4. 抓住重点环节重点突破

三亚是经济小市，很难做到全面开花，需要集中火力解决主要矛盾和矛盾的主要方面，即鼓励生物技术支撑传统育种，重点打造作物育种平台、水产育种平台和南药育种与生物医药平台。产业链构建重点在创新利益连接机制，关键在于培育能“合”纵“连”横的产业实体——科研机构和龙头企业，促进由链式发展到网络发展。立足于打造南繁创新体系，重点建设各类公共服务平台、扶持产业链核心企业。基于制度创新，营造有利于南繁产业发展的营商环境和居住环境。

5. 培育南繁产业链的主体

第一，动用南繁制种保险①、补贴等政策工具，强制性要求制种队在南繁

① 2019 年 576 家企业与农户参与海南春季南繁水稻制种保险，投保面积达 16.92 万亩。南繁水稻制种保险加速了水稻制种产业向海南转移。2013 年起步时，以海南地方财政补贴为主，2018 年开始中央财政开始进行补贴。2019 年开始，每亩投保 360 元，其中个人（公司）承担：中央财政补贴：省级财政补贴：市县财政补贴为 25：40：25：10。

区成立公司、合作社等产业实体，解决南繁制种产业嵌入地方的问题。南繁制种队成立专业公司有三大优势。①南繁制种是高风险性的行业，接受委托后，可能会颗粒无收，有限责任公司可以通过公司正常的倒闭来避免制种人破产返贫；②通过公司的形式，实现制种队伍的大浪淘沙，让一批优秀的制种人领导一批优秀的制种队甚至一批优质的制种企业快速成长出来，让南繁制种行业逐步成熟起来；③专业企业可让管理、财务更加透明，提高骗保、骗补的难度；④有利于种业公司自身与制种队建立更加稳固的法律关系、合作关系。此项措施将推动南繁制种产业真正与我国的种业链互补、互通、互融。

第二，鼓励创办各类南繁产业孵化器和孵化器平台公司，通过制度创新吸纳各类资本投资南繁产业，培育南繁创新创业环境尤其是金融环境。要通过资本来加强南繁产业实体的管理运营能力，扩宽创业者的心胸眼界，打通科研与市场间的链路。

第三，根据“科研院校－产业企业－政府部门”三螺旋理论和创新生态系统理论[47]，政府积极主动引导和培育南繁产业，整合、催化和创建一批知识生产机构资源、企业资源，引入和建立科技服务机构、学会协会等各类非正式网络，孕育开放的南繁产业创新环境，实施重大项目带动，实现多元投资驱动，实现南繁产业科学可持续发展。

6. 南北互动链条相嵌连

海南打造南繁产业链，需要与甘肃种业链相嵌，需要与北京等北方地区种业链、生物技术产业链相连，使南北互补、互动和联动。同时要摸清其他南方地区竞争对手，目前各地的绝对优势都未形成，规划速度和规划的落地速度将决定谁能占领种业链和生物技术产业链的高地。

参考文献

[1] 靖飞. 产业链视角下江苏省水稻种子产业发展研究［D］. 南京：南京农业大学，2007.

[2] 傅国华. 运转农产品产业链　提高农业系统效益［J］. 中国农垦经济，1996(11): 24–25.

[3] 郑大庆，张赞，于俊府. 产业链整合理论探讨 [J]. 科技进步与对策，2011，28 (02)：64-68.

[4] 侯军岐. 中国种业调研报告 [M]. 北京：中国农业出版社，2018.

[5] 刘贵富，赵英才. 产业链：内涵、特性及其表现形式 [J]. 财经理论与实践，2006 (03)：114-117.

[6] 吴彦艳. 产业链的构建整合及升级研究 [D]. 天津：天津大学，2009.

[7] 王跃平. 产业链招商模式的完善与优化 [D]. 成都：西南财经大学，2010.

[8] 龚勤林. 产业链空间分布及其理论阐释 [J]. 生产力研究，2007 (16)：106-107+114.

[9] 刘烈宏，陈治亚. 产业链演进的动力机制及影响因素 [J]. 世界经济与政治论坛，2016 (01)：160-172.

[10] 刘烈宏，陈治亚. 产业链演进的动力机制及影响因素 [J]. 世界经济与政治论坛，2016 (01)：160-172.

[11] 刘海华. 大道定理在区域规划中的应用 [J]. 系统工程，1988 (04)：38-47.

[12] 李敏. 大道理论与我国经济增长的最优路径 [J]. 生产力研究，2006 (08)：29-30.

[13] 林军，栾迪. 交易费用理论述评 [J]. 兰州文理学院学报 (社会科学版)，2017，33 (01)：73-78.

[14] 罗垚. 科斯与威廉姆森的交易费用理论的比较分析 [J]. 中国市场，2012 (36)：48-49+64.

[15] 黄家明，方卫东. 交易费用理论：从科斯到威廉姆森 [J]. 合肥工业大学学报 (社会科学版)，2000 (01)：33-36.

[16] 易雅鑫. 基于价值网模式的烟草企业竞争战略研究 [D]. 武汉：武汉大学，2012.

[17] 魏然. 产业链的理论渊源与研究现状综述 [J]. 技术经济与管理研究，2010 (06)：140-143.

[18] 窦炜，施军，魏建新. 价值链理论与应用研究述评 [J]. 中国管理信息化，2013，16 (02)：40-43.

[19] 任永菊. 价值链理论的历史演进及其未来 [J]. 中国集体经济，2012 (06)：

82–83.

[20] 张燕. 价值网——一种新的战略思维组合 [J]. 价值工程，2002（02）：14–17.

[21] 卢泰宏，周懿瑾，何云. 价值网研究渊源与聚变效应探析 [J]. 外国经济与管理，2012，34（01）：65–73.

[22] 陈柳钦. 有关全球价值链理论的研究综述 [J]. 重庆工商大学学报（社会科学版），2009，26（06）：55–65.

[23] 池仁勇，邵小芬，吴宝. 全球价值链治理、驱动力和创新理论探析 [J]. 外国经济与管理，2006（03）：24–30.

[24] 栾璇. 跨国种业公司在华俘获型陷阱的形成机制 [D]. 南京：南京大学，2013.

[25] 丁涛，贾根良. 新李斯特经济学的全球价值链理论初探 [J]. 社会科学战线，2017（08）：23–32.

[26] 李玮. 全球价值链理论和发展中国家产业升级问题研究 [J]. 工业技术经济，2017，36（01）：22–31.

[27] 迮建军. "嵌入竞争"：全球价值链位势理论及其实证研究 [D]. 苏州：苏州大学，2013.

[28] 张辉. 全球价值链动力机制与产业发展策略 [J]，中国工业经济，2006（01）：40–48.

[29] 张文宣. 全球价值链理论及其实践应用 [D]. 西安：西北大学，2008.

[30] 张辉. 全球价值链下地方产业集群升级模式研究 [J]. 中国工业经济，2005（09）：11–18.

[31] 王海萍. 供应链管理理论框架探究 [J]. 经济问题，2007（01）：16–18.

[32] 窦智博. 精益供应链理论在我国服装行业中的应用研究 [D]. 天津：天津大学，2008.

[33] 陈梁. 基于供应链理论的政府采购优化研究 [D]. 杭州：浙江工业大学，2015.

[34] 张占东. 企业竞争中的产品差异化战略研究 [J]. 经济经纬，2002（03）：51–53.

[35] 祝江. 基于产品差异化理论对我国智能手机产业的研究 [D]. 上海：上海师范大学，2012.

[36] 郭富红，陈艳莹. 产品差异化理论研究综述——基于产品差异化程度越高市场

势力越大视角［J］. 现代管理科学，2016（09）：97-99.

［37］王伟光，张钟元，侯军利. 创新价值链及其结构：一个理论框架［J］. 科技进步与对策，2019，36（01）：36-43.

［38］卢东宁. 农业技术创新链循环研究［D］. 杨凌：西北农林科技大学，2007.

［39］崔静静，程郁. 基于创新价值链视角的企业创新绩效评估［J］. 软科学，2015，29（11）：1-5+10.

［40］［日］竹内弘高，［日］野中郁次郎著. 李萌译. 知识创造的螺旋：知识管理理论与案例研究［M］. 北京：知识产权出版社，2005.

［41］李瑾，贾娜，郭美荣，等. "互联网+"种业下的产业融合与产业链分析［J］. 浙江农业学报，2018，30（03）：479-488.

［42］陈兆雪. 我国生物育种知识产权价值链创新与管理策略研究［D］. 青岛：山东科技大学，2017.

［43］蓝瞻瞻，王立群. 我国林业产业链整合研究［J］. 北京林业大学学报（社会科学版），2011（01）：70-75.

［44］王元宝. 基于知识网络视角的玉米种子产业链创新模式研究［D］. 北京：中国农业大学，2015.

［45］李武军，黄炳南. 基于政策链范式的我国低碳经济政策研究［J］. 中州学刊，2010（05）：35-38.

［46］绿野资本集团. 基于产业生态圈的区域产业规划及招商引资方法［EB/OL］.（2012-05-09）［2011-05-10］. https://wenku.baidu.com/view/a14a660aba1aa8114431d9a3.html.

［47］胡曙虹，黄丽，杜德斌. 全球科技创新中心建构的实践——基于三螺旋和创新生态系统视角的分析：以"硅谷"为例［J］. 上海经济研究，2016（3）：21-28.

第十二章

定位与策划理论

一、行为经济学

（一）定　义

行为经济学[1]是为了增加经济学的解释力，在经济学中引入更多更符合现实的心理学基础的经济学领域，通过研究人的“非理性”行为和行为偏差，修订完善传统的理性决策模型，从而让经济学模型更符合实际，更具解释力，也更能帮助决策者提高决策质量的科学性。

（二）理论基础

1. 有限理性假说

1978 年，诺贝尔奖得主赫伯特·西蒙（Herbert Simon）最早提出了有限理性假说，质疑和否定了古典经济学对“完全理性的经济人”的假设，指出单独一个人的行为不可能达到任何较高程度的理性。后来，有限理性假说成为行为经济学的指导思想[2]。诺贝尔奖得主塞勒进一步确认人的理性是有限的，且常常受到心理账户效应（Mental Accounting）①、禀赋效应（Endowment Effect）② 和交易效用（Transaction Utility）③ 的影响[3]。诺贝尔奖得主席勒则提

① 人们为了管理、控制自己的消费行为，会不知不觉中为钱和资产等建立各种各样的账户，对相关开支进行平衡规划。

② 禀赋效应是指人们一旦拥有一件东西时会高估它的价值。

③ 交易效用取决于消费者购买商品时所付出的价格与该商品的参考价格间的差别，判断该交易是否获得了优惠及折扣率。

出了非理性、低效市场行为的证据。

2. 前景理论

前景理论（Prospect Theory）是一种研究人们在不确定的条件下如何进行决定的理论，吸纳了等级依赖效用理论（RDU，Rank-Dependent Utility）①等理论。卡尼曼和特维尔斯基把心理学运用到现代经济学，提出在不确定性条件下，人们偏好主要是由财富增量而非总量决定的，存在锚定现象、确定性效应（Certainty Effect）②、孤立效应（Isolation Effect）③和反射效应（Reflection Effect）④[3]。前景理论有三个基本原理[4-5]，即大多数人在面临获得的时候是风险规避的、大多数人在面临损失的时候是风险偏爱的、人们对损失比对获得更敏感。卡尼曼等[5-6]指出，损失比收益更令人关注，人们对损失的估价要比等量收益的估价要高。

3. 认知心理学的偏差分析[7]

人类的决策行为以各种各样的方式偏离经济学理性范式的标准假设。不确定条件下的判断与传统经济理论对理性的假定存在系统差别。人们在不确定条件下决策时，经常使用直观推断方法将一些复杂的决策问题简化为一些简单的判断，受到相似性偏差、框架依赖偏差、可得性偏差（Availability Heuristic）、调整和锚定、认知分歧与群体影响、后悔以及过度自信等影响，还存在经验自我（体验效用）与决策自我（决策效用）的不一致，而产生严重的系统性偏差。

4. 社会偏好理论[8]

实验经济学对传统经济人假设的系统反驳促使社会偏好理论应运而生。

---

① RDU 理论通过对所有最终结果排序，然后结合（逆）累积概率而非单纯概率的方法来给各结果赋予相应的权重，从而解释阿莱悖论等违背期望效用理论的现象。

② 确定性效应是指和确定性的结果相比个人会低估概率性结果。确定性效应导致了当选择中包含确定性收益时的风险厌恶以及当选择中包含确定性损失的风险寻求。

③ 孤立效应即当个人面对不同前景的选项中进行选择时，会忽视所有前景所共有的部分。

④ 反射效应指当正负前景的前景绝对值相等时，在负前景之间的选择和在正前景之间的选择呈现镜像关系。

社会偏好理论在维持理性假设下，通过将心理学和社会学的诸如公平、互利等与“自利”假设有着明显含义辨识度的一些人类社会性情感因素纳入效用函数中来进而修正经济人假设，并以博弈论为基本的分析工具力图构建新的博弈均衡来解释实验经济学所揭示的一系列悖论。

（三）理论影响

行为经济学[9]重构了选择理论，模型化了新古典经济学所忽略的五个选择事实，即框架效应、非线性偏好（阿莱悖论）、来源依赖①、风险爱好和损失厌恶，导致当事人在跨期决策时会表现出偏好时间不一致性、消费和效用跨期的非独立性以及习惯性决策等。行为经济学已在宏观经济、劳动市场和金融三个领域产生巨大影响。

二、战略管理理论

（一）中国传统战略思想

《孙子兵法》提出了战略决策过程，即：胜、力、柔、利、道、形、势、知、专、度、奇、变、致，用“力”求“胜”。这构成了中国传统战略体系，强调战略目标、战略基础（利益和实力）、战略环境（内部和外部）、战略指导（原则、方针）、战略决策（程序、原则、机制）、战略模式（均势、联盟、地缘）、战略比较[10]。

“胜”为战略目标；“力”为赢得对抗胜利的最基本的条件和手段，“利”是战略根本动因，“道”是实现战略目标要遵守的规律及准则，“力”与“道”是决定力量运用的内在因素和战略依据；“形”为力量的外在表现，“势”为力量综合借助外在条件产生最佳作用的外在形态，“形”与“势”是力量发挥作用的外在因素，是展现战略艺术的着眼点；“知”是信息获得和正确思维，“专”强调集中力量，“度”强调力量的平衡与使用时机，“奇”强调出其不意运用力量，“变”强调力量在时空中灵活组合，“致”强调战略

① 人们偏好力所能及的赌局，而不偏好纯粹的机会性赌局。

对抗的主动权和基本对抗方式及运用力量的作用点，"柔"为战略理念，"知""专""度""奇""变""致"要围绕"柔"进行施展[11]。

（二）西方战略管理理论

战略管理的本质[12]是战略研究制定人对未来发展和环境因素的分析、构思、选择、匹配，以及战略的制定、执行和评估。西方战略管理理论经历了四个发展阶段[13]：由过程管理向战略管理转变，由内向管理向外向管理转变，由产品市场管理向价值管理转变，由行为管理向文化管理转变。20世纪80年代波特提出的竞争战略理论成为战略管理理论的主流理论，其提出的"五力模型①"和"三大竞争战略②"影响最为深远。詹姆斯·弗·穆尔（James F. Moore）于1996年出版的《竞争的衰亡》中所提出的商业生态系统理论打破了传统的以行业划分为前提的战略理论的限制，力求"共同进化"，成为战略理论的重要指导思想[13]。

三、定位理论

（一）STP策略

菲利普·科特勒（Philip Kotler）指出当代战略营销的核心是STP策略，即市场细分③→目标市场④→市场定位⑤[14]。

---

① 五力模型即行业现有的竞争状况、供应商的议价能力、客户的议价能力、替代产品或服务的威胁、新进入者的威胁，强调企业战略设计的核心在于选择正确的行业，并在行业中占据有力的竞争位置。

② 三大竞争战略：成本领先战略、差异化战略、专业化战略。

③ 市场细分是指根据顾客需求的差异性，将顾客划分成若干个顾客群，每一个顾客群构成一个子市场。

④ 目标市场即特定的有相似需求的消费群体。

⑤ 市场定位是指为使产品在目标消费者心目中相对于竞争产品而言占据清晰、特别和理想的位置而进行的安排。

（二）定位理论

艾·里斯（Ai Rices）和杰克·特劳特（Jack Trout）等在 20 世纪 70 年代提出了“定位理论”。定位起源于市场营销学领域，里斯和特劳特再三强调，定位是在潜在用户的心智上下足功夫，即把产品或服务根植在用户的心中，不是扭转和说服以改变顾客的心智，而是设法占领或创造心智的空位[15]。

定位是对“心智”进行定位，产品定位只是心智定位的表面形式，市场营销的最终战场是争夺用户的心智空间。定位具体到品牌，即让品牌在顾客的心智阶梯中占据优先位置甚至第一的位置，使品牌围成某个类别或某种特性的代表品牌甚至象征，当用户在产生相关需求时心智自动将其作为首选项[16]。

（三）产业定位

产业定位作为产业转型升级研究的逻辑起点，是产业发展规划的核心。产业定位核心即产业战略管理，要在深入研究产业发展环境和产业发展战略后才能慎重决定。对产业定位进行研究理论主要有区域发展理论、产业结构演变和优化理论、比较优势理论、竞争优势理论、新贸易理论和城市化阶段理论等[17-18]。产业定位分析可从投入 – 产出（产业定位总体布局依据）①、产业体系（产业定位逻辑框架构建）②、产业门类（产业定位分项指标研判）③ 三级视角来进行[18]。

（四）产业园区功能定位

产业园区是引导产业发展的重要载体。产业园区要具备优势挖掘功能、产业协同功能、产业整合功能、资源匹配功能、招商引资功能、资源聚集功能、产业诊断功能和政策指导功能 8 大功能，其中前 4 项功能受到产业园区管

① 侧重于思考空间要素、产业基础、产出效益、产业前景与政策导向五个方面问题。

② 从逻辑上确定主导产业、支柱产业、战略产业与特色产业，形成分别具备突出带动、优先发展、加快培育与改造提升四方面特点的现代产业体系。

③ 重点对产业延伸、已有基础产业、其他新兴产业、下一步可能的挖掘方向（如服务型制造、平台经济、总部经济等）四类领域进行分项指标研判，对各产业门类进一步做出分析。

理部门和各级政府的重点关注（图 12–1）[19]。根据因素 – 功能分析框架[20]，农业产业园区基本具备种子种苗生产、育种科研创新、成果示范推广、教育培训、国际交流合作等功能[20]。

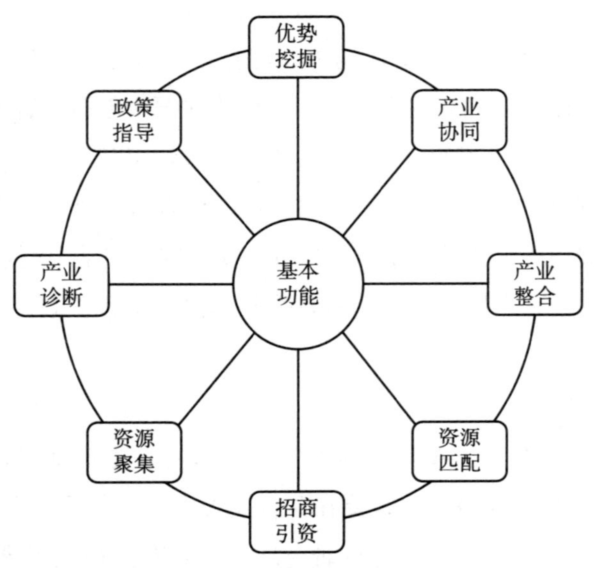

图 12–1　产业园区基本功能

四、策划科学

（一）策划内涵

策划是指为达到社会组织的预定目标或解决面临问题，借助一定的科学方法和艺术，并利用个人或集体智慧拟定行动指南的构思、设计、制作等活动，是针对未来要发生的事情做当前的决策[21]，是一种思维创新和艺术创作的智力行为。策划要建立在科学定位的基础之上，定位需要通过策划的形式呈现出来。

（二）策划科学

目前，策划尚无统一的理论。现代的策划科学繁荣于智库、营销等活动。策划科学与思维科学、决策科学、咨询科学、管理科学密切相关[21]。思维科学属于管理科学，是策划科学的基础与延伸，并与决策科学密切衔接、与咨询科学交叉。现有的策划科学成为 USP（Unique Selling Proposition）理论、蓝海战略（Blue Ocean Strategy）、CIS 理论、长尾理论、4P→4C 理论①等各类理论与各类工具的集合。

（三）产业规划策划

好的产业规划本身就是好的产业策划。产业策划相较于产业规划，侧重于为政府招商引资提供路演，让产业规划更接地气、更适用和更具操作性，并通过产业策划来实现产业规划目标。产业策划[22]是指在考虑城市发展现状和规律的前提下，运用相关产业经济学原理，以产业发展为主线，对城市空间形态、产业配置和产业功能进行的综合性筹划。

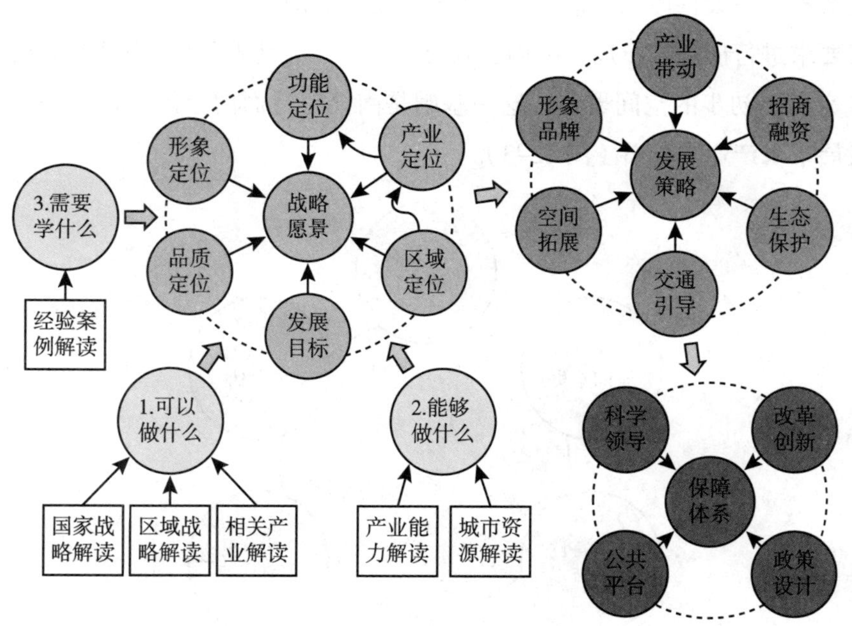

图 12-2　产业规划策划基本体系

① 4P→4C，产品（Product）→客户价值（Customer Value）；价格（Price）→客户成本（Customer Cost）；地点（Place）→客户便利（Customer Convenience）；促销（Promotion）→客户沟通（Customer Communication），即产品或服务使人们的生活、工作、学习更加方便快捷。

五、提高南繁社会地位和效益

（一）抓住南繁产业策划的前提条件

做好南繁产业策划，要熟知"六个一"。"六个一"已在前述相关章节进行论述。①要坚信"一个方向"，不论是宏观，中观，还是微观，南繁"硅谷"是我国种业领域在海南进行改革开放试验的最优方向。②要承认"一大事实"，即南繁产业处于资金、技术、管理均相对不足的欠发达地区，这是南繁产业发展的最大限制性因素。③要肯定"一大优势"，即南繁产业是独具海南风格的特色产业，这一显著的比较优势要充分发挥。④要看清"一大劣势"，即南繁产业未来生产环节和消费环节两头在外，尤其是消费环节在外。⑤要紧抓"一大特性"，即南繁产业属于高新技术产业，需要按高新技术产业发展要求进行谋局、布局、破局。⑥要夯实"一大基础"，即南繁产业已具雏形且完成了初步的空间聚集，这一基础是南繁打造面向全国的科研平台，快速发展未来产业的基石（图 12-3）。

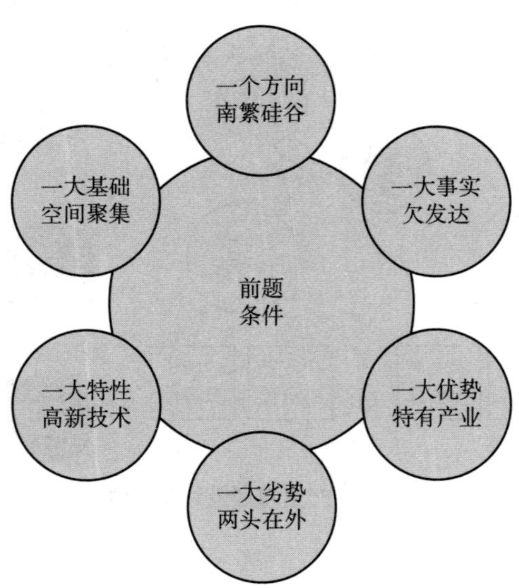

图 12-3　南繁产业策划需要认清的前提条件

（二）南繁产业定位

根据定位理论，简单直接最具力量。南繁产业定位同样需要通过简单的表述勾勒出发展愿景。南繁“硅谷”是习近平总书记给南繁产业的顶层设计，给南繁产业定位指明的方向。南繁“硅谷”同样是简单、直接，重点突出。

首先，要求回答3个什么：一是海南可以做什么？海南自贸区（港）建设，给予了海南最大的管制松绑的制度空间，带来两种可能：①将海南打造成最活跃的国际种业科研示范区；②将海南打造成各类种质资源、育种材料、亲本无障碍集成并面向全球的种业“设计与组装中心”。二是海南能够做什么？传统育种毫无障碍，土地资源相对丰富，生物育种逐步夯实；但传统育种与生物育种桥梁薄弱，两者间还存在制度或模式上的障碍。三是海南需要学什么？学习好国内外的先进经验，尤其是避开他们的瓶颈：①学习国外，如荷兰现代种业育种科研与商业模式、美国对生物育种宽容的制度；②学习国内，如广东的资本力量、安徽的种业商业气氛、上海的制度创新力量。

其次，进行区域定位、产业定位、功能定位、形象定位、品质定位，建立发展目标体系，确定最终的战略愿景（图12–4）。

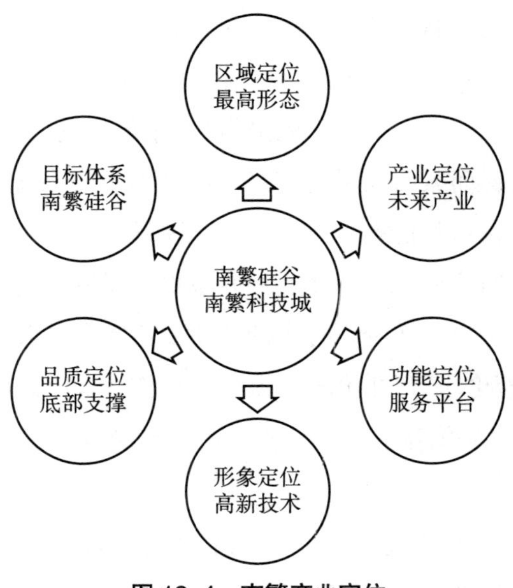

图12–4 南繁产业定位

一是习近平总书记"4·13"重要讲话和2018年中央12号文件已对海南进行了区域定位——最高形态的自贸区（港）和产业定位——（10个重点领域①、深化3个开放②以及未来产业）。二是对南繁进行顶层设计时，已对南繁进行了功能定位：科研、生产、销售、科技交流、成果转化且服务全国。三是南繁产业的形象定位是高新技术产业。四是国家对南繁建设提出了较高的要求，即南繁产业的品质定位是为"中国饭碗"底部支撑。五是南繁产业的发展目标是实现育繁推一体化和产销合一，解决南繁两头在外的困境，并以此建立目标体系。南繁产业的愿景就是建成服务全国、走向世界的南繁"硅谷"。

最后，对南繁产业定位实施行业内外的压力测试，策划重点在于解决目标与现状间的差异。通过压力测试，掌握这种差异，找到解决这种差异的关键及面临何种阻力，再找到需要何种资源、何种变革才能支撑策划目标的实现。

（三）南繁产业发展策划

首先，产业策划同样需要思考三个层面的策略，即战略层面（城市产业整体策划，重点在于空间拓展、产业带动、生态保护和交通引导）、中观层面（南繁科技城策划，重点在于形象品牌、招商融资）和微观层面（产业实体策划，重点在于项目与机构引入）。通过系统策划，增强南繁产业内部关联并拓展与外部关联，打造南繁产业商业生态。通过策划招商引资成（产业）链、补（产业）链、强（产业）链，实现南繁产业聚集化发展和生态化集约发展。

其次，建立广泛而紧密联系的网络。南繁涉及众多省、市、自治区，换言之，南繁将海南省与其他省、市、自治区联系在一起。需要通过南繁扩大海南与各省份之间的这种联系，使这种联系更加紧密、更加不可分割，发挥各省份在海南的科研投入转变为海南的科研支出和科技收入。积极借用"一带一路""亚洲博鳌论坛""澜沧江－湄公河合作""泛珠三角合作""省部会商"等各类平台，加强海南省与其他省、市、自治区，尤其是与北京、安徽、

① 种业、医疗、教育、体育、电信、互联网、文化、维修、金融、航运等重点领域。

② 现代农业、高新技术产业、现代服务业。

湖南、江苏、广东等种业大省、大市之间的交流合作。根据区域分工理论、协同理论、共生理论[23]，建立协调和会商机制，实现海南省与南繁省份在南繁产业领域进行经济合作与协同发展。

再次，推广南繁认知体系，让南繁更深入“人”心。一是要将南繁从业内认知扩展为大众知识。南繁目前仅是行业的话题，普通百姓知之甚少。品牌力量来源于用户认知。二是构建资本与种业知识产权共振的（投资）知识体系。种业涉及领域庞杂，不仅专业性强，地域性也强。只有资本的介入才能使种业知识产权的红利变现。

最后，构建强执行力的保障体系。一是对标自由港，解放思想，改革创新。二是优化机构与流程，进行科学领导。三是产业政策引导明晰，要素扶持有力，做到落地生根并开花结果。四是打造公共平台培育孵化产业。

参考文献

[1] 包特，戴芸. 2017年诺贝尔经济学奖得主理查德·塞勒对行为经济学的贡献［J］. 经济与管理，2017，31（06）：1-4.

[2] 周业安. 行为经济学：引领经济学的未来？［J］. 南方经济，2018（02）：1-11.

[3] 王平，徐选华. 前景理论研究综述［J］. 企业技术开发，2005（12）：71-73.

[4] 何大安. 行为经济学基础及其理论贡献评述［J］. 商业经济与管理，2004（12）：4-10.

[5] 黄祖辉，胡豹. 经济学的新分支：行为经济学研究综述［J］. 浙江社会科学，2003（02）：70-77.

[6]［美］丹尼尔·卡尼曼［著］，胡晓姣，李爱民，何梦莹［译］. 思考，快与慢［M］. 北京：中信出版社，2012.

[7] 肖斌. 经济学与心理学的融合——行为经济学述评［J］. 当代经济研究，2006（07）：23-26.

[8] 陈叶烽，叶航，汪丁丁. 超越经济人的社会偏好理论：一个基于实验经济学的综述［J］. 南开经济研究，2012（01）：63-100.

[9] 马广奇，张林云. 行为经济学的理论贡献及其应用［J］. 吉首大学学报（社会科

学版），2009，30（03）：97-102.

［10］刘红. 国家林木种苗发展战略研究［D］. 南京：南京林业大学，2011.

［11］洪兵. 中国战略原理解析［EB/OL］. https://www.doc88.com/p-134710064601.html.

［12］谭力文，丁靖坤. 21世纪以来战略管理理论的前沿与演进——基于SMJ（2001-2012）文献的科学计量分析［J］. 南开管理评论，2014，17（02）：84-94+106.

［13］汪涛，万健坚. 西方战略管理理论的发展历程、演进规律及未来趋势［J］. 外国经济与管理，2002（03）：7-12.

［14］孙毅. HZ公司STP战略研究［D］. 济南：山东大学，2012.

［15］［美］艾·里斯（Ai Rices），杰克·特劳特，邓德隆［译］. 定位：争夺用户心智的战争［M］. 北京：机械工业出版社，2018.

［16］金琳. 定位理论国内研究综述［J］. 当代经济，2009（01）：156-157.

［17］杨春志. 城市产业战略的若干理论及应用——以上海市嘉定区产业定位为例［J］. 城市问题，2005（06）：51-57.

［18］范昊，景普秋. 基于三级视角的资源型区域产业定位研究［J］. 南开学报（哲学社会科学版），2018（02）：8-18.

［19］吴维海，葛占雷. 产业园区规划［M］. 北京：中国金融出版社，2015.

［20］李国新. 经济发达地区农业科技园区功能、主导产业规划理论探讨［D］. 北京：中国农业大学，2005.

［21］王续琨. 策划·策划学·策划科学［J］. 软科学，2001（06）：91-95.

［22］金莹. 策划城市发展——基于产城关系视角的城市产业策划研究［D］. 上海：上海交通大学，2017.

［23］冷志明. 中国省际毗邻地区经济合作与协同发展的理论基础及运行机制研究［J］. 科学经济社会，2007（02）：25-29.

第三篇

产业规划策略、工具与程序

第十三章

产业规划分析策略与原则

一、产业规划分析策略

（一）战略导向

中共十九大报告提出“创新和完善宏观调控，发挥国家发展规划的战略导向作用”。发挥战略导向的作用是产业规划应有之义，规划成果要符合国家政策和发展战略。战略即定位，识别机会甚至创造机会是组织在价值实现过程中的价值观、核心理念和愿景。确定战略是产业规划的起点，决定着产业发展的思路、方向甚至路径选择。战略错误将导致组织失败。

“战略决定未来，思路决定出路”。战略导向是指组织的全部经营管理活动都必须与组织的发展战略保持一致，是组织对自身未来发展定位和发展态势的选择[1]。战略导向就是要聚力完成组织的目标，即基于战略导向强化资源整合与调配、组织机构设计与管理以及形成产品创新开发、知识产权保护与市场拓展的内外部环境。

（二）问题导向

经济学和社会科学从根本上说是问题导向的[2]。问题导向是马克思主义世界观和方法论的重要体现，是探析解决问题的切入点，以帮助压实责任推进各项工作的发展[3]。经济学中，研究的问题首先应该满足真实、重要、新奇、熟悉、有趣五个条件，在切入问题时要把握好选择的切入视角①、寻找约

① 切入视角的迥异，会得到不同的论点甚至相悖。选“对”视角事半功倍。

束条件、引入基准理论三个步骤。在表达问题时，要做好删繁就简、构建理论、经验实证、进行一般化的工作[4]。

问题导向不仅是一种辩证思维，也是一种现实主义的实践观。规划的过程也是创新和实践的过程，规划就是要发现问题、提出问题、化解矛盾、解决问题和聚力发展。诊断和透视问题是编制规划的基本素养，要从实践中来，回到实践中去。问题导向是规划调研工作的方法论，编制产业规划时，要准确直击痛点，至少可以从产业结构、产业组织（包括组织化、标准化）、产业规模（包括资源禀赋、市场需求、产业特性、关键要素供给）、企事业机构成长状态（包括数量与质量，研发能力与实力）和公共服务体系等方面进行问题诊断。问题导向就是要发现在培育产业发展过程中的关键问题，研究制定解决方略。可借助鱼骨分析法①、问题树分析法②、5Why分析法③、CAF思考法④等工具深度分析问题，找到根本原因。

（三）目标导向

目标导向是编制规划过程中的参照系。目标导向是指以设定的目标来引导行动、规范行动、考核行动，以实现战略愿意。目标导向要响应需求。产业发展立足于需求，要全方位审视产、学、研、政、介多方需求，要契合市场规律。产业规划要立足于企业如何满足顾客需求，为企业提供相应的软硬件配套。

目标设定与细化是规划的重要组成部分，甚至是规划设计的灵魂。通过做好产业定位，设定清晰而明确的目标，形成倒推和倒逼机制，引导政府、

---

① 鱼骨分析法（Fishbone Analysis Method，因果分析法）由日本学者石川馨提出，是一种发现问题"根本原因"的分析方法。

② 问题树（逻辑树）分析法由麦肯锡公司提出，即确定问题来源、描述问题、分解问题。

③ 5Why 分析法由丰田佐吉提出，用于识别问题、澄清问题、分解问题、查找原因要点、把握问题的倾向、识别并确认异常现象的直接原因。

④ CAF 思考法（Consider All Factors）由爱德华·波诺提出，是对事物观察具体化的手段，又被称为考虑所有因素思考法。

企业的决策。同时，目标及任务设定以及指标体系建立是对规划执行评估和绩效考核的依据，是目标管理的关键组成部分。

目标一般分为总体目标和具体目标。总体目标是产业发展的总体特征，是对产业未来发展综合形象的评估和定性表达；具体目标是深入描述所规划产业的内涵与特征，定量细化并建立指标体系。目标与指标体系的确立要有目的性、科学性、合理性、系统性、关联性、可控性和突出性[5]。可借助SMARTER 和 WOOP① 工具辅助目标设定。

指标体系设计以客观指标为主、主观指标为辅，指标设计要以产业规模（总产值、企业数量、就业规模、土地面积）、产业质量（利润、税收、产业关联性、平均工资、产值能源消耗比）、产业聚集（建筑每平方米产值、农田亩均产值、高新企业收入比、园区产值比）、企业与产品竞争力（高新企业数据、上市公司数量、品类数量、品牌数量）、产业发展环境（基础设施投资、固定资产投资、融资规模）、研发创新（R&D 经费支出、人才规模、省级创新平台数量、省级高新企业数、知识产权量）和营商环境（行政效率、制度创新力度、财税补贴、政府财政科技投入）等。

（四）效果导向

目标导向和效果导向是检验规划成果的利器。规划编制的质量高低在于规划颁布后能否成功落地变现并形成一批实践创新成果甚至制度设计成果、能否匹配目标导向并达成预期效果。效果导向要做到结果可预见，既要自上而下，围绕目标导向明确要达到的绩效目标；又要自下而上，根据规划区域的资源能力、组织能力、创新能力，进行战略－能力的双向匹配做到规划开花结果。可以借助 PDCA 循环发现规划文本的缺陷，对规划进行不断的改进和优化。

（五）过程导向

规划编制的全过程必须是开放的过程，要实现双向传导和促进相关干系

---

① WOOP 思维由加布里埃尔·厄廷根（Gabriele Oettingen）提出，即 W（愿望，Wish）→ O（结果，Outcome）→ O（障碍，Obstacle）→ P（计划，Plan）。

人的交流学习。产业规划的编制过程是认知体系和软件环境构建的过程，不仅是编制人员和政府人员学习确立知识体系的过程，也是构建产业发展软件支撑体系的过程。任何规划对编制人员而言均是熟悉而陌生的事物，因此需要学习、消化和创造。任何规划对政府人员而言均是工作的延续和新的部署及行动刚要，因此需要学习、消化和执行。

过程导向关键就要解决协同和关键点控制。过程导向还需要对规划过程进行管理，遵循战略导向、问题导向、目标导向和效果导向，从微观、中观和宏观①三个层面进行思考，从大处着眼，从小处着手[6]。规划在宏观层面上，要在战略判断上高屋建瓴，要有理论的高度与深度。在中观层面上，要将各环节融会贯通和构建体系，将各个环节联通起来，要脉络清晰。在微观层面上，每一个环节均要细致入"微"、接地气，要有具体的细则，保证规划最终能落到实处。

二、产业规划分析原则

（一）基本原则

1."双轮驱动"原则

"唯改革者进，唯创新者强，唯改革创新者胜。"创新能力是决定一个国家或地区竞争力的关键因素之一。双轮驱动即科技创新驱动和制度创新驱动。双轮驱动已经成为我国的基本国策。2016 年 5 月，中共中央、国务院印发了《国家创新驱动发展战略纲要》，提出双轮驱动就是科技创新和体制、机制创新两个轮子相互协调、持续发力。

科技创新和制度创新是人类社会创新的两大基本形式[7]。科技创新即通过新发现、新发明、新创造，来实现生产活动质的飞跃，使生产力成为推动社会发展最活跃、最革命的力量；制度创新则通过改变与生产力发展要求不相适应的生产关系和上层建筑，建立与生产力发展要求相适应的新的经济制度、政治制度和文化制度，从而为社会不断发展注入强大的活力[8-9]。

① 此处的微观、中观和宏观既侧重于知识体系的构建，又侧重于将思维层次化。

2. 产城融合发展原则

城市的重要性不言而喻。我国城市化进程仍在快速稳定发展，高水平规划引领城市高质量发展。产业与城市密不可分，产业是城市的经济基础。产城融合即“以产促城，以城兴产，‘产’‘城’‘人’和谐共生发展”。产城融合是促进城市物质空间、经济空间、社会空间[10]和生态空间等4个空间有机统一的必然途径。产城融合就是要实现产业与空间相适应和相契合，让“城”更具活力。产城融合就是要让“人”尽量以最低成本获得更好更大的发展，让“城”更具吸引力。未来城市的产城融合需要走“城市+产业+生态”以及适当集中与合理分散的道路，构建更加舒适的工作、生活、学习、娱乐的生态环境。

3. 政府与市场双作用原则

中共十八届三中全会《决定》提出，政府要加强发展战略、规划、政策、标准等制定和实施，加强市场活动监管，加强各类公共服务提供。习近平总书记强调，充分发挥市场在资源配置中的决定性作用，更好发挥政府作用[11]，强调继续在社会主义基本制度与市场经济的结合上下功夫，把两方面优势都发挥好，既要“有效的市场”，也要“有为的政府”[12]。“有效的市场”在于引导企业家按照要素禀赋的比较优势来选择技术和产业，奠定现有产业、技术升级到资本更为密集、附加价值更高的新产业、新技术的物质基础；“有为的政府”需要给第一个吃螃蟹的企业家提供相应的服务，给予一定的激励，降低投资风险[13]。

相对完善的市场化环境已经成为高新技术产业快速发展的前提。在市场化程度高的地区，技术复杂度较高的产业增长较快[14]，而且中国高技术产业发展存在着明显的空间非均衡特征[15]。根据三螺旋理论模型[16]，政府是培育产业集群的关键一环，双向多方需求产生了前进动力。政府在产业政策的设计和实施时需要充分考虑经济体的市场发育水平，针对不同地区市场化水平的差异，推行差异化的产业政策，寻求最佳经济效益[17]。在产业规划过程中，通过规划与市场的关系进行协调，使市场规律在政府规划的外力下发挥作用，将政府组织与市场组织紧密结合起来。

4. 核心要素分析原则

产业规划不是简单地给出愿景，要研究规律，找出核心要素。①产业发展有其一般规律，也有其独特性或差异性，要尊重每一个产业固有的发展规律，要实事求是。②产业发展有其独有的处境，包括产业与区域发展的契合度、区域定位，逃不开天时、地利、人和，要趋利避害抓紧机遇。③产业发展不存在真正意义上的"无"中生有，定有其优势资源和产业关联。搞清楚产业所在区域拥有什么，发展潜力和核心竞争力何在，是技术、资金、人才、市场、创新创业环境、行政效能，还是其他？要确定优势在全国乃至在全球的坐标位置。然后，分析产业成长空间与形成产业链和产业集群的能力。④实现规划过程中可能涌现什么样的阻力，避免地区间产业雷同、恶性竞争。明知不可为而为之，不仅是资源浪费，更是会错过不能复返的时间和其他领域的机会。

5. 面点线体定位原则

产业规划成果实现不可能一蹴而就，编制规划时要注重落地节奏可控，把握全局，紧跟快节奏的、环境多变的时代，综合平衡各方以做到面、点、线、体相结合，充分研究构建点、线、面、体的潜力。阿里巴巴集团采用的点线面体定位策略[18-19]，可以为产业规划所用。

点，即集中优势有所突破，包括重点突出、差异化发展、市场细分，用于产业规划则是指引入和培育龙头企业和大院大所高校，从产业实体上进行突破。线，即取得信任与支撑系统，连点成线支持并实现增值，用于产业规划则是指营造良好的商业环境，协助企业创新创业。面，即生态平台与统一市场，形成产业链和产业集群等网络效应，用于产业规划则是指打造联通"两种资源""两个市场"的体制机制，创造区域特有的产业发展场景。体，即由点线面组成的生态系统，实现跨产业协同、协调，用于产业规划则是指培育区域的创业创新环境和制度创新环境，提升区域整体竞争力。

6. 重大项目带动原则

重大产业项目、各类园区建设项目、区域开发项目等作为产业发展的载体是目前政府实施产业升级的战略措施，对城市发展有着显著的影响。产业项目、园区建设项目、区域开发项目等本身携带资本、人才、管理、创新、市场和流量等，可以极大缩短产业培育周期。

重大项目带动旨在发挥项目载体作用，以产业梯度转移为依据，以创造和发挥比较优势为条件，带动生产要素集聚，增强区域经济内生动力和可持续发展能力，实现区域经济跨越式发展[20]。项目带动战略基本逻辑思路为“战略规划－组织结构－运行机制”[21]。推进重大项目，需要在模式、组织结构、运行机构上进行创新。

（二）参考原则

1. 顶天立地原则

创新型的产业规划需要做到顶天立地。顶天即科技创新有领先的优势，能够掌握核心技术，在国内甚至在国际上有领先地位；立地即成果应用接地气，科技成果能转化为实现生产力，能营造创新创业的外部制度环境。

2. 铺天盖地原则

铺天盖地是产业发展的良好愿望，形容产业影响的范围广乃至全球，形容产业实体的数量庞大提供大量岗位。但有些产业受到资源约束只能打造成为区域性的产业，如冬虫夏草产业；有些产业受到需求规模的制约只能做成小众产业，如圆珠笔笔尖的钢珠产业。

3. 因地制宜特色发展原则

基于特色的发展是实施差异化战略的良好本底。涉及传统产业升级调整时，要突出因地制宜和促进特色发展。发展新产业时，要从传统中吸取经验，特色也可以重新打造。

4. 空间均衡环境优化原则

2015 年 9 月，中共中央和国务院印发《生态文明体制改革总体方案》，提出要树立空间均衡的理念，把握人口、经济、资源环境的平衡点推动发展。产业规划要充分考虑人口经济、地理空间和资源环境等方面的因素，确立空间均衡环境优化原则，要在人口和资源的承载能力以及生态环境容量的约束下合理设计规划产业，达到人口经济与资源环境之间的均衡状态均衡。空间均衡是发展产业过程中既是对生产要素空间配置方式的要求，也是产业发展的经济、生态协调性的外在体现，要科学设计产业用地控制指标以有效地促进区域内的产业结构优化[22]。

参考文献

[1] 王德胜，辛杰，吴创. 战略导向、两栖创新与企业绩效［J］. 中国软科学，2016（02）：114–125.

[2] 朱富强. 从方法导向到问题导向：现代经济学研究范式的转向［J］. 中国人民大学学报，2013（02）：34–42.

[3] 郑文靖. "四个全面"战略布局的问题导向［J］. 马克思主义研究，2016（01）：119–125.

[4] 唐志军，苏丽. 论经济学研究中的问题导向法［J］. 湖北经济学院学报，2018，16（03）：5–11+125.

[5] 毛翔飞，顾莉萍. 基于产业链整体构建的现代畜牧业规划方法与案例［M］. 北京：中国农业科学技术出版社，2015.

[6] 钱五海. 宏观把握　中观贯通　微观落实——《经济生活》知识体系构建方法例谈［J］. 中学政治教学参考，2013（25）：18–19.

[8] 成思危. 论创新型国家的建设［J］. 中国软科学，2009（12）：1–14.

[9] 瞿兆松. 坚持科技创新和制度创新"双轮驱动"［EB/OL］.（2018–06–07）［2018–06–07］. http：//www.qstheory.cn/laigao/2018–06/07/c_1122953789.htm.

[10] 周春山，叶昌东. 中国城市空间结构研究评述［J］. 地理科学进展，2013，32（07）：1033.

[11] 曹冬英. 习近平关于政府与市场关系重要论述的理论内涵和践行路径［J］. 探求，2019（01）：20–26.

[12] 郝全洪. 新时代以更加有为的政府推进更加有效的市场［J］. 经济研究参考，2018（56）：3–10+46.

[13] 林毅夫：产业升级需要"有效的市场"和"有为的政府"［J］. 当代县域经济，2016（11）：5.

[14] 盛丹，王永进. 市场化、技术复杂度与中国省区的产业增长［J］. 世界经济，

2011（06）：26-47.

[15] 刘华军，赵浩. 中国高技术产业发展的空间非均衡与极化研究［J］. 研究与发展管理，2013，25（05）：44-53.

[16] 孙晓华，张国峰. 基于“三重螺旋”模型产业集聚能力的培育途径［J］. 科技进步与对策，2008（07）：82-85.

[17] 孙早，席建成. 市场化水平的门槛效应与差异化的产业政策［J］. 经济与管理研究，2016（08）：23-31.

[18] 曾鸣. 智能商业［M］. 北京：中信出版社：2018.

[19] 林友清. 品牌战略的“点线面体”［N］. 华夏酒报，2018-01-09（C30）.

[20] 卫中旗. 大项目带动下的县域经济发展路径研究［J］. 特区经济，2012（06）：281-283.

[21] 翟磊. 项目带动战略下的地方政府组织变革研究［J］. 中国行政管理，2013（10）：88-92.

[22] 束慧. 产业生态经济系统的空间均衡分析及布局优化［D］. 南京：东南大学，2016.

第十四章

产业规划重要工具①

一、系统思维法

（一）战略金字塔模型（图 14–1）②

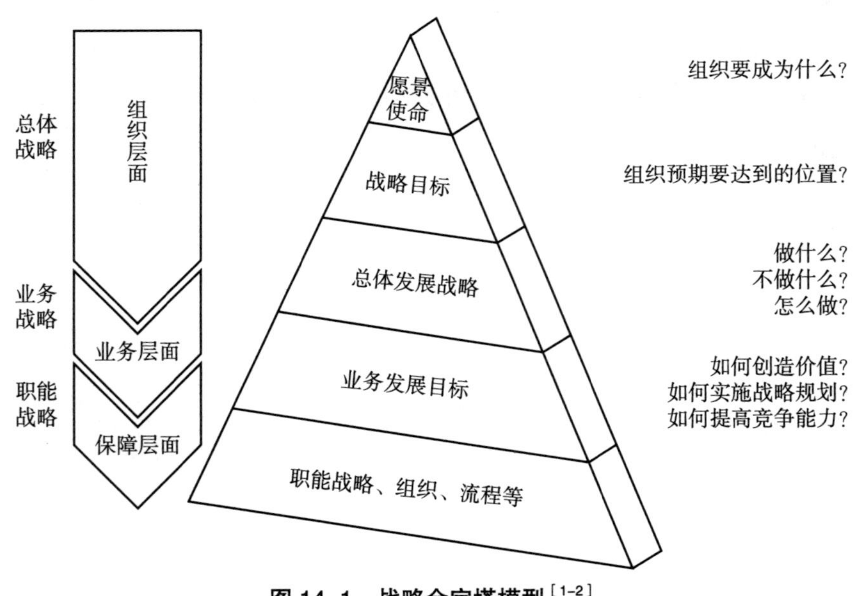

图 14–1　战略金字塔模型[1–2]

1. 愿景使命[1–2]

通过分析内部影响因素和外部影响因素，构建组织价值观。愿景使命是

① 前述章节出现的分析工具不再介绍，且用于产业分析的工具不仅限于本章。

② 战略金字塔模型是吴维海根据规划理论与实践而提出的规划框架成果。

一种定性表达。愿景使命要具备推动性、激励性、方向性和协同性，体现时代特征、经济性和社会担当，要超越过去和现在，展望和预测未来。

2. 战略目标[1-2]

战略目标要科学地解决组织的发展指标，指明组织应达到的位置。战略目标其本质就是定位，要与愿景使命结合起来，指明组织未来分阶段应达到的目标，既要有定性描述，更要有定量的指标体系支撑。科学的定位是规划编制工作的核心，是规划成果成功与否的关键。

3. 总体发展战略[1-2]

总体发展战略又称组织战略，是组织的整体战略总纲，要确定组织的业务定位，产品和市场领域，并解决路径选择即明确在组织不同的战略单位间的分配资源方案以及确定组织的成长方向，要有可操作性。

4. 业务发展战略[1-2]

业务发展战略又称竞争战略或事业部战略，属于总体发展战略的子业务战略，是在组织总体战略指导下，各个战略事业单位制定的部门战略、重点工程、主要任务等。

5. 职能战略、组织、流程等[1-2]

职能战略、组织、流程、实施计划、评估方法等处于战略金字塔基层，要具备操作指南的功用。战略金字塔基层属于规划实施层，行动方案就属于这一层级，包括但不限于组织体系、财务管理、人力资源、生产、营销、组织架构、内控业务规范等，要建立良好的管控模式，实现规划行之有效。

（二）符号化抽象思维

系统思维①需要符号化抽象思维能力。抽象思维是在分析事物时抽取事物最本质的特性而形成概念，并运用概念进行推理、判断的思维活动，使人能在认识客观规律的基础上科学地预见事物和现象的发展趋势。

---

① 系统思维首先是一种逻辑抽象能力，要做到化繁为简，寻找一般规律和一般模式，用于预测和解释现实。

（三）系统思维工具

1. 霍尔硬系统方法论

硬系统方法论（Hard System Methodology，HSM）是美国贝尔电话公司工程师霍尔（A.D. Hall）于1969年提出的用于解决工程问题的系统方案。硬系统方法论将系统工程的总体方法和总体步骤总结为系统工程三维结构[3]，即时间维、知识维（或专业维）和逻辑维，以整体优化为目的、功能主义为基础、工具理性为导向。时间维将系统工程分为规划、拟订方案、研制、生产、安装、运行、更新7个阶段，知识维指系统工程各个阶段和各个步骤所需要的知识门类，包括工程学、医学、建筑学、商业、法律、社会科学、艺术等知识和技能等，逻辑维指系统工程各个阶段要进行问题定义、目标选择、系统综合、系统分析、最优系统选择、计划实施6个方面。

2. 切克兰德软系统方法论

软系统方法论（Soft Systems Methodology，SSM）是英国彼德·切克兰德（Peter Cherkland）基于系统工程和系统分析尤其是基于HSM的基础上提出来的系统方案。软系统方案是一项运用系统思考解决非系统问题的定性研究技术。SSM与HSM相比，可应用于更复杂的、组织化的情境和问题，可包含有大量的社会、政治以及人为活动因素。

软系统方法论逻辑维包括无结构的问题与情景描述①、相关概念界定（根定义）②、概念模型设计、将问题情景与概念模型进行对比、找到可行的合乎需要的变革和改善问题情意的行动方案7个方面[4]（图14–2）[5]。

---

① 运用"丰富图"（Rich Pictures）来表述问题，要能够尽可能多地捕捉到与问题相关的信息，揭示问题的边界、结构、信息流以及沟通渠道等。

② 根定义通常用一句话来表述系统转变过程，包含顾客（任何能够通过系统获益的人都被视为系统的顾客）、执行者（执行者负责设定好的系统输入和输出）、转变过程（展示从输入到输出的系统变化）、世界观（转变流程要具有综合意义）、所有者（系统的拥有者，有权觉得系统启动和系统关闭的人）、环境限制（必须要考虑到的外部因素，包括组织政策以及司法、伦理方面的制约）6个基本成分，并使之做到非常结构化和标准化。

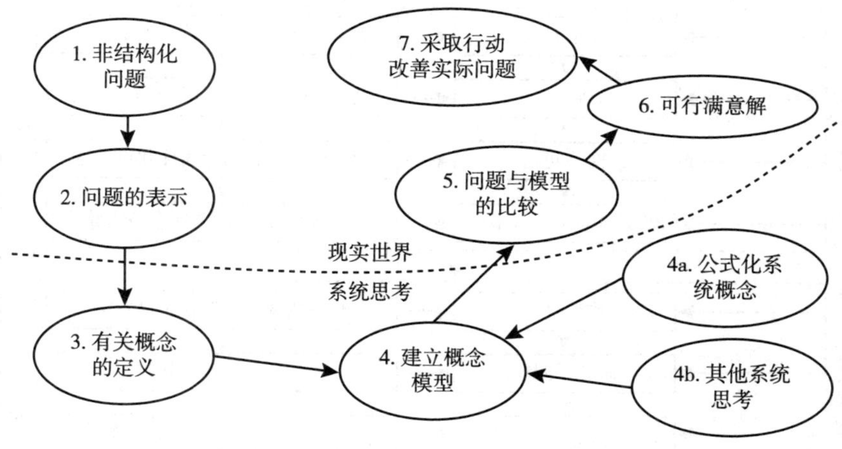

图 14-2 软系统方法论的 7 个阶段

（四）智库 DIIS 理论框架

潘教峰从问题导向、证据导向和科学导向出发，提出了智库 DIIS 模型，即收集数据（Data）– 揭示信息（Information）– 综合研判（Intelligence）– 形成方案（Solution）理论框架（图 14–3）[6-7]，具体见表 14–1（智库导向维）、表 14–2（研究过程维）、表 14–3（方法工具维）[8]。从表 14–1 至 14–3 可知，智库 DIIS 三维模型是进行系统分析的框架与工具集成，在大数据及爬虫软件的支撑下，可以快速获取信息并帮助科学决策。

表 14–1 智库 DIIS 导向维

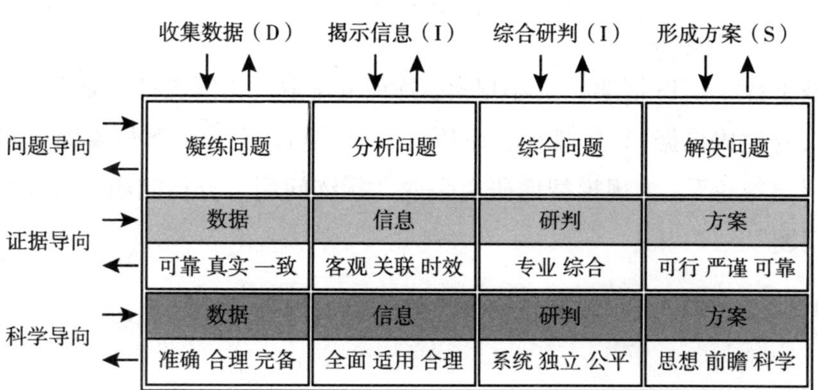

	收集数据（D）	揭示信息（I）	综合研判（I）	形成方案（S）
问题导向	凝练问题	分析问题	综合问题	解决问题
证据导向	数据	信息	研判	方案
	可靠 真实 一致	客观 关联 时效	专业 综合	可行 严谨 可靠
科学导向	数据	信息	研判	方案
	准确 合理 完备	全面 适用 合理	系统 独立 公平	思想 前瞻 科学

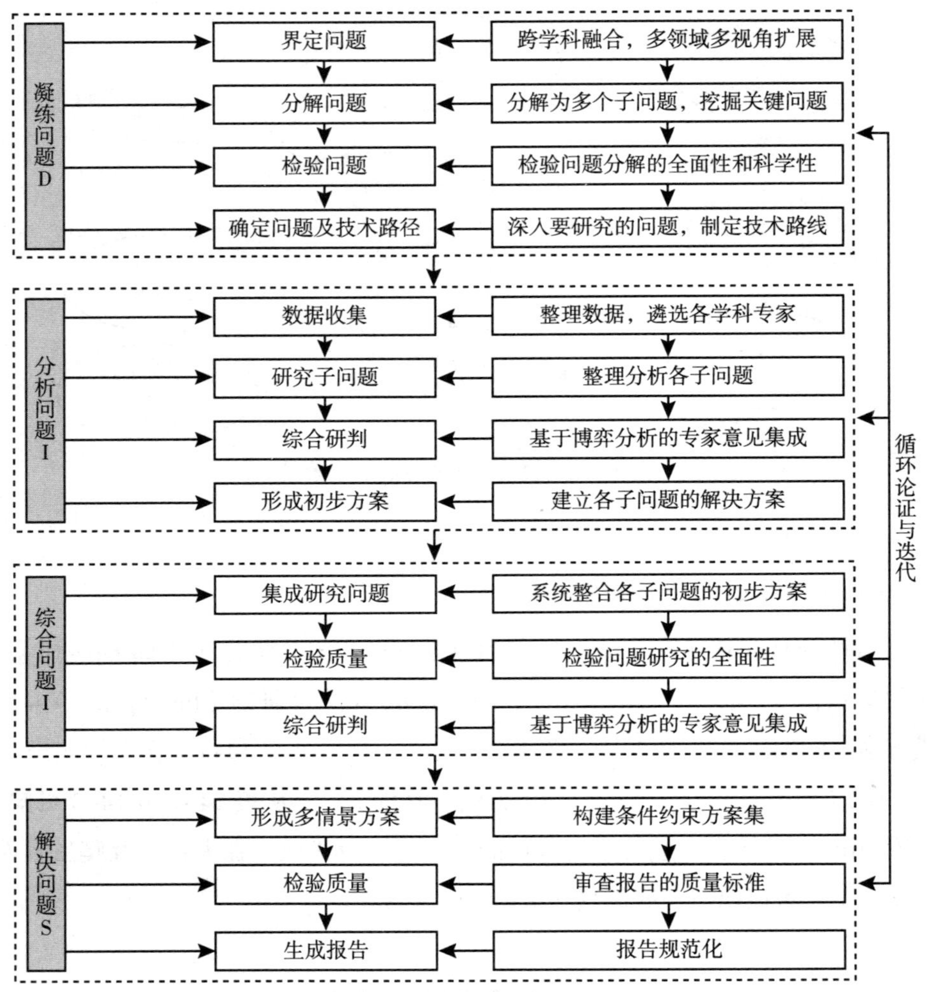

图 14–3　智库 DIIS 研究流程及分析框架

（引自《智库 DIIS 三维理论模型》）

基于智库 DIIS 框架[7]，小规模智库研究采取"调研现状 – 提炼信息 – 专家评议 – 生成论据"、中规模智库研究采取"明确需求 – 解析要因 – 迭代论证 – 得出结论"、大规模智库研究采取"凝练问题 – 分析问题 – 综合问题 – 解决问题"。

表 14–2　智库 DIIS 研究过程维

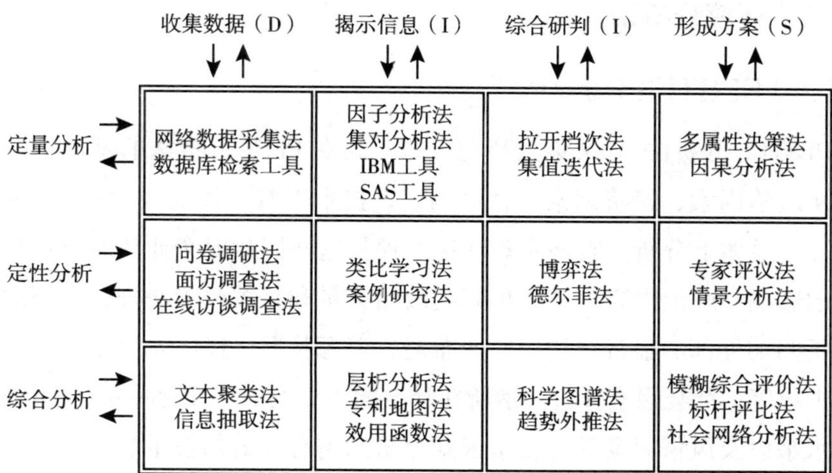

	收集数据（D）	揭示信息（I）	综合研判（I）	形成方案（S）
定量分析	网络数据采集法 数据库检索工具	因子分析法 集对分析法 IBM工具 SAS工具	拉开档次法 集值迭代法	多属性决策法 因果分析法
定性分析	问卷调研法 面访调查法 在线访谈调查法	类比学习法 案例研究法	博弈法 德尔菲法	专家评议法 情景分析法
综合分析	文本聚类法 信息抽取法	层析分析法 专利地图法 效用函数法	科学图谱法 趋势外推法	模糊综合评价法 标杆评比法 社会网络分析法

表 14–3　智库 DIIS 方法工具维

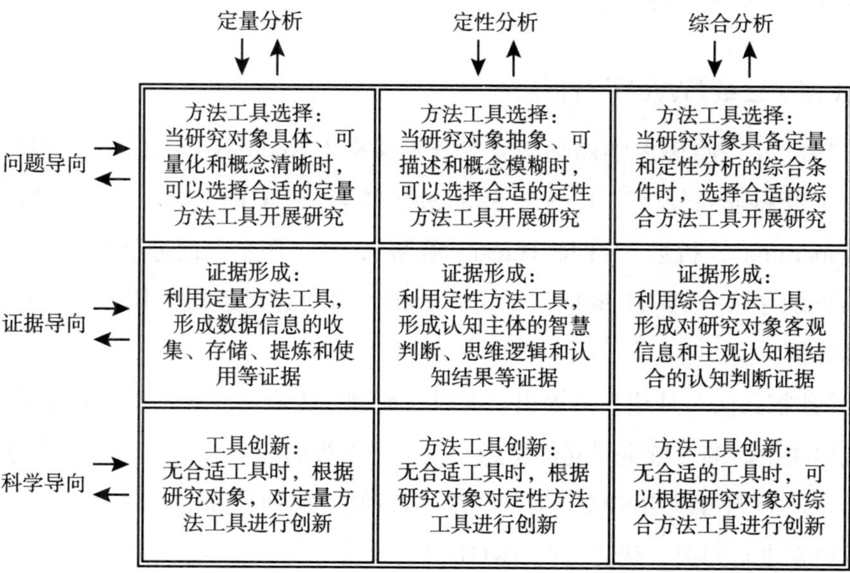

	定量分析	定性分析	综合分析
问题导向	方法工具选择：当研究对象具体、可量化和概念清晰时，可以选择合适的定量方法工具开展研究	方法工具选择：当研究对象抽象、可描述和概念模糊时，可以选择合适的定性方法工具开展研究	方法工具选择：当研究对象具备定量和定性分析的综合条件时，选择合适的综合方法工具开展研究
证据导向	证据形成：利用定量方法工具，形成数据信息的收集、存储、提炼和使用等证据	证据形成：利用定性方法工具，形成认知主体的智慧判断、思维逻辑和认知结果等证据	证据形成：利用综合方法工具，形成对研究对象客观信息和主观认知相结合的认知判断证据
科学导向	工具创新：无合适工具时，根据研究对象，对定量方法工具进行创新	方法工具创新：无合适工具时，根据研究对象对定性方法工具进行创新	方法工具创新：无合适的工具时，可以根据研究对象对综合方法工具进行创新

二、环境分析法

（一）PESTEL 分析法

PESTEL 分析法[9]又称大环境分析，是在 PEST 分析法的基础上发展而来，从政治因素、经济因素、社会因素、技术因素、环境因素和法律因素 6 个方面，总体上分析、掌握宏观环境和评价这些因素对企业战略目标和战略制定的影响。政治因素主要分析归纳政治力量和相关政策法规；经济因素主要分析归纳外部的经济结构、产业布局、资源状况、经济发展水平以及未来经济走势等；社会因素分析归纳所在社会的历史发展、文化传统、价值观念、教育水平以及风俗习惯等；技术因素分析归纳有关的新技术、新工艺、新材料的出现、发展趋势以及应用前景；环境因素分析归纳活动、产品或服务与环境发生相互作用的要素；法律因素分析归纳法律、法规、司法状况和公民法律意识所组成的综合系统。

（二）三维 SWOT 分析法

1971 年，哈佛大学商学院安德鲁斯（K. J. Andrews）等提出了 SWOT 分析法（也称态势分析法），S 即 Strength（优势），W 即 Weakness（弱势），O 即 Opportunity（机会），T 即 Threat（威胁），从这四个方面进行定性分析，并给出决策建议。SWOT 最早用于企业分析，需要经过改造后用于产业内外部环境分析。

《孙膑兵法·月战》中提出"天时、地利、人和，三者不得，虽胜有殃"，体现出决策时的三维全局立体思想，侧重于决策前的思考和权衡。孙膑的这种三维全局思想可以与 SWOT 结合，按"人和""地利"和"天时"三个维度对影响要素进行归类，建立三维 SWOT 分析模型[10]。在决定发展一项新产业时，可以利用孙膑三维结合 SWOT，进行全局多方位地分析研究，增加 SWOT 分析的层次性，这样可以更好地对产业进行全方位分析，发现机遇，找出问题，为产业规划提供参考。在将研究问题和对象层次化方面，《孟子·公孙丑下》中提出了"天时不如地利，地利不如人和"，孟子这一思想就是侧重于决策时的布局与实施。因此在研究产业发展时，要抓主要矛盾和矛盾的主要方面，进行主次分析，对分析结果按层次归类，找出产业发展的关键问题和内在发展动力。

（三）EFAS 分析

综合各类环境分析，制作 EFAS（External Factors Analysis Summary）即外部因素合成，将外部因素归纳为普遍接受的机会与威胁两类，并赋予权重，对因素进行优劣评估。

EFAS① 包括政治法律环境、经济环境、社会文化与自然环境以及技术环境等宏观环境分析，包括产业的生命周期、产业结构分析、市场结构与竞争、市场需求状况、产业内的战略群体和成功关键因素等微观环境分析。

三、预测分析法

（一）德尔菲法

德尔菲法（Delphi Method）是由兰德公司设计的基于专家群体决策的定性预测分析法。兰德公司由于成功预告朝鲜战争的走向而名声大噪。为了克服面对面群体交流的缺陷，德尔菲法有匿名发表（保证专家独立）、多次反复（保证信息共享）、受控的重复与反馈（保证互不干预，确保专家意见不受左右）等特点[11]。

德尔菲法包括确定评价目的、确立评价指标体系、确定评价方法与模型及权数、搜集数据及实施综合评价、对评价结果进行评估检验 5 个环节[12]。德尔菲法建立在满足一致性条件的专家群体意见，通过“专家意见形成→统计反馈→意见调整”这样一个 4~5 次与专家交互的循环过程，使分散的意见逐次收敛在一致的结果上，充分发挥了信息反馈和信息控制的作用[13]。

（二）类比预测法

类比预测法又称类推预测方法或类比广延预测法，是指通过不同事物的

① https://baike.baidu.com/item/EFAS/4497377?fr=aladdin。

某些相似性类推出其他的相似性，从而预测出它们在其他方面存在类似的可能性的方法。其代表性流程：确定类比目标，设计目标系统构思①（原设计性的构思）、策略变量系统构思（开发性的构思）、效应指标构思（响应性的构思）和战略与政策弹性构思（决策性的构思）（图 14–4）[14]。

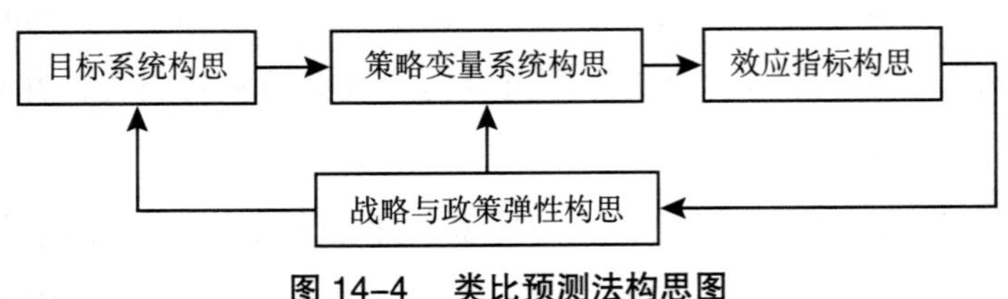

图 14–4　类比预测法构思图

目标系统构想就是设立对标（选取标杆、追赶对象等），目标要反映社会和经济发展的特点；策略变量系统构思则是根据目标系统构思，提出达到目标的开发性若干策略构思；效应指标系统构思根据不同的策略构思，对相关策略构思所产生的结果和指标进行分析比较，得出在某些条件下可能产生的情况及可能出现的结局，并提出若干需要注意的问题和困难；战略与政策弹性构思是指决策人根据响应性构思提出的一系列结果和问题，做出科学判断，并选择其中某个策略作为拟定规划的依据。

（三）情景分析法

情景分析法（Scenario Analysis）是鉴于趋势外推法②、内容分析法③等传统预测法的缺陷而提出的预测技术，并因壳牌公司应用情景分析法准确预测石油危机而被广泛熟知[15–16]。情景分析法是指基于对经济、产业或技术的重大演变提出各种关键假设的基础上，对未来详细地、严密地推理和描述来构

---

① 构思是一种逻辑概念，是一种在一定条件下对未来的合乎情理的或者说是有一定道理的设想。

② 趋势外推法又称为趋势延伸法，是根据预测变量的历史时间序列揭示出的变动趋势外推将来，以确定预测值的预测方法。

③ 内容分析法（Content Analysis）对信息传播中的显现内容作客观而有系统的量化，并对量化结果加以客观、系统和定量描述的研究方法。

想未来各种可能的方案[15]。情景指对事物所有可能的未来发展态势进行的描述，既包括对各种态势基本特征的定性和定量描述，又包括对各种态势发生可能性的描述，情景分析包括确认未来可能发展态势、描述各态势的特性及发生可能性、分析各态势的发展路径 3 大部分内容[16]。

情景分析时，可根据分析功能是探究性研究还是决策支持、分析程序是客观的还是主观直觉的、实施过程是简单的还是复杂的 3 对属性进行分类，即情景轮分类（图 14–5）[17]。情景分析法实施步骤并不统一，目前普遍采用斯坦福研究院的 6 项步骤，通常还需要多次重复[18]，即明确决策焦点、识别关键因素、分析外在驱动力量、选择不确定的轴向、发展情景逻辑、分析情景的内容。其中，主要步骤为分析影响因素①、识别关键因素②、构建发展主要情景③和选择战略方案④；核心是情景的构建。构建情景有 5 种技术[17]：基于驱动力分析⑤构建情景、参考已有情景⑥构建情景、通过模型⑦构建情景、根据分析问题的需要⑧构建情景、通过专家参与⑨构建情景等。

① 分析影响因素即确定情景分析问题，选择可能影响未来战略方向的多种因素，并分析各因素出现的状态。

② 识别关键因素即按照因素的不确定性和影响程度进行归类，并将影响程度和不确定性同时较高的因素作为优先级因素，研究影响关键因素的驱动力量。

③ 构建发展主要情景即将重点分析的各因素未来可能出现的状态进行组合，归纳出 3~4 种情景，并根据概率计算，确定未来发展最有可能出现的情景和路径评估。

④ 选择战略方案即针对未来最有可能出现的情景及对不确定性因素的分析，选择最佳的战略方案。

⑤ 基于驱动力分析即找准左右情景的社会经济、自然资源、管理规制等要素。

⑥ 参考已有情景即对标类似的要评估的系统。

⑦ 通过模型即利用成熟的分析模型。

⑧ 基于问题需要即针对问题进行分析预测。

⑨ 通过专家参与即参考德尔菲法专家模式。

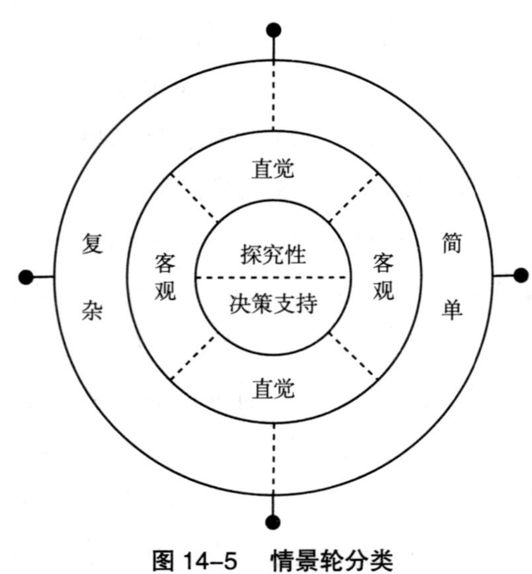

图 14-5　情景轮分类

四、战略与决策分析法

（一）产业型波士顿矩阵

波士顿矩阵（BCG Matrix），又称市场增长率－相对市场份额矩阵、四象限分析法、产品系列结构管理法等。波士顿矩阵用于企业战略分析，但在导入产业分析时需要修正。产业型波士顿矩阵[19]以产业生命周期（四个阶段）为理论基础，产业发展梯度①及产业发展质量②为横纵坐标，融合两维时间概念（当前基础与未来潜力），划分出 4 类基本产业类型（图 14-6）。

产业型波士顿矩阵一般应用于产业发展状况的分析，通过决策确保产业结构适应区域经济发展，将区域有限的资源有效地分配到合理的产业结构中

① 产业发展梯度是产业发展过程中实力的积累。产业间发展梯度的差距称为产业梯度差。产业发展梯度衡量产业的发展基础。产业发展梯度越高，产业发展越成熟，对经济的贡献越大。

② 产业发展质量主要来源于产业本身的发展性质及对区域资源环境的适应性。产业发展质量衡量产业所具有的发展潜力及社会贡献，反映产业本身属性的优劣。产业发展质量系数越高，越具有发展潜力。

去，以保证产业结构的合理化及区域经济的健康发展。

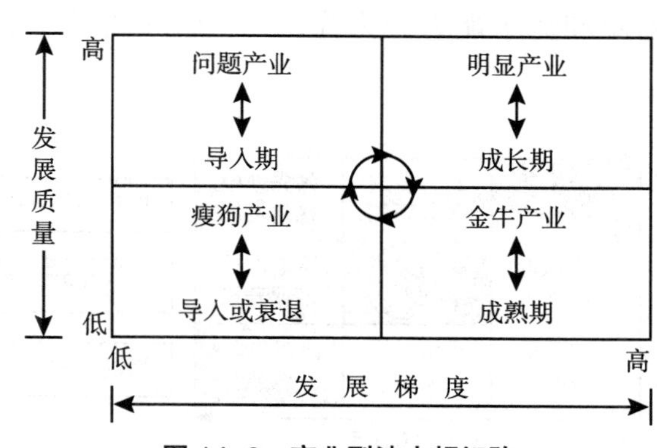

图 14-6 产业型波士顿矩阵

通过构建二级指标体系以及计算指标权重[19]支撑产业型波士顿矩阵的分析。产业发展质量二级指标有增加值增速系数、社会效益系数、需求收入弹性系数、比较生产率系数；产业发展梯度二级指标有比较生产率系数、区位熵系数、产值比重系数（表 14-4）。

表 14-4 产业型波士顿矩阵指标体系及权重

一级指标	二级指标	权重 *
产业发展质量	增加值增速系数	0.084
	社会效益系数	0.206
	需求收入弹性系数	0.206
	比较生产率系数	0.504
产业发展梯度	比较生产率系数	0.249
	区位熵系数	0.157
	产值比重系数	0.594

* 注：权重可通过 AHP 获取，数据可以通过专家赋值法也可通过时间流数据法。

（二）定向政策矩阵

定向政策矩阵（Directional Policy Matrix，简称 DPM 或 DP 矩阵），又称指导性政策矩阵，是在 BCG 矩阵的原理基础上发展而成的。DP 矩阵通过对行业竞争能力和行业发展前景的定量综合分析来定出各主体的位置，指出了在不同情况中应当采用的具体策略，因而更适合在制定战略中使用[20]。DP 矩阵将市场前景和竞争能力分为强、中、弱 3 类共 9 个不同的战略方格（图 14-7）[21-22]。

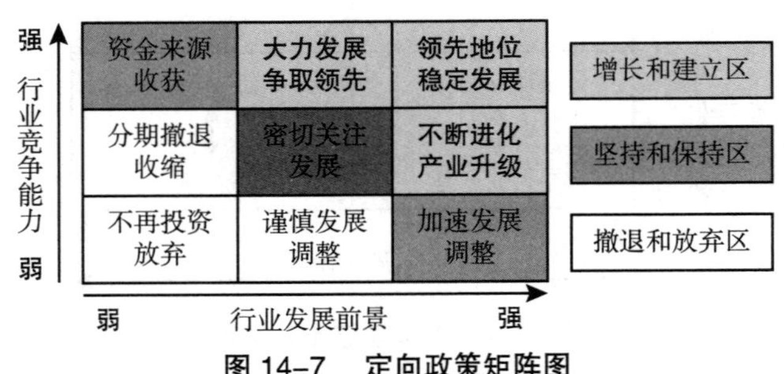

图 14-7　定向政策矩阵图

研究行业发展前景和行业竞争能力，设计二级指标体系。行业发展前景二级指标包括市场增长、经济保障、政府推动、市场质量。行业竞争能力二级指标包括市场地位、生产能力、研发能力等[20-22]。

（三）三维 SWOT-AHP 分析法

20 世纪 70 年代，运筹学家萨蒂（T.L.Saaty）提出 AHP 层次分析法（Analytic Hierarchy Process）。目前，在多目标决策中 AHP 是应用最广的多属性决策方法，具备实验心理学和数学等学科支持，在处理定性问题定量化研究时优势突出，系统性也较强[23-24]。根据 AHP 分析要求[25-26]和 AHP 方法和原理[27-28]，邀请专家参与研究，设计评判的赋值说明，以及基于 Matlab 来计算相关数值[29]。AHP 分析主要步骤为确定系统的总目标、建立一个多层次的递阶结构、确定递阶结构中相邻层次元素间相关程度、计算各层元素对系统目标的合成权重与排序、选择相应的决策。

AHP 一般与其他模型结合使用，如库蒂蒂拉（Kurttila）等在 2000 年创建了 SWOT-AHP 分析法，弥补了 SWOT 定性分析的缺陷[30]。结合三维 SWOT 分析，可设计三维 SWOT-AHP 分析（图 14-8）[31]。依托三维 SWOT 分析法建立因素矩阵，其中，X、Y、Z 三个维度是新增的重要修正和调整因子。通过三维划分可减少组内元素数量，提高专家评判的准确性。

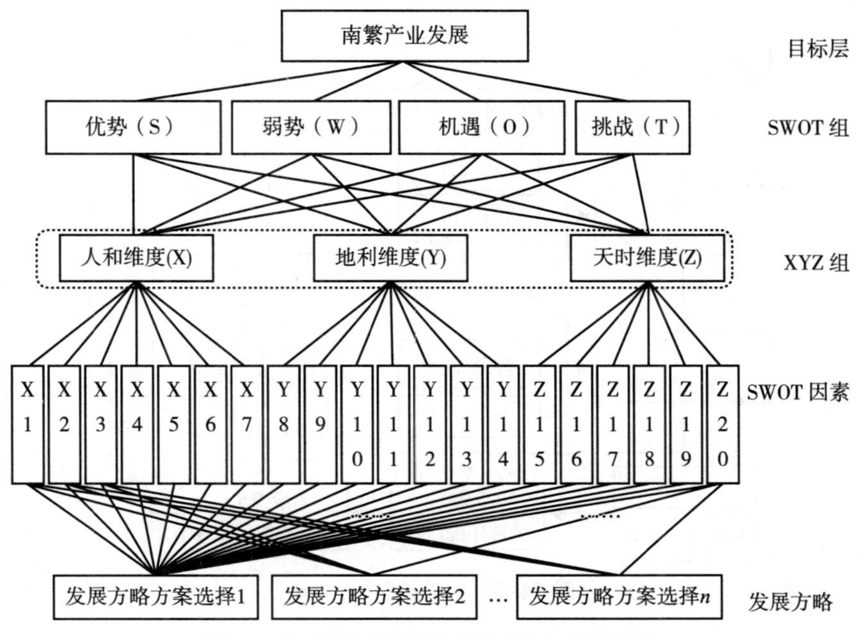

图 14–8　三维 SWOT–AHP 层次分析结构

（四）关键控制点 CCP 分析法

结合情景分析，提出措施和项目等决策后，需要进行落地可行性和可操作性分析，找出落地瓶颈。关键控制点分析法借用国际食品安全保证体系 HACCP 中的 CCP（关键控制点，Critical Control Point）的思路对措施、项目以及考核指标等具体决策进行风险点、瓶颈分析以及进行 F.U.T.U.R.E 等压力测试，形成决策与行动的快速迭代（图 14–9）。

五、案例研究法

（一）基本思路

案例研究法（Case Study Method）是社会科学研究方法之一，已产生不同的学术流派，具备孕育开创性理论洞见的巨大潜力。案例研究法因具有构建新理论、趣味性、研究成果现实有效与可感等优点，而被广泛应用[32]。

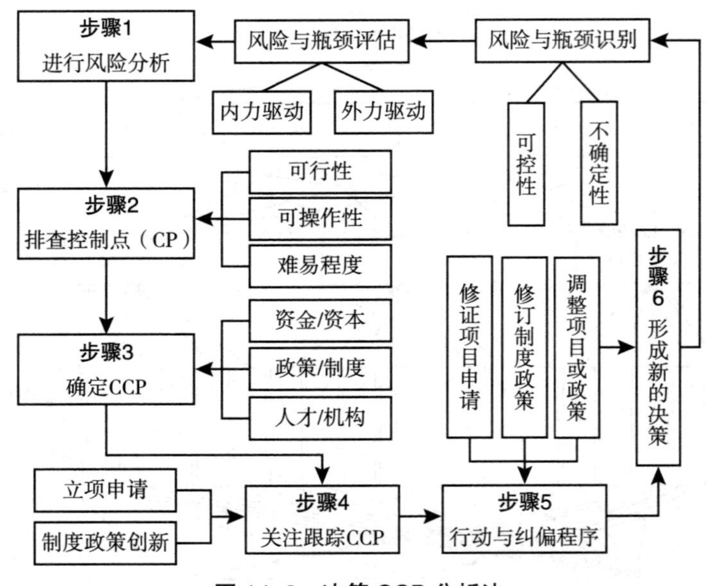

图 14-9 决策 CCP 分析法

美籍华人应国瑞（Robert Yin）和美国学者凯瑟琳·艾森哈特（Kathleen Eisenhardt）是案例研究领域的翘楚。应国瑞于 1984 年提出了案例研究设计的方法论，包括建立基础理论①、选择案例、搜集数据、分析数据②、撰写报告与检验结果等步骤[33-34]。1989 年，艾森哈特发表的论文《由案例研究构建理论》，整合了涌现理论③、扎根理论等，运用了案例研究设计、案例内案例间分析、三角调查法④等策略方法，构建了从启动（确定研究问题）、案例选择、研究工具与程序设计、进入现场、数据分析、形成假设、文献对比到得

① 基础理论为研究要回答的问题、研究者的主张、研究的单位、数据和主张之间的逻辑联系以及对发现进行解释的标准 5 个组成部分。

② 数据分析包括检查、分类、制表，或者对证据重组从而印证研究者的主张，分为解释性分析、结构性分析和反射性分析 3 种数据分析方法。

③ 涌现理论（Emergence Theory）来源于约翰·霍兰德（John Holland）所著的《涌现：从混沌到秩序》，蕴含"整体大于部分之和""简单生成复杂""受限生成""去中心化"和"自适应"等特征。

④ 三角调查法（又称三角测量法）是一种多角度调查的方法，为一种结合使用不同的研究资料、研究人员、研究理论和研究力法去对同一个研究问题进行分析的研究策略。

到结论的案例研究构建理论的路径与过程[34]。案例研究设计的基本模式[35]为“提出问题——形成假设（或者提出理论依据）——描述案例——提炼主题——提出发现或结论”。

（二）理论基础

质性研究（Qualitative Research）又称质的研究[36]。该法是以研究者本人作为研究工具，在自然情境下采用多种资料收集方法，对社会现象进行整体性探究，主要使用归纳法分析资料和形成理论，通过与研究对象互动对其行为和意义构建获得解释性理解的一种活动。

质性研究的理论方法即扎根理论。扎根理论（Grounded Theory）的奠基人为巴尼·格拉泽（Barney Glaser）和安瑟伦斯·特劳斯（Anselm Strauss）。扎根理论是一种研究路径，是指在经验资料中归纳出经验概括并生成理论。扎根理论强调“社会学需要建构理论”为目标，是一个一边搜集资料，一边检验假设的连续循环过程，有科学的逻辑原则、实用主义（Pragmatism）、象征性互动论①等理论渊源[37]。扎根理论是一种自下而上的归纳式研究方法，要通过开放性译码（Open Coding，初始编码）②、主轴性译码（Axial Coding，聚拢编码）③和选择性译码（Selective Coding，理论编码）④等三重译码过程来实现[38-39]，可见表 14-5（开放性编码可以至二级），使用 MAXQDA、NVivo、ATLAS.ti、Winmax 等软件进行编码和归档。

① 象征性互动理论侧重研究个体与他人的关系，重视人的主观因素，强调人既是主体又是客体，认为个体的自我概念是个体和他人互动的产物。

② 开放性译码是把搜集的资料进行分解，针对资料里所反映的现象，不断比较其间的异同，为现象贴上概念标签，再把相似概念聚拢到一起，从而把资料概念化、范畴化。

③ 主轴式编码是发现和建立主要范畴间的各种联系，从而展现资料中各部分的有机关联，通过此种抽象的形式，资料又被组合到了一起。

④ 选择性编码就是研究者通过描述现象的“故事线”来梳理和发现核心范畴，把核心范畴与其他的范畴系统地联结起来，搜集新的资料验证其间的关系，并进一步通过资料与正在成型的理论的互动来完善各个范畴及相互关系，从而建立起概念密实、充分发展的扎根理论。

表 14–5　编码体系

<table>
<tr><th>开放性编码
——标签化
（一级）</th><th>开放性编码
——概念化
（二级）</th><th>开放性编码
——核心概念化
（三级）</th><th>主轴编码
——范畴化
（四级）</th><th>选择性编码
——核心范畴化
（五级）</th></tr>
<tr><td>G011；B02…</td><td></td><td rowspan="2"></td><td rowspan="4"></td><td rowspan="8"></td></tr>
<tr><td>…</td><td></td></tr>
<tr><td>G035…</td><td></td><td rowspan="2"></td></tr>
<tr><td>…</td><td></td></tr>
<tr><td>G015…</td><td></td><td rowspan="2"></td><td rowspan="4"></td></tr>
<tr><td>…</td><td></td></tr>
<tr><td>G018；X02…</td><td></td><td rowspan="2"></td></tr>
<tr><td>…</td><td></td></tr>
<tr><td>…</td><td></td><td rowspan="2"></td><td rowspan="4"></td><td rowspan="7"></td></tr>
<tr><td>…</td><td></td></tr>
<tr><td>…</td><td></td><td rowspan="2"></td></tr>
<tr><td>…</td><td></td></tr>
<tr><td>…</td><td></td><td rowspan="2"></td><td rowspan="2"></td></tr>
<tr><td>…</td><td></td></tr>
<tr><td>…</td><td></td><td></td><td></td></tr>
</table>

主轴性编码是将范畴与次范畴及概念连接起来，从而实现丰富范畴与重新组合资料的过程[39]。在编码过程中，强调连续比较、理论抽样①、理论触觉②和灵活运用文献[40]。扎根理论有一个相对规范研究流程（图 14–10），实际研究过程需要不断往返、螺旋进展的过程[39]。在应用扎根理论前首先需要澄清 7 个误用[41]：扎根理论不是忽视文献的借口、不是原始数据的呈现、不是理论检验（内容分析或文字统计）、不是公式化数据处理技术的沿袭套用、并不完美、并不简单和不应成为方法论缺失的借口。

① 理论抽样（Theoretical Sampling）是指正在形成中的概念、范畴或理论指导着研究者下一步要采集什么资料、从哪里采集等。

② 理论触觉（Theoretical Sensitivity）指的是研究者的一种个人特质，一种能够察觉资料内涵、意义的精妙之处的能力，即透过现象挖掘其深层次内涵的能力。

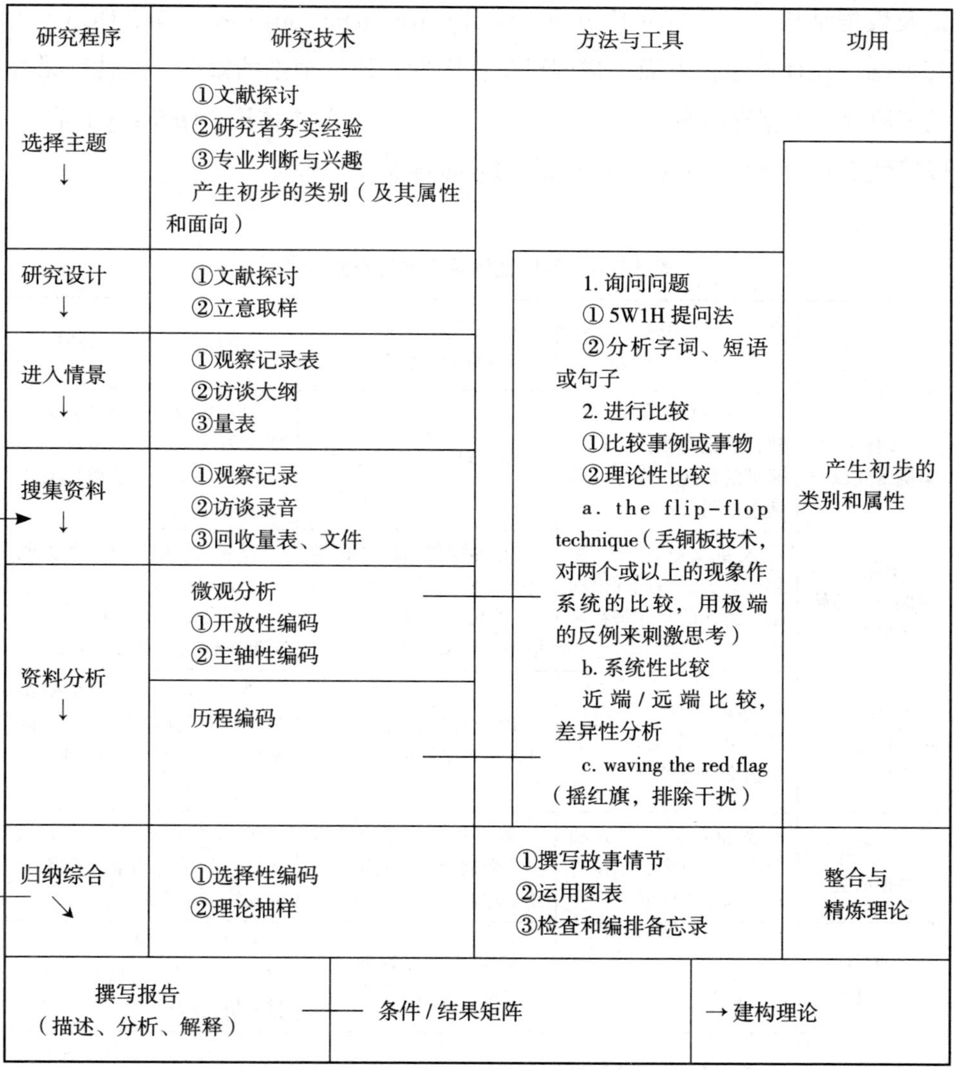

<table>
<tr><th>研究程序</th><th>研究技术</th><th>方法与工具</th><th>功用</th></tr>
<tr><td>选择主题
↓</td><td>①文献探讨
②研究者务实经验
③专业判断与兴趣
产生初步的类别（及其属性和面向）</td><td></td><td rowspan="5">产生初步的类别和属性</td></tr>
<tr><td>研究设计
↓</td><td>①文献探讨
②立意取样</td><td rowspan="4">1. 询问问题
① 5W1H 提问法
②分析字词、短语或句子
2. 进行比较
①比较事例或事物
②理论性比较
a. the flip-flop technique（丢铜板技术，对两个或以上的现象作系统的比较，用极端的反例来刺激思考）
b. 系统性比较
近端/远端比较，差异性分析
c. waving the red flag（摇红旗，排除干扰）</td></tr>
<tr><td>进入情景
↓</td><td>①观察记录表
②访谈大纲
③量表</td></tr>
<tr><td>搜集资料
↓</td><td>①观察记录
②访谈录音
③回收量表、文件</td></tr>
<tr><td>资料分析
↓</td><td>微观分析
①开放性编码
②主轴性编码

历程编码</td></tr>
<tr><td>归纳综合
↘</td><td>①选择性编码
②理论抽样</td><td>①撰写故事情节
②运用图表
③检查和编排备忘录</td><td>整合与精炼理论</td></tr>
<tr><td colspan="2">撰写报告
（描述、分析、解释）</td><td>条件/结果矩阵</td><td>→建构理论</td></tr>
</table>

图 14-10　扎根理论程序

（三）案例研究步骤

案例研究一般采用应国瑞和艾森哈特的研究路径或模式。阴阳案例研究方法的创造者李平对两者进行了整合和完善补充（表 14-6）[41]。

例据导向型案例研究法[41]偏重案例数据的客观性以及数据产生概念或理论的严谨性，在数据处理上强调可复制性、数据三角来源验证、编码程序以及数据结构，以质性对比分析（Qualitative Comparative Analysis，QCA）为其极端；在理论建构方面，强调科学程序性，偏好理论抽象性、线性因果性及还原性。例据导向案例研究法以实在论[①]为其哲学本体论（Ontology）基础，以感性上升为理性为其哲学认识论（Epistemology）基础。

表 14-6　两种案例研究方法与整合[②]

步　骤	应国瑞 案例研究方法	艾森哈特 案例研究方法	两种方法整合与补充
步骤 1： 案例研究目的	多重目的：理论构建；理论检测；探索性研究的描述；作为范例演示说明已有理论	单一目的：构建理论	以扩展或实质性修正已有理论为主，而不是专注构建全新理论或简单修改已有理论
步骤 2： 案例研究起始（启动）	大量文献回顾；需要已有的模型或理论框架；潜在的多元解释模型	无须做文献回顾；拥有假设性或有限的已有构念[③]即可；无须参考已有模型或理论框架	详细的文献综述；尽力利用已有理论模型（尤其是参与式开发框架）；构建与已有模型有较大不同的新模型
步骤 3： 案例选择（抽样）	理论抽样和其他抽样均可；多案例更佳；单独案例也可	理论抽样；多案例更佳；单独案例也可	理论抽样；进行文献综述，提出问题后选择合适的案例；以多案例对比研究来发展或构建理论
步骤 4： 数据收集	多重数据收集方法及多个数据源，以便进行三角来源验证	多重数据收集方法及多个数据源，以便进行三角来源验证	多种数据收集法（面谈法、观察法、档案分析法），尤其注重三角来源验证
步骤 5： 进入现场	不明确	数据收集与数据分析之间持续互动；灵活应变	注重田野调查、详细数据展示与编码，数据收集与数据分析互动
步骤 6： 数据分析	四个标准：构念效度[①]；内部效度（逻辑效度）；外部效度；信度	案例内分析；跨案例对比分析	推荐模式匹配与跨案例对比模式等数据分析技术，也重视扎根理论方法、深度访谈、民族志等其他分析技术

① 实在论（Realism）又译唯实论，认为本体论中的现实是独立于人类感官、信仰、概念与想法之外的客观真实存在，指出人类认识与其所称的自然实在之间是一种符合关系即认识要靠内在的心灵来把握。

② 构念（Construct）是指心理学理论所涉及的抽象而属假设性的概念或特质，是对某些规律性进行的抽象概括，并与具体的可观察的实体或事件存在相关。

续 表

步骤	应国瑞 案例研究方法	艾森哈特 案例研究方法	两种方法整合与补充
步骤7: 形成命题 （假设）	采用数据收集与数据分析之前的已有的预设理念模型	持续迭代提炼命题；逻辑可复制性；注意回答“为什么”的问题	提倡以归纳为主的案例研究方式，包括理论驱动式和现象驱动式
步骤8: 与文献对话	采用已有的多元解释模型指导数据收集与数据分析	将数据与文献进行比较（冲突与相似），从而提出命题，构建理论	特别强调数据与文献之间的有效对话，将例据②导向型与诠释导向型两大流派加以平衡融合
步骤9: 结尾	成果共享	如再无新的洞见呈现即达到理论饱和	认同理论饱和

诠释导向案例研究法[41]强调案例数据的主观性以及数据启发概念或理论的适用性，在数据处理上强调丰富多彩的现象描述、数据多元性、整体情景性以及动态过程性，以启示性故事为其极端；在理论建构方面，强调人文意义性，具体故事性、非线性复杂涌现性，以及整体性和动态性。诠释导向案例研究法以建构论③为其哲学本体论基础，以感性理性融合为其哲学认识论基础。

有别于应国瑞和艾森哈特新加坡潘善琳构建了结构化（Structured）④– 实用化（Pragmatic）⑤– 情境化（Situational）⑥ 的 SPS 案例研究方法[42]，提出了“现象概念化→初始数据收集→建立并完善理论视角”的设计循环和“结构化访谈→数据筛选→理论 – 数据 – 模型校验”的提升循环（图 14–11）。

---

① 构念效度是指一个测量实际测到所要测量的理论结构和特质的程度。

② 例据是指将事例作为证据（含有较强的主观诠释），以区别于实证研究中的证据。

③ 建构论（Constructivism ）又译建构主义理论，认为我们看到的世界的样子，主要取决于如何认识它，而认识世界的方式又取决于置身其中的社会关系，“认识”是一个由人类在某种社会规则支配下持之以恒参与的建设。

④ 结构化即流程结构化和建模化。

⑤ 实用化即强调易操作性和实践特性。

⑥ 情境化即强调因地制宜，灵活调整构思。

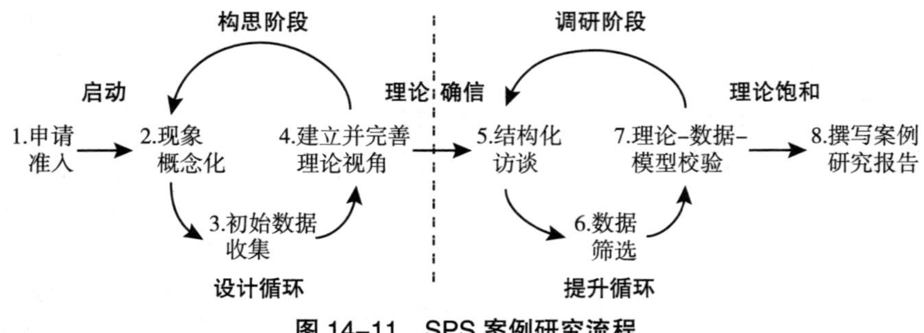

图 14-11 SPS 案例研究流程

SPS 案例研究方法[43]应用特征、类比、组件、流程、生态系统、赋能 6 个设计逻辑，采用阶段式建模、流程式建模、转型式建模、路径依赖式建模 4 个动态模型，以及分类式建模、布局式建模、对比式建模、多级式建模 4 个精态模型来实现结构化、实用化和情境化研究。

不论是应国瑞的案例研究方法、艾森哈特的案例研究方法，还是李平的阴阳案例研究方法或者是潘善琳的 SPS 案例研究方法，都属于质性研究方法，只是在定量、定性研究，路径设计、程序流程，案例研究目的等方面上有所区别。采取何种案例研究方法由研究目的、研究路径甚至使用习惯上来决定，比如 SPS 案例研究方法就非常适合初学者。

参考文献

[1] 吴维海 . 政府规划编制指南［M］. 北京：中国金融出版社，2015.

[2] 吴维海 . 全流程规划［M］. 北京：中国计划出版社，2016.

[3] 王泽榔，范冬萍 . 从硬系统方法论走向整体主义多元方法论［J］. 华南师范大学学报（社会科学版），2010（04）：94-98+160.

[4] 豆志杰，郝庆升 . 基于软系统方法论的农业中介组织创新机制设计［J］. 当代生态农业，2011（Z1）：49-55.

[5] 杨建梅 . 切克兰德软系统方法论［J］. 系统辩证学学报，1994（03）：86-91.

[6] 潘教峰 . 智库 DIIS 理论方法［C］. 中国优选法统筹法与经济数学研究会、南京信息工程大学、中国科学院科技战略咨询研究院、《中国管理科学》编辑部 . 第十九

届中国管理科学学术年会论文集．中国优选法统筹法与经济数学研究会、南京信息工程大学、中国科学院科技战略咨询研究院、《中国管理科学》编辑部：中国优选法统筹法与经济数学研究会，2017：10-23.

[7] 潘教峰，杨国梁，刘慧晖．多规模智库问题 DIIS 理论方法 [J]. 中国科学院院刊，2019，34（07）：785-796.

[8] 潘教峰，杨国梁，刘慧晖．智库 DIIS 三维理论模型 [J]. 中国科学院院刊，2018，33（12）：1366-1373.

[9] 周墨，刘辉军，吴春萌，等．湛江市海洋生物医药产业发展的 PESTEL 模型分析 [J]. 金融经济，2018（02）：89-92.

[10] 陈冠铭，林亚琼，汪李平．海南切花月季产业发展的三维 SWOT 分析 [J]. 湖北农业科学，2013，52（05）：1077-1080.

[11] 李国秋，吕斌．作为预测方法的预测市场及其与德尔菲法比较研究 [J]. 现代情报，2013，33（12）：3-8.

[12] 徐蔼婷．德尔菲法的应用及其难点 [J]. 中国统计，2006（09）：57-59.

[13] 田军，张朋柱，王刊良，等．基于德尔菲法的专家意见集成模型研究 [J]. 系统工程理论与实践，2004（01）：57-62+69.

[14] 顾培亮．一种研究未来的方法——类推构思法 [J]. 系统工程理论与实践，1986（04）：1-7+25.

[15] 曾忠禄，张冬梅．不确定环境下解读未来的方法：情景分析法 [J]. 情报杂志，2005（05）：14-16.

[16] 宗蓓华．战略预测中的情景分析法 [J]. 预测，1994（02）：50-51+55+74.

[17] 邢颖，董瑜，袁建霞，等．典型农业前瞻案例中情景分析法的应用分析 [J]. 图书情报工作，2014，58（07）：95-99.

[18] 宋艳，银路，史忠国．动态战略规划的情景分析法及其给中国企业的思考 [J]. 科技管理研究，2008（10）：148-150.

[19] 代明，韩启钰．产业发展战略的波士顿矩阵导入分析与修正——以深圳为例的实证研究 [J]. 产经评论，2011（06）：64-70.

[20] 章牧，姚丹．区域旅游业发展的空间格局与战略选择——基于 DP 矩阵的视角 [J]. 经济地理，2014，34（01）：188-192.

[21] 刘国川，李岫．基于 DP 矩阵的区域旅游业发展战略分析［C］．区域旅游：创新与转型——第十四届全国区域旅游开发学术研讨会暨第二届海南国际旅游岛大论坛论文集．中国区域科学协会区域旅游开发专业委员会，2009：43-52.

[22] 乔花芳，吴郁玲，冯娟，等．基于 DP 矩阵的湖北省旅游业发展评价及政策选择［J］．经济地理，2017，37（01）：212-218.

[23] 屈兵，肖汝诚，仲健，等．基于群决策的改进 AHP 法在桥梁评估中的应用［J］．中南大学学报（自然科学版），2015（11）：4204-4210.

[24] 熊锐，蒋晓亚．层次分析法在多目标决策中的应用［J］．南京航空航天大学学报，1994（02）：283-288.

[25] 朱建军，王梦光，刘士新．一种新型不确定 AHP 的研究与应用［J］．管理科学学报，2005（05）：19-24.

[26] 邓雪，李家铭，曾浩健，等．层次分析法权重计算方法分析及其应用研究［J］．数学的实践与认识，2012（07）：93-100.

[27] 赵玮，岳德权．AHP 的算法及其比较分析［J］．数学的实践与认识，1995（01）：25-46，58.

[28] 张波．AHP 基本原理简介［J］．西北大学学报（自然科学版），1998（02）：20-24.

[29] 陈冠铭，林亚琼，贾虎．基于 Matlab 的 AHP 分析程序设计［J］．农业网络信息，2012（07）：21-22，49.

[30] Mikko Kurttila，Mauno Pesonen，Jyrki Kangas，et al.Utilizing the Analytic Hierarchy Process（AHP）in SWOT Analysis—— A Hybrid Method and its Appliation to a Forest-certification case［J］．Forest Policy and Economics，2000（01）：41-52.

[31] 陈冠铭，林亚琼，汪李平．基于三维 SWOT-AHP 分析法的决策应用——以海南反季节切花月季产业的发展为例［J］．系统工程理论与实践，2014，34（06）：1626-1632.

[32] 唐权，杨立华．再论案例研究法的属性、类型、功能与研究设计［J］．科技进步与对策，2016，33（09）：117-121.

[33] 孙海法，朱莹楚．案例研究法的理论与应用［J］．科学管理研究，2004（01）：116-120.

[34] 李平，曹仰锋 . 案例研究方法：理论与范例：凯瑟琳・艾森哈特论文集 [M]. 北京：北京大学出版社，2016.

[35] 王金红 . 案例研究法及其相关学术规范 [J]. 同济大学学报（社会科学版），2007（03）：87–95+124.

[36] 陈向明 . 质性研究的新发展及其对社会科学研究的意义 [J]. 教育研究与实验，2008（02）：14–18.

[37] 王锡苓 . 质性研究如何建构理论？——扎根理论及其对传播研究的启示 [J]. 兰州大学学报，2004（03）：76–80.

[38] 张敬伟 . 扎根理论研究法在管理学研究中的应用 [J]. 科技管理研究，2010，30（01）：235–237.

[39] 吴毅，吴刚，马颂歌. 扎根理论的起源、流派与应用方法述评——基于工作场所学习的案例分析 [J]. 远程教育杂志，2016，35（03）：32–41.

[40] 张敬伟，马东俊. 扎根理论研究法与管理学研究 [J]. 现代管理科学，2009（02）：115–117.

[41] 李平，杨政银，曹仰锋. 再论案例研究方法：理论与范例 [M]. 北京：北京大学出版社，2019.

[42] 刘志迎，龚秀媛，张孟夏. Yin、Eisenhardt 和 Pan 的案例研究方法比较研究——基于方法论视角 [J]. 管理案例研究与评论，2018，11（01）：104–115.

[43] 潘善琳，崔丽丽. SPS 案例研究方法：流程、建模与范例 [M]. 北京：北京大学出版社，2016.

第十五章

产业规划的基本程序

一、规划程序的要求

（一）确认理论与方法支撑

紧扣规划的主题，解析主题蕴含的内容，根据内容来确定需要何种理论、何种政策、何种上位规划、何种强制性规划、何种国家及行业标准以及何种案例等来指导规划工作。要以开放的思维主动应用新思维、新技术、新方法，找到主要矛盾和矛盾主要方面，以最切实际的理论、分析模型来分析，以帮助规划人员进行科学规划。

（二）建立信息沟通机制

规划工作是一件需要多方共同参与的项目工作，需要运用到项目管理（Project Management）[①]思想。好的规划成果需要群策群力，需要通畅的信息传递与交流，需要资讯与信息化支持。规划过程中的信息获取、信息处理非常重要，将直接影响工作质量、工作进度和规划执行的效果。

信息沟通过程中（图 15-1），委托方不能当甩手掌柜，需要充分表达观点和要求，发挥好信息调度与枢纽的作用，提供“百花齐放、百鸟争鸣”的编制环境，协调好规划方获得全面而准确的信息，传送规划方处理过的信息。规划方是信息处理中心和信息调度副中心，不能等、靠、要、拖，不能墨守

① 项目管理是项目管理者在有限的资源约束下，运用系统的观点、方法和理论，对项目涉及的全部工作进行有效地管理并实现或超越项目目标。

成规，要主动出击获得规划时所需的信息并及时高效地反馈相关信息；规划其他相关干系人（如发改、自然资源与规划、财政、统计、行业主管部门、行业协会、企事业单位、行业领军人物与专家以及公众等，规划方、委托方也属于相关干系人）一般是作为被动应对的“从动轮”，它的运转情况由规划方这一“主动轮”以及委托方这一协调“配速器”所决定。

（三）相关干系人的联动

1. 委托方

委托方（图 15–1）作为发起人（甲方），在立项前一定要充分评估编制规划的必要性和可行性。“心态决定状态，状态决定行为，行为决定结果”。因此，既不能为了规划而规划，也不要重复进行规划，更不能搞人情规划。不必要的规划将浪费宝贵的人、财、物等行政资源。确认要立项之后，成立专班全权负责编制规划相关事项，重点管控编制成果质量。

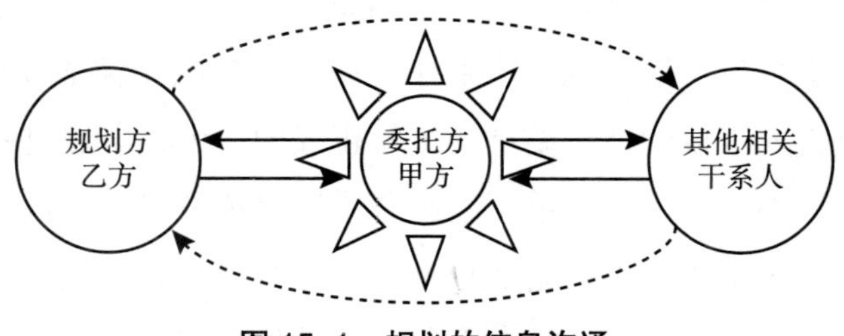

图 15–1　规划的信息沟通

专班前期重点安排专人收集、整理规划所需要的材料[①]，并邀请专业人士共同提出规划编制的要求，研究委托形式，确定是采取定向委托、邀标还是招标，最后确认规划方并按程序签订规划编制的合同。

专班中期重点做好与规划方的磨合，配合规划方协调好规划衔接，控制好编制节奏，确保规划文稿的充分交流酝酿和反复核对修订。

专班后期重点做好规划成果的论证评审、定稿呈批和颁布，然后进行合同收尾、项目存档等。

① 往期规划涉及的历史数据、规划区域的社会经济等数据、行业分析报告、政府报告、相关政策文件、部门总结、年度计划等与规划相关材料、数据等。

2. 规划方

规划方（图 15-1）作为受托人或中标人（乙方）在接受委托后，态度必须端正。一定要快速组建编制团队熟悉情况，聘请熟悉委托方所在区域社会经济情况的专家加入编制团队，并与委托方建立巩固的联系，必须充分理解委托方的立项背景、编制意图和成果要求，为编制规划开好局。

编制团队前期重点提出具体的协助诉求和材料清单，与规划相关干系人建立密切联系，广泛听取各界意见，提出初步的设想并与相关干系人充分磋商，就调研内容与形式、规划文稿框架、功能定位、技术路径达成共识。

编制团队中期重点是调查研究，勾勒草稿，并与委托方等相关干系人充分交流，清晰各方利益诉求，在交流过程中形成若干修改的规划版本，编制团队内部成稿后，内部要召开评审会以便征求行业领军人物的意见和建议，进一步完善成稿（包括规划文本、设计图表、汇报 PPT、演示视频等）。

编制团队后期重点是规划成稿在得到委托方的肯定之后，正式报送给相关干系人以征求意见，形成规划成果评审稿，由委托方组建由专家和相关政府主管部门负责人组成的评审委员会进行正式的论证，若通过论证则进入下一环节，若通过不了论证，则重新编制并再组建评审委员会进行论证，直到通过论证之后，编制团队根据论证意见对评审稿进行修改规划定稿，最后由委托方将规划定稿呈报上级进行上会研究或其他审定颁布程序，以确定如何修改、公示和如何颁布。

3. 其他相关干系人

其他相关干系人（图 15-1），尤其是政府相关部门作为规划不可缺少的参与方，一是要积极配合，及时提供信息等帮助；二是根据规划方和委托方的要求，从部门角度和专业角度对规划方所提出的事项、规划文本、图表等信息进行符合性审核和提出意见和建议，确保规划环节的衔接以及规划与政策法规相符；三是通过信息交流，掌握委托方的动态，及时调整本部门与委托方交叉或相关的事项，实现部门间的工作联动和规划融合，避免部门间条块分割和工作推诿。至于公众、企业家、专家等相关干系人，要鼓励、调动其参与规划。

（四）做好规划衔接

规划衔接的实质是协调解决各类规划之间的冲突或矛盾，确保规划符合政策法规和标准规范，借鉴其他规划实现规划间的协调融合、实现规划的可操作性，并强化政府空间治理与资源调配的能力，在平衡好区域内各类资源分配的同时突出一定时期内的发展重点，以引导国民与经济社会的发展。

规划要符合和服从政策法规，下位规划要服从和落实上位规划，指导性规划要服从和执行强制性规划（法定规划，如总体规划、详细规划、国土空间规划、城镇体系规划等）。同时，政策法规、上位规划和强制性规划等要与时俱进地进行修订完善，满足和纳入产业规划的合理诉求（图 15–2），以适应和推动社会经济的发展。

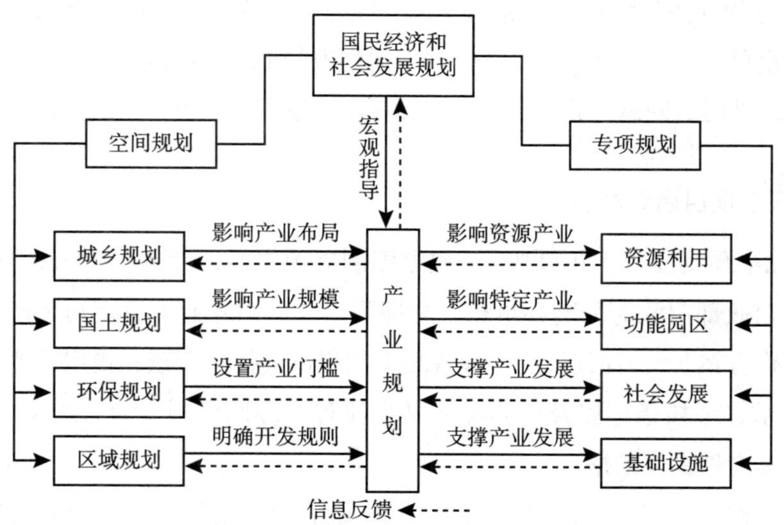

图 15–2　产业规划与其他规划间的关系与衔接[1]

试点中的“多规合一”就是实现规划衔接的重要策略，做到了守住底线、聚力发展，实现了上下联动、部门协同。“多规合一”的实质是协同规划。“多规合一”为产业规划提供了良好的规划衔接本底。

二、动议与立项招标

(一)编制规划动议

委托方(一般为政府部门，也可以是企事业机构)由外部需要或内部需求提出产业规划动议。外部需要一般是由上位规划而引发，即自上而下的程序性动作，分强制性的诱因和非强制性诱因。内部需求一般是由自身的行业管理需要而引发，一般是非强制性诱因。不论是谁提出动议都要"出师有名"，说明必要原因、利弊、预算和可操作性，以供单位领导决策和集体审议，最终确定是否立项。

(二)规划编制立项

通过领导集体会议(如党组会议、领导层会议)审议确定立项，框定预算、指定负责人、组建专班、决定选定规划方的形式。超过一定的预算，还需要上一级部门的同意。若需要通过招标程序，还需要物色一家招标代理机构。

(三)项目启动准备

"凡事预则立，不预则废"。规划编制立项之后，专班负责人领到任务，负责报财政部门政府采购办审核，立即聘请和组织专业力量撰写《产业规划编制工作方案》[①]，详细说明产业规划编制提出具体的背景，提出产业规划需求与要求、考核指标以及说明编制基本流程、协调机制，为后续定向委托、编制招标文件提供依据。

《产业规划编制工作方案》和《招标文件》将直接影响规划成果的范围、质量和工期。《产业规划编制工作方案》和《招标文件》要通过一定的程序(会议纪要、通知等)定下来并存档。

① 很多部门没有编制工作方案的习惯，以编制《招标文件》代替。"磨刀不误砍柴工"，编制工作方案是项目启动的一个重要环节。

（四）开展招标工作

招标有公开招标、邀请招标、协议招标（又称非竞争性招标、指定性招标、议标、谈判招标）、综合性招标等形式。目前，政府部门的采购项目一般采取邀请招标、公开招标等形式来确定中标方。邀请招标和公开招标基本程序一致，但两者竞争程度、公示需时等不同。

确定招标后，选定招标代理机构负责招标，并根据《产业规划编制工作方案》编制《招标文件》。《招标文件》的质量将决定是否能招到优秀而合适的规划方。走完发布招标公告或发出招标邀请函、出售招标文件、公开开标、评标、组织中标人与采购单位签订合同等招标程序之后，完成招标工作。

（五）组建编制团队

委托方专班要督促规划方组建人员结构合理的编制团队，并主动参与规划。规划方一定要针对规划主题和核心要求，务必指定具有较强理论水平、能够掌握国际国内产业发展现状及趋势的专家牵头负责，同时匹配组建一支成员具有不同专业背景的规划编制团队。不同背景的成员有利于多样化思维分析。团队异质性有助于激发创新思维，有助于多角度、科学系统地编制规划。

聘请熟悉委托方所在区域或行业的专家参与编制规划。组建好编制团队之后，要做好工作分工和协调，包括建立工作群等。

三、调研与编制规划

（一）调查研究

习近平总书记强调“调查研究是谋事之基、成事之道”。调研时，要端正态度，注重细节。“态度决定高度，细节决定成败”。

调查研究是指通过各种途径，运用问卷、访问、座谈、考察以及信息检索等方式方法，有目的、有计划、全面而细致地收集材料和历史数据，尤其是权威数据。同时，对收集到的材料进行去粗取精、去伪存真、由此及彼、由表及里的思维加工，以了解事物真实情况，探求客观事物的真相、性质和发展规律。

做好各类调研计划。只有做出正确而详细的调查研究，才能编制出科学可行的规划。调查时，切莫"一日看尽长安花"。调查一定要周全，既要找茬儿，又要找亮点；既要充认清困难，又要善于发现契机；既要重视内部声音，又要尊重外界观点。调查研究可以贯穿于整个规划编制的过程，但基本在前期完成了材料的收集、整理，并基本掌握了规划涉及的资源（权威、资金、土地、人才、合法性、信息与组织等）约束条件。

（二）评估以往规划

检查承担的规划任务有无以往规划或类似规划或相关规划（如相关规划中有涉及本规划的内容），则需要对以往规划进行评估，检查执行效果，核对执行过程中存在的问题，总结执行过程中的经验，为本次规划提供参考。

（三）起草与修改

编制规划的负责人要做好编制团队的分工，为高质量和按进度完成编制任务奠定基础。

首先，邀请委托方专班参与，共同讨论规划文本的构架（提纲）、导向（定位）、重点，避免因沟通不足而导致规划编制工作推倒重来。

其次，拆解文本构架为若干篇章以便编制分工，成立若干小组承担相应文本篇章的分工。做好各组间的协调分工，2 人及以上为一组[①]承担规划文本的初步编制。各组之间人员交叉任职[②]，每人要至少承担 3 项编制任务。

再次，各组之间交叉统稿[③]，实现局部多方案比选和综合，完成定性部分、非技术性部分，甚至完成定量部分等规划文本的撰写，加快编制进度。

---

① 该组成员站在各自的专业背景下，同步编制相同的内容，以便统稿人以多样化的视角分析统稿。

② 交叉任职有利于保持文本逻辑的一致性，有利于各组之间衔接和碰撞思想火花。

③ 撰写本组的文本的人不参与本组统稿，由其他组成员统稿，以避免思维定式。

然后，由主统稿人和副统稿人[①]完成整个文本的统稿以及系统性的定性与定量分析。重点完成规划文本的整个逻辑脉络、规划愿景、总体战略、功能定位和业务目标，形成规划草稿。与此同时，请专人对规划进行配图和制图。

最后，规划草稿完成后，要交编制团队和专班的成员共同修改、丰富和完善，形成不同版本的统稿（包括图、表）。最终版本的统稿即为规划初稿。

（四）初稿与修稿

规划初稿是委托方和规划方共同努力的成果。双方也要共同努力让规划初稿获得行业领军人物、行业主管领导和专家等相关干系人收悉和熟知，并获得相关干系人对规划初稿提出意见和建议。通过这种局部测试，检验规划的站位、特色和质量以及提高规划通过专家评审的概率。

规划编制团队要根据相关干系人反馈的意见和建议，进行进一步的调研以便修稿并补充规划图、表和简报（如 PPT 彩印版），以提高规划的整体质量和创新性。同时，方便向委托方汇报。

（五）征求意见稿与审稿

通过对规划初稿的进一步修稿和完善，获得规划完稿即征求意见稿，达到协同规划的目标。协同规划不仅要确保政府部门内部的“上下协调”，还要确保政府部门之间的“水平协调”，实现底线维度（划定城乡底线空间）、战略维度（识别近期重点发展片区）、行动维度（梳理近期建设项目）三维聚合[2]。进入此阶段后，委托方要正式通过公文的形式将规划征求意见稿报送给政府相关部门征求意见，重点解决规划衔接问题。相关部门将根据部门职能对征求意见稿提出审稿意见。规划编制团队收到审稿意见后，要积极与相关部门进行沟通，充分理解相关部门提出的修改意见和建议。

① 先由副统稿人完成整个规划文本的统稿，再由主统稿人进行优化，形成最终统稿。副统稿人在统稿过程中，可安排成员配合完善定性、定量分析以及绘图。

编制团队经与政府相关部门沟通后，对规划征求意见稿进行修改、完善、丰富，并就相关部门提出的问题进行解答。不论采纳或不采纳相关部门的意见或建议，均要做出说明并做出反馈。

四、论证与实施规划

（一）内部评审定稿

征求意见稿完成修稿后，规划方参考规划评审程序，自主组织行业内知名专家进行内部评审，对规划成果进行最后一次外部校验，提高规划成果质量的同时，提高规划评审通过率。根据专家的意见和建议对稿件进行系统性的修改和完善，形成规划评审稿。

（二）规划成果论证

规划方向委托方正式提交规划评审稿，由委托方正式组办成果论证（评审）会议，邀请行业领军人物、知名专家和政府相关部门负责人组成专家论证（评审）委员会。委托方在召开专家论证会之前，要撰写专家论证（评审）会议方案，根据职权报达上级部门，提高论证会议的权威性。

论证（评审）会上，专家委员会对规划成果的质量、科学性、可行性、可操作性、创新性、前瞻性等进行评价，提出意见与建议，并给出通过或不通过的结论。对于不通过的，要详细说明原因。

（三）规划成果修订

编制团队要主动与论证专家沟通，充分理解提出的修改意见和建议，对规划评审稿进行修订、完善、丰富。不论采纳或不采纳专家意见，均要做出说明并做出解释和反馈，尤其是向委托方和相关干系人解释和反馈，争取他们的理解和支持。

规划评审稿修订之后，要报专家论证（评审）委员会的专家尤其是组长审议。无异议后，形成最终的规划成果及相关过程文件尤其是修改过程说明交付委托方，以便委托方存档和上报。

（四）规划成果颁布实施

委托方接受规划方交付的规划成果之后，按职权上报规划成果，确认是否需要进一步修改，以及确认以何种形式颁布。

（五）规划实施评估

规划实施之后，要定期（一年一次或半年一次）检查规划执行情况和评估规划效果。检查的依据是规划中确定的目标（指标）、任务、重点项目、保障措施、部门分工等。评估方法可分自我评估、第三方评估和上级行政部门评估，主要是检验规划目标一致性、适应性，注重规划的经济性、高效性和有效性[3]。不论何种评估方式，均要拆解规划，编制规划年度执行考核责任表，建立评估绩效评价指标体系。自我评估是交由各相关部门自行填报评估，然后抽查检验。第三方评估是邀请专业机构或团队进行评估。上级行政部门评估则是由上级部门按考核责任表进行评估。

（六）规划动态调整

规划动态调整是规划衔接的需要，是适应政策变化的需要，是匹配规划实施评估的需要。因此，规划动态调整要根据规划衔接、政策变化和规划实施反馈，进行科学的调整。

参考文献

[1] 李晓鹏，张国彪．中国产业规划［M］．北京：中国发展出版社，2018.

[2] 桑劲，徐莉，王煜坤．协同规划、三维聚合、渐进改革——“多规合一”的工作框架探索［J］．规划师，2017，33（05）：33-38.

[3] 吴维海．全流程规划［M］．北京：中国计划出版社，2016.

第四篇

南繁“硅谷”产业规划报告

南繁

第十六章

南繁产业现状与发展趋势

一、南繁产业史脉

发展和壮大南繁是历史的产物和新时代的选择。南繁是我国重大理论和实践成果，已成为国家战略性资源，上升为国家战略，并孕育了一批产业。南繁60多年的历程表明我国农业科技跨越发展需要另辟蹊径，表明南繁也将是区域产业发展的机会与选择（图16–1至16–3）。

南繁发展的科技史脉重在梳理影响南繁育种理论与实践的标志性事件（图16–1）；南繁发展管理史脉重在梳理影响南繁管理规范化、制度化和战略化的标志性事件（图16–2）；南繁发展产业史脉重在梳理影响南繁与地方社会经济融合的标志性事件，从而实现多视角全面了解南繁的目的（图16–3）。

（一）南繁发展科技史脉

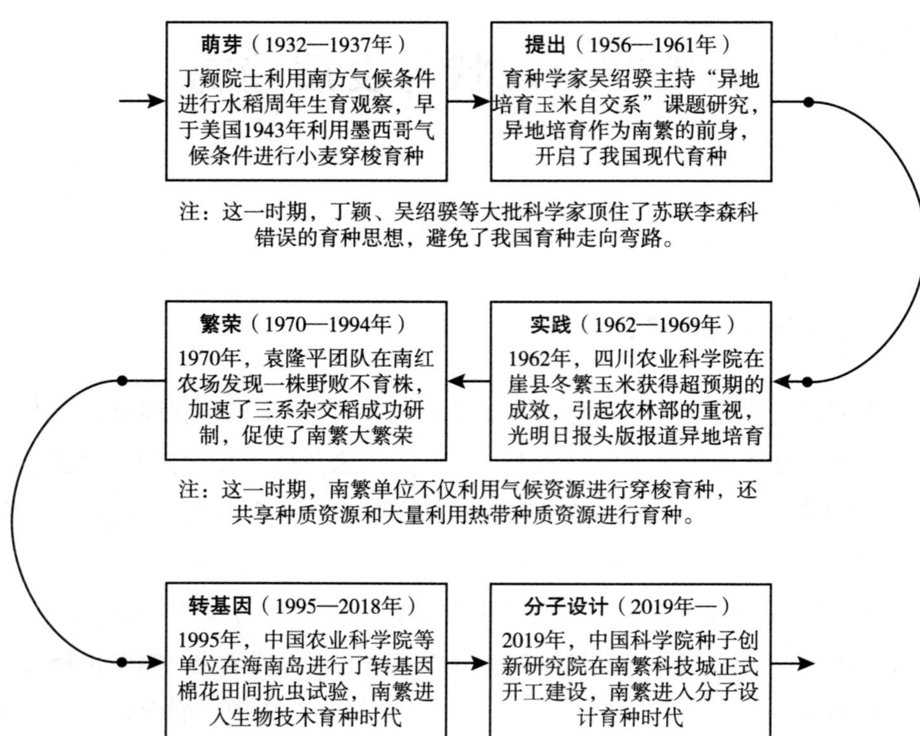

图 16-1　南繁科技史脉与注解

（二）南繁发展管理史脉

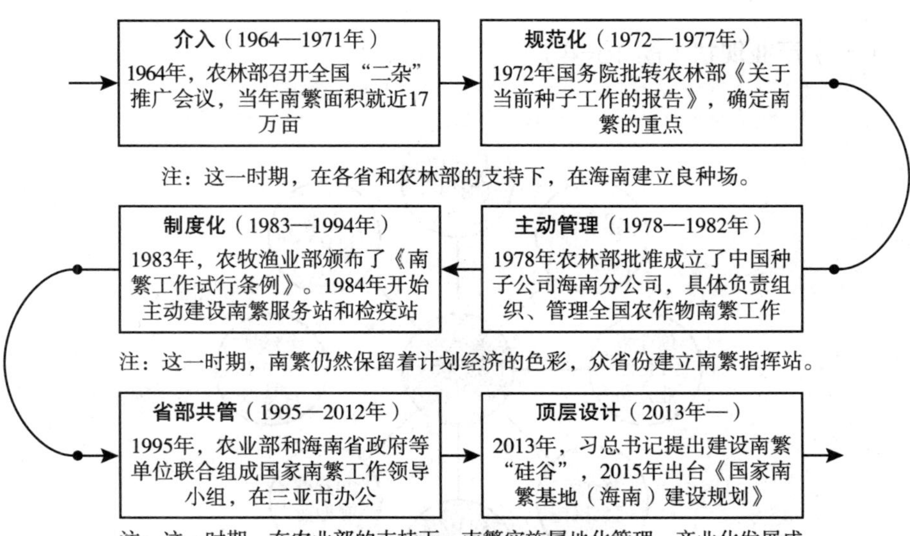

图 16-2 南繁管理史脉与注解

（三）南繁发展产业史脉

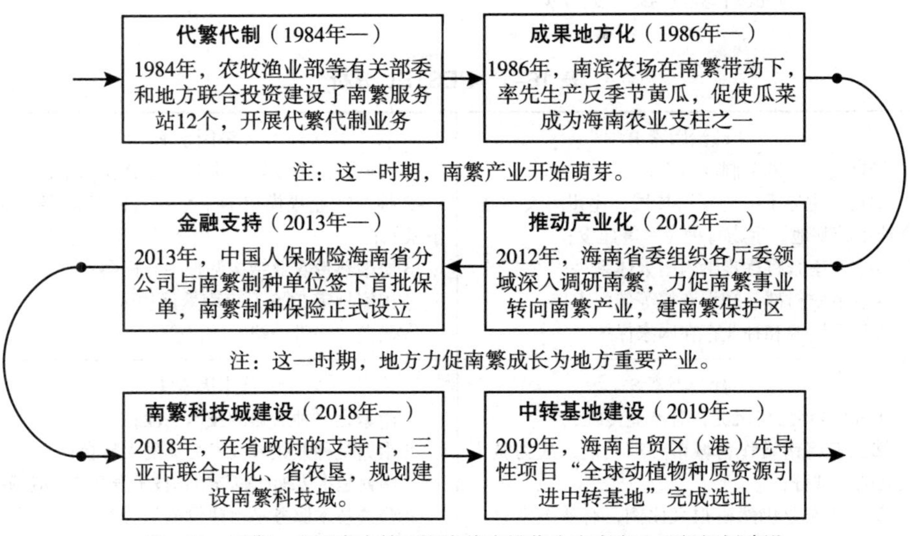

图 16-3 南繁产业史脉与注解

二、南繁产业现状与问题

（一）产业现状（图 16-4）

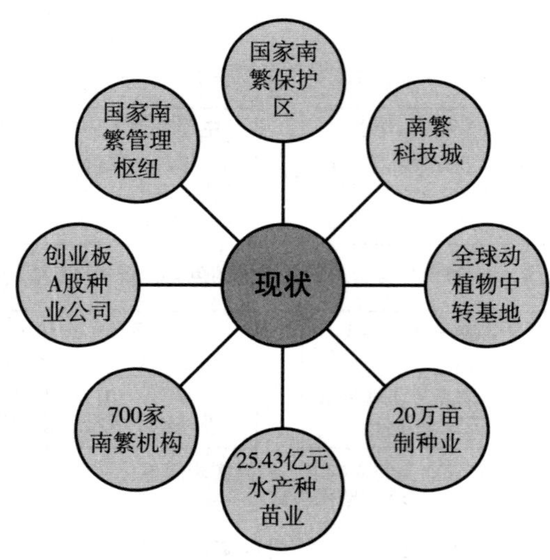

图 16-4　南繁主要产业"资产"

（二）发展环境（表 16-1）

表 16-1　PESTEL 分析

政治因素 P	经济因素 E
①自贸区（港）制度体系； ②政府主导下的南繁科技城、崖州湾大学城、全球中转基地、生物育种专区等建设； ③水产南繁将逐步纳入南繁体系； ④农业农村部、知识产权等部门支持； ⑤种质资源和种业存在国家保护	①区域经济不发达，南繁产业自身弱小； ②种业产业规模仅为千亿级且品类众多、竞争激烈； ③海南热带农业结构调整中有机会； ④国家划定 26.9 万亩南繁保护区； ⑤面向"一带一路"的机会
社会因素 S	技术因素 T
① 60 多年历史沉淀，有产业传统； ②三亚将南繁作为城市一项功能，成为城市发展的一部分； ③三亚农业仍然占很大比例，有从事南繁的传统； ④弘扬南繁文化价值	①南繁是一种成熟的技术手段； ②南繁是种业领域技术交流的大舞台； ③南繁是将传统育种与生物技术融合的主战场； ④公共技术服务平台建设成为必然； ⑤技术规范少

续 表

环境因素 E	法律因素 L
①南繁产业与资源环境相适应，资源环境更为超前； ②产业资源过于集聚在低层级的农业生产上，影响了南繁产业与资源环境在更高层级上的协调发展； ③南繁绿色化发展	①种业属许可经营； ②国际贸易存在各种壁垒； ③国内知识产权保护难； ④种业和种质资源存在法律壁垒； ⑤种业法律纠纷多，风险大

（三）发展存在的问题（图 16-5）

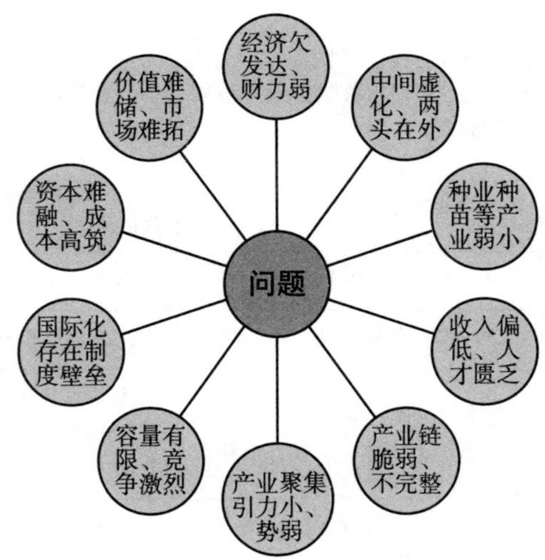

图 16-5 南繁产业发展障碍

（四）综合各类环境分析与评价（表 16-2）

表 16-2　EFAS 外部因素合成表

分析项目		机　会	威　胁	评　价
宏观环境分析	政治环境	自贸区（港）；国家部委的支持；政府调控力增强	种业和种质资源保护制度	优
	法律环境	知识产权立法与 UPOV1991 版	执法难；分子育种商业化困难	劣
	经济环境	南繁科技城、中转基地、大学城等园区建设；产城融合，优化教科文卫环境；推进区域经济转型升级	现有的市场格局下，海南无竞争优势；海南经济总量小，财政收入低；缺省际中心城市；岛屿经济	劣
	社会文化环境	60 多年的历史和科技的双沉淀	与珠三角比，营商环境不具优势	优
	自然环境	独一无二，难以替代	台风与干旱	优
	技术环境	"双创"；分子设计育种趋势	人才流动仍然受限	劣
微观环境分析	产业的生命周期	基本迈过萌芽期，处于上升势；"点、线、面、体"未发育成势	本岛市场规模小，岛外资源导入障碍；基本位于低端产业	优
	产业结构分析	聚而不"合"，集而不"中"		优
	市场结构与竞争	完全竞争；面向"一带一路"	种业基本进入红海市场	劣
	市场需求状况	品类繁多；个性化和差异化需求	可替代程度	优
	产业内战略群体	南繁产业技术创新战略联盟	微弱	劣
	成功关键因素	依赖自然资源资本和制度创新；育繁推广向一体化的行业结构	资本介入程度不高	优

三、南繁产业发展趋势

（一）科技服务业（图 16-6）

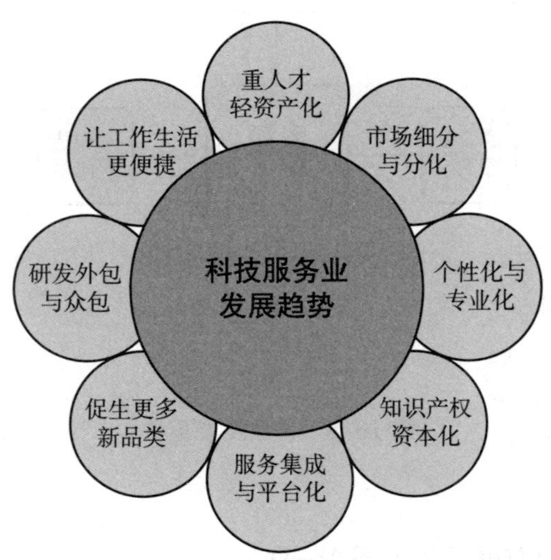

图 16-6 科技服务业趋势

（二）种业发展趋势与重点

1. 发展趋势（图 16-7）

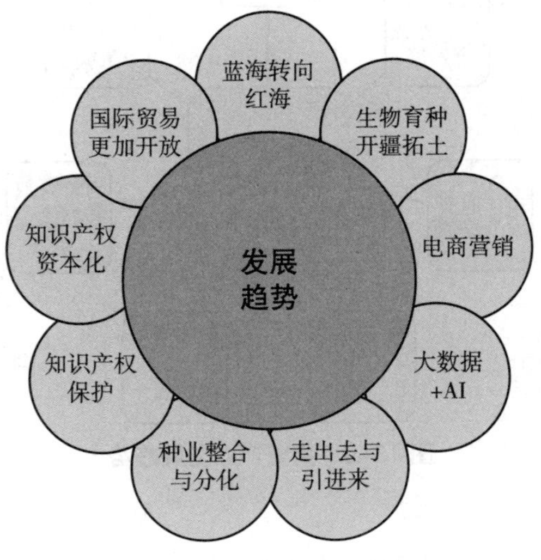

图 16-7 种业发展趋势

2. 发展重点（图 16-8）

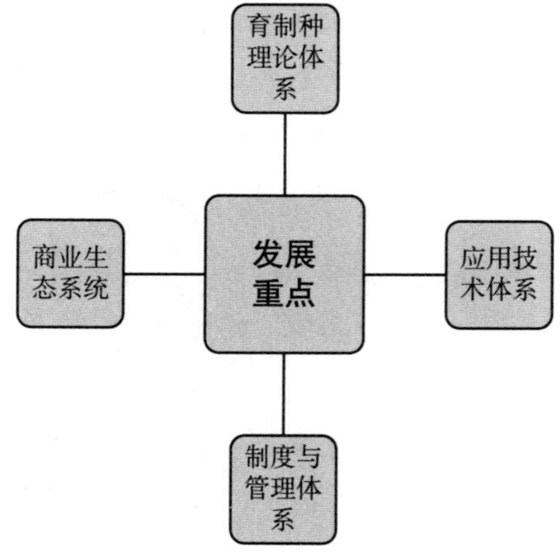

图 16-8　种业发展重点

（三）南繁产业发展趋势（图 16-9）

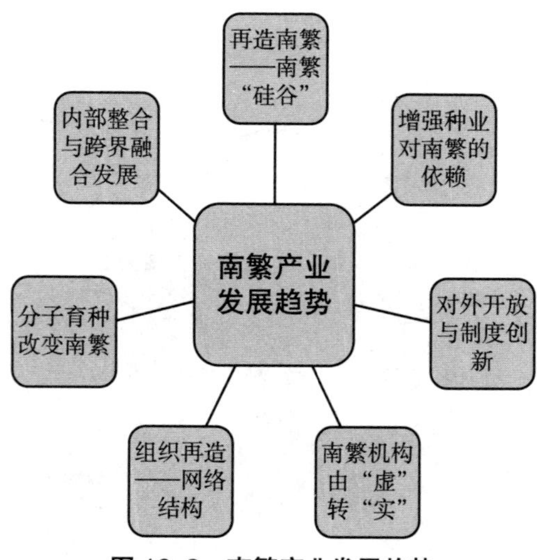

图 16-9　南繁产业发展趋势

第十七章

南繁“硅谷”发展战略

一、总体战略

（一）愿景使命

将三亚打造成种业与生物技术改革开放前沿（国际合作先行区）+ 种业CBD + 生物技术产业 CDB + 涉农高等教育试验区，从产业链、产业集群以及产城融合等多个视角来发展南繁产业，构建多层级产业合作网络体系，最终实现南繁“硅谷”这一愿景使命。

（二）战略目标（图 17–1）

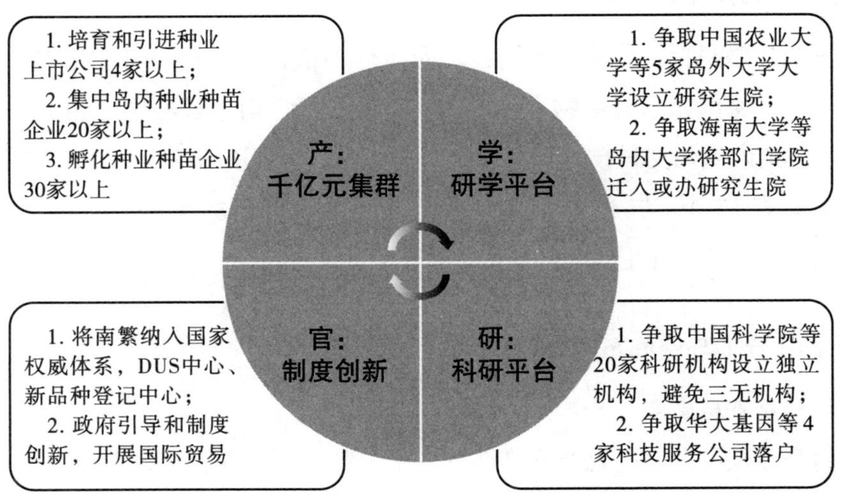

图 17–1　南繁“硅谷”前期战略目标

南繁"硅谷"千亿元产值的目标是一理想值，实现过程困难重重。指标提出的基本依据见表 17–1。

表 17–1　目标产值估值测算表（10 年内，2030 年前）

序号	依据内容	全国产值（亿元）	海南规模（亿元）	预计南繁"硅谷"占额（%）		
				重新分配产值（分蛋糕）	刺激新增产值（做蛋糕）	小计
1	全国种业规模	1300	10	20	10	30
2	全国水产种苗规模	660	26	15	10	25
3	我国种子出口额	14	0	1.5	1	2.5
4	我国种子进口额	29	0	3.0	1.5	4.5
5	生物技术产业规模	10000	/	50	25	75
6	农产品进出口额	14998	出口 33.5	100	100	200
7	全国植物新品种权（2000 件）	20	0	1	1	2
8	海南农林牧渔业一产	/	1000	100	20	120
9	其他科技服务业	/	/	2	2	4
	合　计	/	/	292.5	170.5	463

（三）总体发展战略

围绕战略目标，优化南繁科技城及全球动植物种质资源引进与中转基地组织构架，将国家南繁生物育种专区、南滨农场、南繁核心区等相关项目和企业统一纳入崖州湾科技城管理局组织构架内，实现资源的统一调配与管理。

根据表 17–1，与 15 年后实现千亿元产业集群目标相比，南繁"硅谷"要完成千亿产值存在更巨大的压力。

（四）产业与空间布局要点

1. 产业布局要点

南繁涉及种业、生物技术产业等，南繁产业可分为直接产业（基础产业：制种产业、育种产业等）、依存产业（极强的带动性产业：生物技术产业、农药研制产业等）、关联产业（与育种制种前后关联的产业：种子加工与贮运业、农业生产等)、派生产业(服务前述产业的服务业:保险、科普、金融、产业地产、交易服务等)。

重点围绕大宗作物、经济作物、热区特种作物、畜禽物种、水产物种、海洋微生物以及(农业)生物技术等领域,并开展延伸产业,如关联农产品国际贸易。大宗作物以水稻、玉米、大豆、棉花等为主。经济作物以果蔬、中药材、香料等为主。热区特种作物以牧草、油棕、甘蔗、木薯、魔芋等为主。畜禽物种以蛋鸡肉鸡、奶牛肉牛、实验动物、宠物为主。水产以南美白对虾、斑节对虾、石斑鱼、军曹鱼、罗非鱼等为主。海洋微生物以藻类、微生物菌等为主。(农业)生物技术以科研外包、众包为主。

2. 空间布局要点

南繁"硅谷"在空间布局上重点解决聚而不"合",集而不"中"的问题。按一岛同城的战略思想,指定法定机构如三亚市崖州湾科技城管理局对南繁相关资源进行跨市县、跨部门的集中规划与管理。产业空间布局的重点区域在三亚市崖州区,实现南繁科技城与南滨农场(改制为南繁集团)捆绑组团式规划发展,以产城融合为基调,将此组团打造成未来南繁产业的行政中心、经济中心、创新创业中心、交流合作中心等,成为南繁"硅谷"的核心区域(图 17–2)。

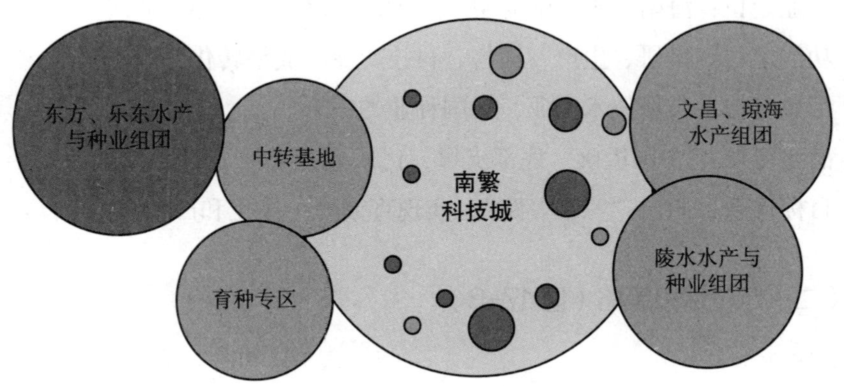

图 17–2 南繁"硅谷"空间布局意向图

产业空间布局的延伸区域在陵水县、乐东县、文昌市、琼海市、东方市,进行制度创新,以崖州湾科技城管理局为行政枢纽按飞地模式进行统筹管理和运营。其中，陵水县、乐东县以及三亚市的天涯区、海棠区、吉阳区等南繁保护区组团以打造作物高标田地及育制种配套设施为基调，为南繁产业未来发展提供空间。其中，文昌市、琼海市、陵水县、乐乐县、东方市以及三亚市崖州区等水产种苗组团以打造水产高标基地及育繁种配套设施为基调，为南繁产业延展提供发展与空间支撑。

（五）产业定向政策矩阵

按波士顿矩阵，南繁产业处于导入期。按 DPM 矩阵，当前南繁产业在行业竞争能力方面偏弱，在行业发展前景方面较强，在战略方略上处于“坚持和保持区”，并采取“加速发展调整”策略。在南繁科技城等项目加速推进过程中，在行业中的影响力增强，其在行业竞争能力方面会逐步增强，在战略方略上跃升到“增长和建立区”，并采取“不断进化和产业升级”策略。

二、南繁“硅谷”产业定位

（一）产业定位

区域定位：最高形态的自贸区（港），种业开放高地。

产业定位：海南未来“陆海空”三大产业之一，主导产业。

功能定位：科研、生产、销售、科技交流、成果转化，服务全国。

形象定位：高新技术产业，中国种业的缩影。

品质定位：“中国饭碗”底部支撑，优质品种与种子的代名词。

目标体系：面向“一带一路”，实现育繁推一体化和产销合一。

（二）定位保障策略（图 17-3）

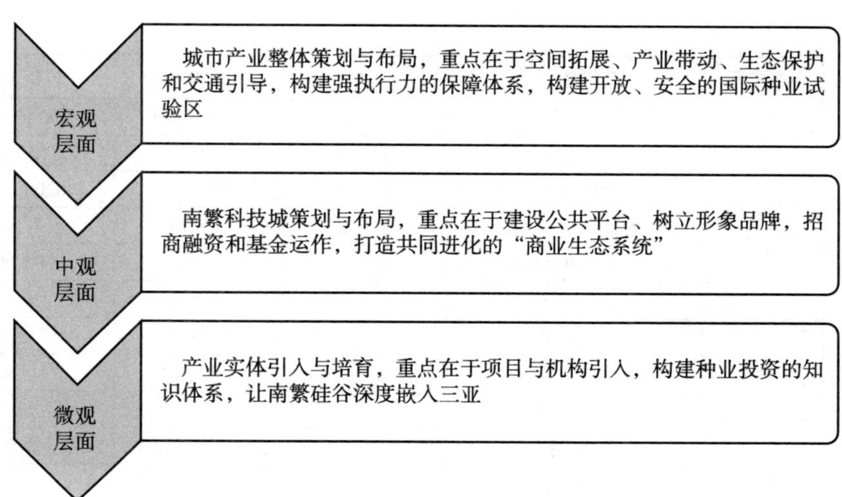

图 17-3 南繁产业定位保障策略

三、南繁“硅谷”建设与考核指标体系

（一）发展指标体系

南繁“硅谷”发展指标体系即量化落实南繁“硅谷”发展总体战略、监测分析南繁“硅谷”微观与宏观经济运行绩效、评估与调整南繁“硅谷”规划效果等指南与考试卷。南繁“硅谷”发展指标体系包括产业规模、产业质量、产业聚集、企业与产品竞争力、产业发展环境、研发创新和营商环境等（表 17-2）。围绕种业和生物技术产业的发展目标，表 17-2 对表 17-1 进行了完善调整，形成了建设与考核的指标体系。

表 17-2 南繁“硅谷”（三亚）发展（绩效考核）指标体系（理想值）

序号	一级指标	二级指标		2025 年	2030 年	2035 年
1	产业规模	总营收		160 亿元	500 亿元	1000 亿元
a		包括	种业种苗产业营收	50 亿元	100 亿元	150 亿元
b			生物技术产业营收	30 亿元	100 亿元	200 亿元
c			其他科技服务业营收	10 亿元	30 亿元	50 亿元
d			关联国际农产品贸易	50 亿元	200 亿元	400 亿元

续 表

序 号	一级指标	二级指标	2025 年	2030 年	2035 年
e	产业规模	包括 其他	10 亿元	70 亿元	200 亿元
2		企业数量	150 家	180 家	240 家
3		就业规模	4000 人	4500 人	6200 人
4		农业用地面积	3 万亩	5 万亩	6 万亩
5		建设用地使用面积①	2000 亩	4000 亩	6000 亩
6		建筑面积	/	/	/
7	产业质量	总利润	20 亿元	75 亿元	150 亿元
8		总税收	3 亿元	10 亿元	20 亿元
9		产业关联性	/	/	/
10		平均工资	略高于事业单位	2 倍于事业单位	3 倍于事业单位
11		产值能源消耗比	略低于同行水平	低于同行水平	远低于同行水平
12	产业聚集	建筑每百平方米产值	/	/	/
13		农田亩均产值	1 万元	1.5 万元	2 万元
14		高新企业收入比	10%	20%	30%
15		园区产值占 GDP 比值	/	/	/
16		产业区位熵	/	/	/
17	企业与产品竞争力	省级高新企业数量	5 家	10 家	15 家
18		上市公司数量	2 家	4 家	6 家
19		外资种企	5 家	10 家	20 家
20		面向国外市场的企业数量	5 家	10 家	20 家
21		品类数量（水稻……）	30 类	35 类	40 类
22		品牌数量	90 个	100 个	120 个
23		产品进出口总规模	20 亿元	50 亿元	100 亿元
24	产业发展环境	融资规模	20 亿元	60 亿元	150 亿元
25		风投规模	10 亿元	30 亿元	75 亿元
26		孵化器数量	4 个	6 个	8 个
27		固定资产投资规模	/	/	/
28		国际（分支）机构或 NGO 数	2 个	3 个	6 个
29	研发创新	R&D 经费支出	15 亿元	40 亿元	80 亿元
30		人才规模（领军人才）	50 个	60 个	80 个
31		省级创新平台数量	20 个	25 个	30 个
32		大学研究生院数量	10 个	15 个	20 个
33		国家级高新企业数	3 家	5 家	8 家

① 其中南繁科技城规划面积 6028 亩，全球动植物种质资源引进中转基地规划面积 742.5 亩，国家南繁生物育种专区一期规划面积 3200 亩。

续 表

序 号	一级指标	二级指标	2025 年	2030 年	2035 年
34	研发创新	知识产权量（授权）	200 件	250 件	350 件
35	营商环境	行政效率	DUS 与新品种登记一站式；大数据 +AI 服务		
36		制度创新力度	/	/	/
37		立法能力与水平	/	/	/
38		执法能力与水平	/	/	/
39		财税补贴规模	/	/	/
40		政府财政科技投入	2 亿元	6 亿元	12 亿元
41		产城融合教科文卫娱配套	中等省会城市	二线城市标准	新一线城市标准

（二）建设关键控制点

根据南繁“硅谷”发展战略，构建南繁产业发展愿景，并参照指标体系，提出南繁“硅谷”建设关键控制点（CCP），见表 17–3。

表 17–3　南繁“硅谷”CP 及 CCP

序 号	控制点 CP	CCP 与否	内外力驱动	可 控 性	难 度
一、制度创新					
1	南繁“硅谷”统筹管理及制度安排	是	内力驱动	可行，可操作性弱	难。跨区域跨部门跨层级。跨层级可以通过行政授权实现，跨区域需要省级顶层设计
2	种业及种质资源进出口政策	是	外力驱动	可行，可操作性弱	难。需要国家农业农村部、商务部、海关、市场监督管理总局等支持
3	种业知识产权保护与维权	是	外力驱动	可行，可操作	不易。国家农业农村部、知识产权局已列入日程，但涉外难
4	南繁纳入国家权威体系（国审、省审）	是	外力驱动	可行，可操作	易。国家农业农村部可以授权，出资建设批牌子和新增行业体系
5	外资控股和独资建企	是	内外力驱动	可行，可操作	易。2018 年中央 12 号文件同意。地方政府需要给予财政鼓励政策
6	入驻 CBD 优惠政策	是	内力驱动	可行，可操作	难。地方财力有限
7	科研院（所）校在南繁科技城和大学城办分支机构制度创新，促进南繁产学研实体化	是	内外力驱动	可行，可操作	难。现有“三无”事业机构无障碍，但难在办成实体，难在人才、平台、投资、科研项目真正落地，难在争取教育部独设或增加招生指标

续 表

序　号	控制点 CP	CCP与否	内外力驱动	可 控 性	难　度
8	创新创业资源共享机制	是	内力驱动	可行，可操作	不难。为境内外团队提“双创”软硬条件支撑，减少初期的财务、管理等成本
9	离岸创业、离岸孵化制度	是	内力驱动	可行，可操作	不难。2018 年中央 12 号文件
二、政府固定资产投资带动					
1	南繁科技城规划与建设（类似于高新区）	是	内外力驱动	可行，可操作	不易。现有南繁科技城有多股力量参与，资源调配难
2	全球动植物种质资源引进中转基地（含检疫机构）	是	内外力驱动	可行，可操作	难。现有人工岛“月亮岛”偏小，隔离效果有限；争取国家投资有难度
3	国家南繁生物育种专区（强制性入驻）	是	内外力驱动	可行，可操作	易。一期建设中，融入科技城有阻力
4	南繁“硅谷”学院与南繁“硅谷”研究生院	是	内外力驱动	可行，可操作	难。需要协调多校多院（所）联合办学，需要教育部批复和增加招生指标
5	众创中心（类似政府办孵化器）、中科院种子创新研究院等政府投资项目	是	内力驱动	可行，可操作	易。已建，难在如何运营发挥孵化效果和引领作用
6	三亚水产苗种南繁生态产业园	是	内力驱动	可行，可操作	不易。已规划，难在吸引水产南繁机构入驻，发挥引领作用
7	国家耐盐碱水稻技术创新中心	是	内外力驱动	可行，可操作	难。科技部已基本批复，难在全国性资源整合进入南繁科技城，难在如何找到建设资金、如何实现持续性的科研投入
8	国际绿色智慧农业与种业（三亚）示范区	是	内外力驱动	可行，可操作	不易。地方推动的项目，资源整合难
9	崖州区国家现代农业产业园	否	内力驱动	可行，可操作	易。已批复，属柔性整合项目
10	中国南方 DUS 测试与国际合作中心	是	内外力驱动	可行，可操作	不易。国家农业农村部可以授权，出资建设批牌子，外交部协调
11	中国南方新品种登记与国际合作中心	是	内外力驱动	可行，可操作	不易。国家农业农村部可以授权，出资建设批牌子，外交部协调
12	中国（南方）种子种苗质量检验中心	否	内外力驱动	可行，可操作	易。农业农村部和国家林业和草原局可以授权，出资建设批牌子
13	种质与种子资源库	否	内外力驱动	可行，可操作	易。可易地（如大西北）建设。海南不适合建种子资源库，高运营成本

续 表

序 号	控制点 CP	CCP与否	内外力驱动	可控性	难 度
14	国家热带农业科学中心	是	内外力驱动	可行，可操作	难。基础薄，且迁往三亚难
三、商业投资项目带动					
1	中国化工集团携资源入驻	是	内外力驱动	可行，不易操作	不易。一是中国化工集团对南繁科技城的定位与在广州种子产业园区的定位冲突，资源有限如何分配难。二是公司的利益是非开放的，对其他种业公司、生物技术公司的吸引力不强
2	商业孵化器	是	内外力驱动	可行，不易操作	难。目前没有相关规划，也没有意向投资机构介入全资建设
3	低成本的种业与生物技术产业用地（CBD）招拍挂项目	是	内力驱动	可行，可操作	难。现有多宗 CBD 用地拍出高价。种业和生物技术产业类企业很难高价举牌，轻资源管理化，招商引资难
4	中小企业入驻的半商业化写字楼	是	内力驱动	可行，可操作	难。政府出地，企业出资本建设。目前没有相关规划，也没有意向投资机构介入
5	南繁博物馆	否	内力驱动	可行，可操作	易。难在不易盈利和较高的维护成本
四、国际合作项目					
1	“一带一路”国际合作创新平台	是	内外力驱动	可行，不易操作	难。面向“一带一路”、太平洋、印度洋，以外向型大型企业或国家级机构为基础，在国家农业农村部和外交部的支持下，与国外企业、科研院所共建多个目标明确的联合平台
2	引入亚洲蔬菜中心、国际水稻所等国际科研机构	是	内外力驱动	可行，不易操作	难。需要在外交政策上进行突破。国际农业研究磋商组织、国际植物新品种保护联盟、国际种子检验协会、经济合作与发展组织、官方种子认证机构、国际种子贸易联盟、国际植物品种保护育种者协会等相关国际组织在三亚设立代表机构
3	引入行业性国际组织NGO 落户	是	内外力驱动	可行，不易操作	
4	国际种业贸易联盟及国际种质资源保护与利用中心	是	内外力驱动	可行，难于操作	难。难在需要通过双边、多边磋商，以建设国际种业合作网络

续 表

序 号	控制点 CP	CCP 与否	内外力驱动	可 控 性	难 度
5	国际会展与论坛	否	内外力驱动	可行，可操作	易。已有经验
五、营商环境支撑体系					
1	南繁"硅谷"综合服务平台（信息化）	是	内外力驱动	可行，可操作	易。已批复。具有初步的大数据+AI 的功能
2	国际种业及衍生农产品交易中心	是	内外力驱动	可行，可操作	难。一是属小规模特色交易，资本介入能力不足。二是创新订单制"种出农产品进"不受配额限制的政策
3	国际种质资源与品种大数据平台	是	内外力驱动	可行，可操作	不难
4	外资与金融支撑体系	是	内外力驱动	可行，可操作	难。种业对金融的吸引偏低
5	产城融合教科文卫娱配套	是	内外力驱动	可行，可操作	不易。已在布局

通过 CCP 分析，南繁"硅谷"实际上是全新的园区开发项目，投资强度巨大，并且关键控制点过多，涉及太多的利益相关者、众多的顶层设计事项、众多的境内之境外磋商事项。通过分析，海南建设南繁"硅谷"的家底或者底牌是"南繁历史传统及其松散的科研资源 + 自贸区（港）制度创新优势 + 南繁科技城土地及其灵活的法定行政机制"，而风险是"不确定的种业国际贸易 + 不确定的分子育种商业化前景 + 不确定的巨额商业化投资 + 国内种业呈红海状况"。

建设南繁"硅谷"已不仅是海南之事，还需要海南奋力推动，需要海南投入大量的人才、机构、财政、社会网络等资源。

第十八章

南繁“硅谷”建设路径与保障

一、发展路径

（一）南繁“硅谷”空间结构优化

基于南繁科研的地理客观机制，通过政府调控机制促进南繁相关产业在高中低空间价值地区分别进行聚集，并在市场自组织机制刺激下加快南繁产业结构演变。

第一，将生物技术与种业研发及其产业商务枢纽以及孵化器等配置在高空间价值地区，如三亚市崖州区南繁科技城、三亚市海棠区落根洋南繁核心区、崖州月亮岛全球动植物种质资源引进中转基地。促成高空间价值地区成为南繁“硅谷”建设的支撑“点”，成为海南特色产业增长极。

第二，将科研配套、高附加值种苗生产等配置在中空间价值地区，如乐东县和陵水县南繁核心区、崖州区南繁水产园区、崖州区国家南繁生物育种专区。通过管理机制创新，将东方－乐东－三亚－陵水等南繁传统区域进行关联，并将文昌－琼海－陵水－三亚－乐东－东方等传统南繁水产区域串联，打造产业次中心，利用中空间价值地区的关联，建设南繁“硅谷”的支撑轴“线”。建设且联通支撑轴“线”，在产业支撑设施、营商环境上进行创新，避免大三亚经济圈内的重复建设，聚力塑造南繁产业链和产业集群。

第三，将南繁田间试验和制种等配置在低空间价值地区，如南繁保护区。通过带动低空间价值地区的产业升级，扩大南繁“硅谷”建设的经济腹地。

第四，设计南繁“硅谷”建设的支撑域“面”。一是将南繁产业纳入全国种业规划和全国生物技术产业规划。二是将南繁测试结果纳入国家和省的区试和生产试验，加快品种审认定，将南繁真正嵌入国家品种审（认）定的权威体系。三是在农业农村部行业体系中新增设南繁行业体系。四是在三亚建中国南方 DUS 测试中心和国际 DUS 测试合作中心。五是在三亚设立中国南方植物新品种登记中心和新品种登记国际合作中心。

（二）强化南繁产业集群（图 18-1）

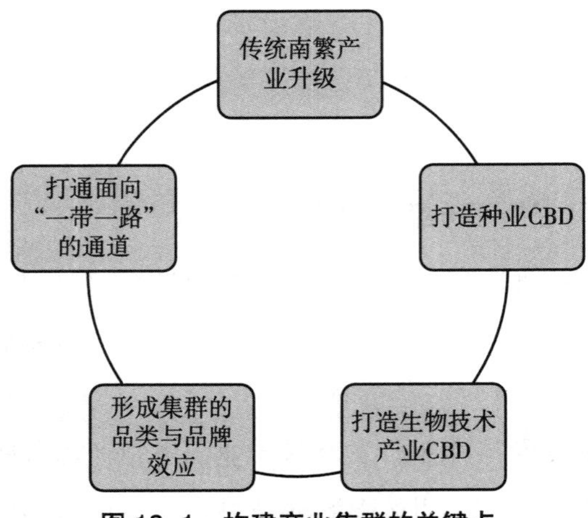

图 18-1　构建产业集群的关键点

（三）培育南繁产业链（图 18-2）

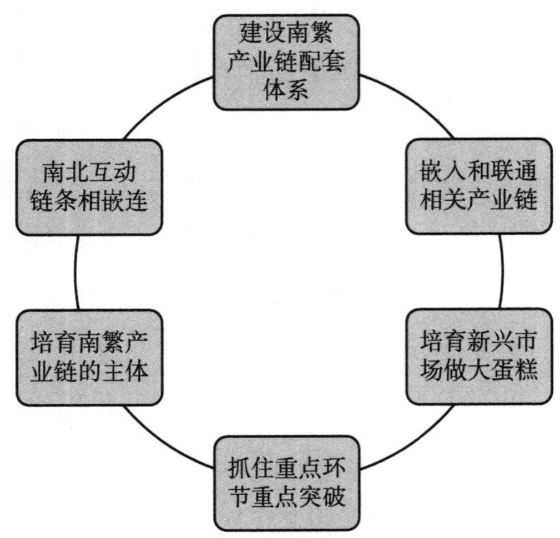

图 18-2　强化产业链的关键点

（四）南繁“硅谷”建设的时空配置

1. 判断关键原则

关键控制点细化与排序也要分先后，项目与空间也需要价值等同匹配。项目落地和政策设计以及时空路径安排，以是否有利于①产业价值实现与增值，②响应战略目标，③科技与制度双驱动，④点线面体的实化与优化，⑤市场与政府双作用，⑥特色突显，⑦产城融合，⑧顶“天”立“地”，⑨铺“天”盖“地”等为判断原则，吻合度越高优先级越高。

2. 控制点（CP）细化与优先级排序（表 18–1）

表 18–1 CP 细化与优先级排序

排 序	细化控制点（CP）	①	②	③	④	⑤	⑥	⑦	⑧	⑨	空间匹配
一、制度创新类											
1	出台入驻南繁科技城的门槛与优惠政策一揽子方案		△		△	△	△	△		△	南繁科技城
2	优于 UPOV1991 版本的种业知识产权保护与严厉的安防维权	△	△		△	△	△				全岛
3	南繁试验数据申报纳入国家区域试验数据，增强南繁科研的权威性	△	△	△	△					△	南繁保护区内
4	全面放开外资控股和独资建立种企	△	△		△	△	△				南繁科技城
5	科研仪器设备免税政策（刺激以设备投资为主要资产的科技服务业）	△	△	△	△	△					南繁科技城及中转基地
6	种子进出口政策审批权下放	△	△		△		△				南繁科技城
7	低税制的品种权等知识产权拍卖交易制度	△	△	△	△	△	△			△	南繁科技城
8	支持在南繁科技城注册的种业企业在海外制种运回国内销售		△	△	△		△				南繁科技城
9	种质资源进出口政策审批权下放	△	△		△		△				中转基地
10	争取中央编制办、人力资源和社会保障部、教育部和财政部批准科研院（所）校创办具独立法人资格的分支机构，并安排年度财政预算		△	△	△		△	△	△		南繁科技城、大学城

续　表

排　序	细化控制点（CP）	①	②	③	④	⑤	⑥	⑦	⑧	⑨	空间匹配
11	“种出农产品进”，取消农产品配额	△	△		△	△					南繁科技城
12	科研人员在职在岗创业制度	△	△	△	△	△	△			△	南繁科技城
13	创新创业资源共享机制，如为种业公司建立统一的种子质量公共实验室，申报经营许可证时种业公司无须自建实验室	△	△	△	△	△		△		△	南繁科技城
14	海南省人大和市县人大根据国家有关授权，一揽子授权三亚市崖州湾科技城行政职能，最大限度地提高自主性		△		△			△			南繁科技城、中转基地、保护区
15	参照美国和巴西，生物技术育种商业化审批权下放	△	△	△	△	△	△				全岛
16	亲本出口政策审批权下放	△	△		△		△				保护区
17	离岸创业、离岸孵化制度，吸引海外人才创业	△	△								南繁科技城
二、政府固定资产投资带动类											
1	做实大学城，组建南繁“硅谷”学院与南繁“硅谷”研究生院	△	△	△	△	△	△	△	△	△	大学城
2	国家耐盐碱水稻技术创新中心	△	△	△	△	△	△		△		三亚市众创中心
3	国家热带农业科学中心	△	△	△	△	△	△		△		南繁科技城
4	南繁科技城基础设施建设		△		△			△			南繁科技城
5	国际绿色智慧农业与种业（三亚）示范区	△	△	△	△	△	△		△	△	崖州区，重点在南繁科学城
6	中国南方 DUS 测试与国际合作中心	△	△	△	△	△	△		△		南繁科技城
7	中国南方新品种登记与国际合作中心	△	△	△	△	△	△		△		南繁科技城
8	全球动植物种质资源引进中转基地（含检疫机构）	△	△	△	△	△	△				中转基地
9	国家南繁生物育种专区（强制性入驻）	△	△	△	△	△	△		△		生物专区
10	三亚水产苗种南繁生态产业园	△	△		△	△	△			△	崖州区镇海等村
11	三亚众创中心（类似政府办孵化器）、中科院种子创新研究院等政府投资项目	△	△	△	△	△	△			△	南繁科技城

续 表

排 序	细化控制点（CP）	①	②	③	④	⑤	⑥	⑦	⑧	⑨	空间匹配
12	中国（南方）种子种苗质量检验中心	△	△	△	△	△	△		△		南繁科技城
13	三亚市崖州区国家现代农业产业园	△	△		△	△	△				崖州区
三、商业投资项目带动类											
1	中国化工集团携资源入驻	△	△	△	△	△		△		△	南繁科技城
2	中信集团携资源入驻	△	△	△	△	△		△		△	南繁科技城
3	引入先正达和拜耳	△	△		△	△	△		△	△	南繁科技城
4	商业孵化器	△	△		△	△	△			△	南繁科技城
5	低成本的种业与生物技术产业用地（CBD）招拍挂项目（引进大型种企和生物技术企业）	△	△	△	△	△	△	△			南繁科技城
6	中小微企业入驻的半商业化写字楼	△	△		△	△	△			△	南繁科技城
7	南繁博物馆				△	△	△				南繁科技城
四、国际合作项目类											
1	引入行业性国际组织 NGO 落户		△		△	△	△		△	△	南繁科技城
2	建设“一带一路”国际合作创新平台		△			△	△				南繁科技城
3	引入亚洲蔬菜中心、国际水稻所等国际科研机构		△	△	△		△		△		南繁科技城
4	国际论坛与博览会		△		△	△	△				南繁科技城
5	组建国际种业贸易联盟及国际种质资源保护与利用中心	△	△	△	△	△	△				南繁科技城
五、营商环境支撑体系类											
1	外资与金融支撑体系	△	△		△	△	△			△	南繁科技城
2	国际种业及衍生农产品交易中心	△	△		△	△	△			△	南繁科技城
3	产城融合教科文卫娱配套		△		△	△	△				崖州湾科技城
4	国际种质资源与品种大数据平台		△		△	△	△			△	南繁科技城
5	南繁“硅谷”综合服务平台（信息化）		△		△	△	△	△			全国

二、南繁"硅谷"产业的优先重点

（一）直接产业

1. 制种产业

2019年，南繁制种产业面积已超过20万亩，基本达到高峰值。预计在现有的种子库存压力下，未来一段时间有下降的趋势。制种产业要实现良性发展，就须实现六大变革或制度创新。

第一，增质提效。由于近年制种队的管理与技术水平参差不齐，种子质量达不到理想状态，制种需要向高质量方向进行变革。

第二，结构调优。调优制种品种的结构，逐步改变水稻制种一家独大的局面，创造条件逐步增加园艺作物或其他经济作物的制种和种苗生产规模，如哈密瓜等瓜类，魔芋等热带种苗，帝王花等热带花卉，沉香等香料药材种苗。

第三，打造水产种苗集群。将水产种苗作为未来南繁制种产业的重点，加大支持力度，优先成长为百亿元产值的集群。

第四，培育外销型畜禽种苗产业。引进畜禽种业公司，利用海南岛无规定疫区的优势，发展培育面向"一带一路"的种苗产业。

第五，培育出口型制种产业。参照智利等南美国家的做法，大力发展出口型制种和种苗生产的产业。

第六，发展海外制种产业。支持在南繁科技城注册的种业企业在海外制种运回国内销售。

2. 育种产业

通过严格保护育种家和投资方的利益，激活南繁产业创新创业氛围，创造育种材料、亲本等在种业链各环节有利益的制度环境，增强种业和生物技术产业吸引投资和促进创新的能力。取消企业注册时格式章程，由股东自行决定股权结构和权益方案。育种产业优先突破五大方面。

第一，加快转化我国优质的杂交水稻、转基因抗虫棉等领域的资源，面向"一带一路"、太平洋、印度洋，展开定向育种。这些国家与我国在品种上有很大的不同，需要引进国外种质资源，利用海南相近气候进行育种科研，在国际市场上取得突破。

第二，建立低税制的品种权等知识产权拍卖交易制度（给予入驻南繁科技城的企业），让民间的私下品种交易合法化、透明化，刺激知识产权交易和风险投资，吸引创新资源向海南聚集。

第三，重点在园艺作物和热带作物育种方面取得突破。这些作物的种子种苗的产值高，如日本型网纹甜瓜种子的价格在 0.5 ～ 2 元 / 粒；香水椰 60 ～ 95 元 / 株；魔芋种球 120 ～ 280 元 / 千克；切花香水百合种球 3 ～ 7 元 / 颗；帝王花种苗 50 元 / 株。

第四，引入海水种苗、淡水种苗、畜禽种苗方面的科研力量和产业力量，填补海南的弱势。

第五，培育海南实验动物（猪、昆虫）等育种产业。

（二）依存产业

1. 生物技术产业

生物技术产业是最具活力的科技服务业，将支撑起南繁“硅谷”未来的繁荣。以基因编辑等农业生物技术产业为切入点，实现生物技术服务于传统育种，促进生物技术在育种领域的商业化，并且未来延伸到生物医药等产业。

2. 农药研制产业

海南严控农药促使海南成为我国生物农药和低毒高效农药的产业中应用，成为新药重要的试验和示范基地。支持生物农药和低毒高效农药在南繁科技城建立研发中心。支持生物农药和低毒高效农药在南繁区域（如东方市或乐东县）建立工厂。

（三）关联产业

1. 种子加工与贮运业

配套种子生产后的精加工产业，加强与新疆、甘肃的互动，在大西北[①]建立种子贮藏中心，作为南繁科技城的“飞地”。

---

① 大西北气候干燥、冬季寒冷，有利于长期保存种质资源，有利于降低种子维护成本。

2. 农业生产

依托南繁种业的先进性，将海南打造成高附加值农业基地。依托我国消费市场优势，在海南打造中高端农产品交易市场。

3. 农产品交易

崖州果蔬综合批发市场已成为海南最具影响的市场，加快批发市场的升级，打造成农产品商贸中心和种业会展中心。

（四）派生产业

1. 保 险 业

进一步优化南繁制种保险，增加更多的作物制种保险，加快制种和种业生产业向南繁保护转移。

2. 教育与科普业

利用南繁科研聚集优势，培养一批实干的农学家，并发展一批研学基地，增强涉农和涉生物技术的科普。

3. 金 融 业

引入投行，鼓励天使向种业和生物技术产业投资。

4. 产业地产

产城融合，宜居宜业宜旅游，增强对人才和企业的吸引力。

5. 交易服务

鼓励在海南开办各类交易市场和交易所，撬动产业大发展。

三、南繁"硅谷"建设保障体系

（一）改革创新者胜

改革一定要坚决表明党委、政府在南繁"硅谷"建设方面的期望和决心，提出南繁"硅谷"建设近期、中期、远期的一揽子计划，重点对标自由港，解放思想，改革创新，一岛同城。要采用走出与引进并重的方针，帮企业打通种子国际贸易通道：关键是减少南繁种业和生物技术领域的管制，包括外资准入，争取国家农作物种子进出口业务以及种质资源出入境等审核权下放，为南繁“硅谷”建设营造良好的国际生存环境和高价值空间。

（二）科学组织与领导

第一，组建南繁“硅谷”建议领导小组，省长任组长，分管发改、农业、科技的副省长任副组长，发改、农业、科技、财税、林业、海关、知识产权、农垦集团以及三亚市、乐东县、陵水县、东方市、文昌市、琼海市政府等主要领导任成员，办公室设在省发改委。负责南繁“硅谷”规划建设，解决跨区域跨部门跨层次协调，统筹行政职能授权南繁科技城法定机构。

第二，组建制度政策研究专班，与第三方机构（如智库）研究南繁“硅谷”建设发展面临的制度、法规、政策、管理等方面矛盾及瓶颈，提出相关的可行性解决方案和实施路径。

第三，强化法定管理机构的职权，充分授权和调配资源。优化崖州湾管理局等法定机构与重塑政务流程。①将南滨农场整体资产、水产南繁产业园、全球中转基地、落根洋核心区等三亚地区的南繁相关的资源调配给崖州湾科技城管理局统筹管理，聚力建设南繁“硅谷”。②将其他市县的南繁核心区及产业园区（包括水产种苗）作为南繁科技城的“飞地”，避免区域间重复建设和非良性竞争。③将全国南繁相关行政职权和海南省种业管理等授权给崖州湾科技成管理局，将其他部门的行业职权授权给崖州湾科技成管理局，打造绿色通道，实现一站式行政和便捷服务。④将海南省南繁管理局等机构与崖州湾管理局合署办公。各单位行政属性及隶属关系暂时不变，领导层交叉任职，根据磨合期表现决定机构的改革方向。

第四，建立避免资源闲置的制度。将给予的政策优惠（如土地、实验设备）与机构活力（科研生产活动）进行匹配，避免耗费政府资源浪费。

第五，进行专业化招商。重点引进有潜力 IPO 上市的种企和生物技术企业。这种招商成本低，见效显著。已经上市的龙头企业很难将总部迁移到南繁科技城，而种业企业体量本身不大，设立区域性总部效果不会显著。

（三）打造商业生态系统（图 18-3）

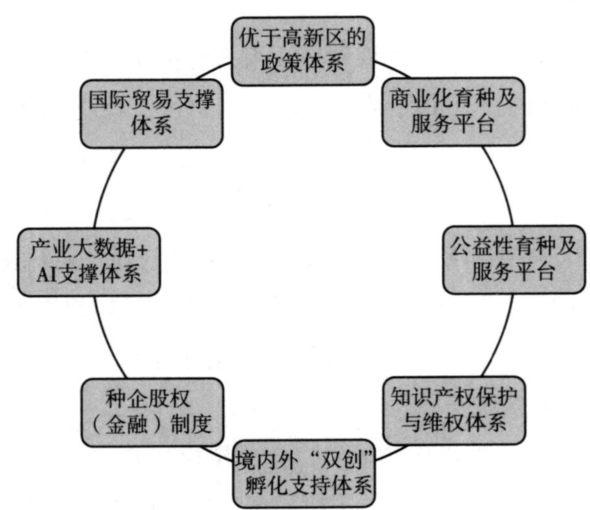

图 18-3 培育南繁“硅谷”商业生态的重点

（四）明晰的产业政策

根据南繁“硅谷”发展战略以及发展路径的规划需求，提出的产业政策引导要详细、透明，避免权利滥用，做到落地生根并开花结果。

产业政策要服务于关键控制点（CCP）的实现，服务于制度创新，服务于打造商业生态系统，服务于兑现政府承诺。

产业政策兑现路径要便捷，以采取应标复核制兑现政策，尽量避免评审选拔制兑现政策，实现应补尽补，最大限度地减少权力的干预。